みんなが欲しかった!

公務員 行政法の 教科書&問題集

早川

JN007620

TAC出版
TAC PUBLISHING Group

はしがき

独学者も楽しく読めて、しっかり解ける！
20年分以上の過去問対策がこれ1冊！

このシリーズは、学習経験のない受験生が、独学で、
公務員試験の合格を目指せるように編集された教科書＆問題集です。

● 科目の多い公務員試験だから、**1冊で知識のインプットと問題演習が両方できるようにしました！**

● 最後まで楽しく続けられるように、フルカラーの教科書で**わかりやすく学べるようにしました！**

● 初学者が理解しやすいように、**図解を豊富に取り入れた解説を心掛けました！**

● 効率よく合格を目指せるように、**過去の出題データから必要ない部分を大胆にカット**しました！

● それでも合格レベルには届くように、**必要な論点はきちんとカバー**しました！

　時間がない、お金を掛けたくない、初学者にとってわかりやすい解説がほしい…
　そんな受験生のことを第一に考え、徹底的に寄り添って作られたのがこのシリーズです。

　「みんなが欲しかった！」シリーズは独学で公務員試験合格を目指す受験生の味方です。
　ぜひ本書を利用して、楽しく、効率よく合格を勝ち取りましょう！

2023年10月

早川 兼紹
（はやかわ けんしょう）

本書の特徴と使い方

❶ 教科書と問題集が合体！　でもセパレートできて学習に便利！

科目の多い公務員試験だからこそ、各科目1冊で知識のインプットと十分な問題演習ができるようにしました。これ1冊で科目学習は十分です。

また、「教科書」と「問題集」は別々の冊子に分割でき、学習しやすい仕様としました。

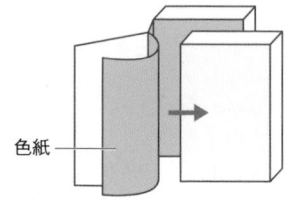

色紙

❷ まずはフルカラーの「教科書」で、見やすく、わかりやすく、楽しく学習！

初めて学習する内容は、新しい情報ばかりで頭がパンクしそうになってしまうこともあるかもしれません。そのような負担を少しでも減らすため、教科書部分はフルカラーの誌面で図解を豊富に配置し、初学者の方が少しでも楽しく学習できるように配慮しました。

> まずはここを読んでその節の学習のアウトラインをつかみましょう。

> 視覚的に理解できるように、板書や図解を豊富に取り入れています。

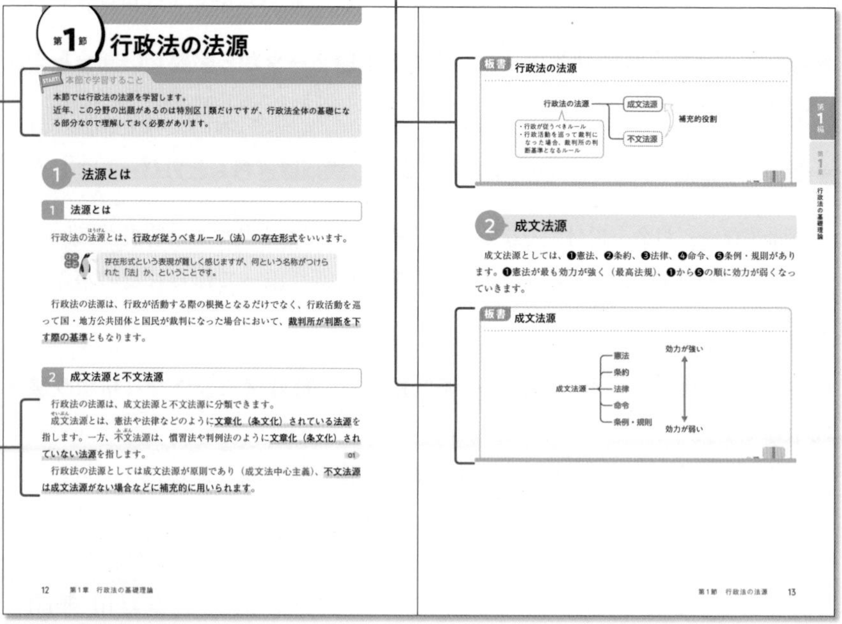

第1節　行政法の法源

START!! 本節で学習すること
本節では行政法の法源を学習します。
近年、この分野の出題があるのは特別区Ⅰ類だけですが、行政法全体の基礎になる部分なので理解しておく必要があります。

1 法源とは

1 法源とは

行政法の法源とは、**行政が従うべきルール（法）の存在形式**をいいます。

存在形式という表現が難しく感じますが、何という名称がつけられた「法」か、ということです。

行政法の法源は、行政が活動する際の根拠となるだけでなく、行政活動を巡って国・地方公共団体と国民が裁判になった場合において、**裁判所が判断を下す際の基準**ともなります。

2 成文法源と不文法源

行政法の法源は、成文法源と不文法源に分類できます。
成文法源とは、憲法や法律などのように**文章化（条文化）されている法源**を指します。一方、不文法源は、慣習法や判例法のように**文章化（条文化）されていない法源**を指します。
行政法の法源としては成文法源が原則であり（成文法中心主義）、**不文法源は成文法源がない場合などに補充的に用いられます**。

板書　行政法の法源

行政法の法源 ── 成文法源
・行政が従うべきルール　　　　補充的役割
・行政活動を巡って裁判に
　なった場合、裁判所の判
　断基準となるルール　── 不文法源

2 成文法源

成文法源としては、❶憲法、❷条約、❸法律、❹命令、❺条例・規則があります。❶憲法が最も効力が強く（最高法規）、❶から❺の順に効力が弱くなっていきます。

板書　成文法源

成文法源 ── 憲法
　　　　　　条約
　　　　　　法律　　　効力が強い
　　　　　　命令
　　　　　　条例・規則　効力が弱い

> 本文では重要なところを太字＋マーカーで示しています。

まずは「教科書」の本文をじっくり読んで、板書の図解と合わせて重要事項をチェックしましょう。

❸ かゆいところに手が届く！「ひとこと」解説で理解度アップ！

　過去問を解く際に重要なポイントが特に印象に残りやすいよう、「ひとこと」解説で強調しています。「教科書」を読んでいるだけで自然と肝心な部分が頭に入ります。

> ここに**問題を解くためのヒント**やわかりづらい部分の**補足**、より**印象に残る**ようにするための説明を乗せています。本文と合わせてチェックしましょう。

❹ 判例の理解もバッチリ！　Q&A方式で理解が進む！

　法律科目の学習に欠かせない「判例」。でも難解な表現ばかりでは嫌になってしまいます。「みんなが欲しかった！」ではQ&A方式で判例のポイントを簡単に抜き出し、理解しやすくしました。

　ただ、そうは言っても試験問題には判例の独特の言い回しがそのまま出てくることが多くあります。これにピンとくるように、頻出のフレーズを印象づける強調を行っています。

事案の概要を示しています。

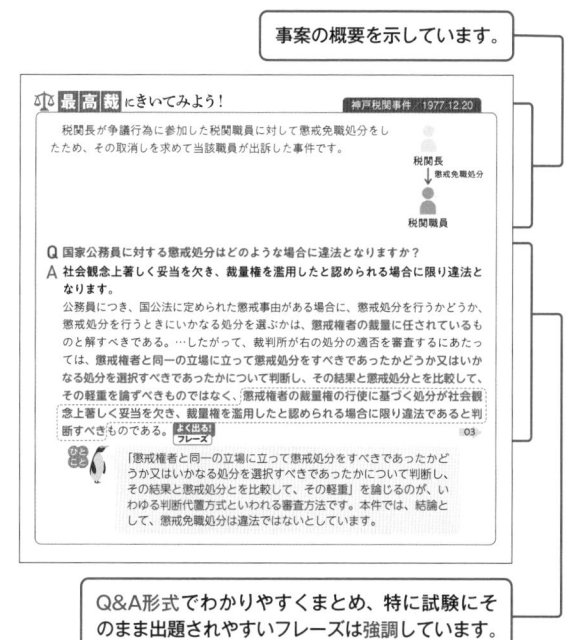

Q&A形式でわかりやすくまとめ、特に試験にそのまま出題されやすいフレーズは強調しています。

❺ ここが重要！で重要ポイントの振り返り！

各節の終わりには ここが重要！ を設けています。これはその節で学習した内容のダイジェストなので、インプットの振り返りとして利用しましょう。

本編で扱った順番にまとめをしています。
節の学習内容のダイジェストに利用しましょう。

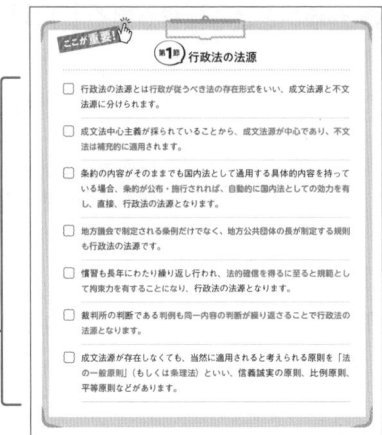

❻「○×スピードチェック」で過去問演習の肩慣らし！

いきなり問題集に挑むのではなく、まずはその節の学習内容が過去問でどう問われるのか、選択肢ごとに分解した正誤問題で確認してみましょう。

解けなくても大丈夫！「教科書」の本文中で、その問題に関する知識がどこに載っているかを探しやすいよう、参照マークを設けています。

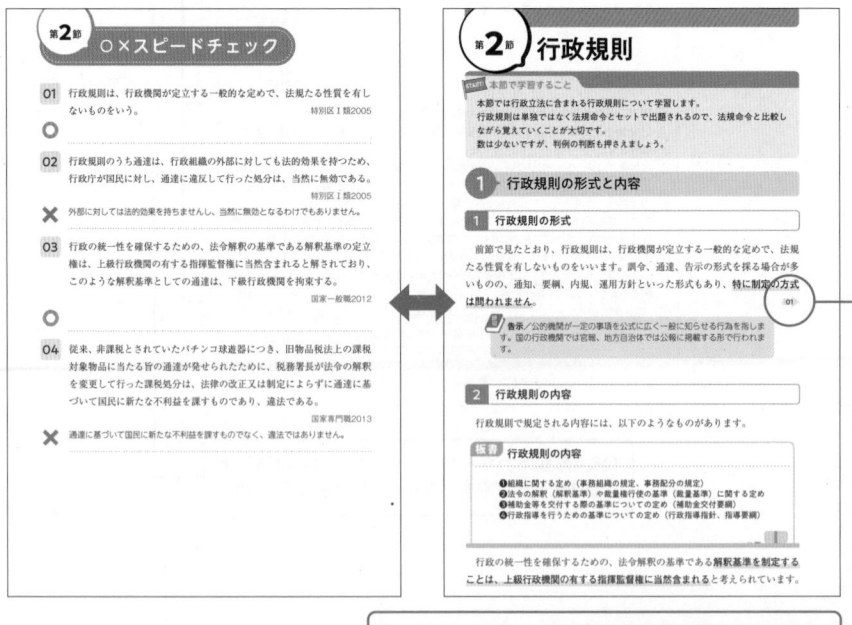

「○×スピードチェック」との対応箇所を示しています。

❼「教科書」と完全リンクした「問題集」で少しずつ演習を進められる！

　節の学習の仕上げに、問題集にチャレンジしましょう。長く学習を続けるには、「過去問が解けた！」という実感が絶対に必要です。「みんなが欲しかった！」では手ごたえを感じながら進めてもらえるよう、「教科書」と「問題集」を完全リンクさせ、「教科書」が少し進んだら「問題集」で確認ができるような構成にしています。

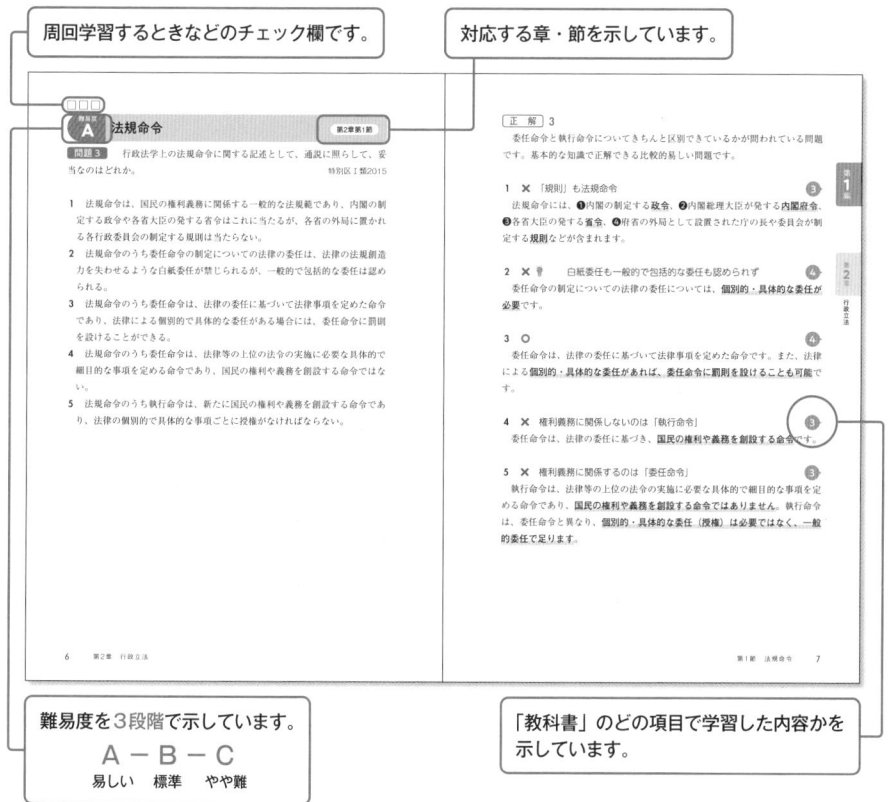

周回学習するときなどのチェック欄です。

対応する章・節を示しています。

難易度を3段階で示しています。

A － B － C
易しい　標準　やや難

「教科書」のどの項目で学習した内容かを示しています。

　収録された問題は「教科書」の知識で必ず解けるので、学習しながら自信を付けられます。

　2周目以降は、「問題集」をひたすら解くのもよし、「教科書」の苦手なところだけ振り返りながら「問題集」に取り組むのもよし。本書をうまく活用して科目学習を進めましょう！

その他のお役立ちポイント

●「語句」説明 教科書

　ちょっとした用語の説明を行うコーナーです。1周目の学習のとき、特に参考にしてください。

> **裁量**／その人の考えに基づいてものごとの判断や処理を任意に行えることを指す言葉です。

●プラスone 教科書 問題集

　やや上級者向け、発展的な内容だけれど、難しめの問題を解くときには役立つ内容をまとめています。

> **プラスone** 行政行為の外観すら存在しない場合のことを「行政行為の不存在」といいます。例えば、行政行為が内部的意思決定にとどまり、外部に対しては全く表示されていない場合、全く行政権限を有しない者が行為をなした場合は行政行為が存在していないもの（不存在）として扱われます。

● Skip ▶ アイコン 問題集

　「教科書」で扱っていない論点であることを示すアイコンです。発展的な内容で、これがわからなくても問題を解くこと自体は可能です。また合格を目指すに当たって必ずしも必要ではない内容ですが、問題集では解説を設けていますので、参考にはしてみてください。

> **1 ✕ Skip▶ 条件プログラムであるとはいえない**
> 条件プログラムとは、「○○ならば○○」という形で要件・効果を明確に示すものを指しますが、行政計画は、目的・目標を示す「目的プログラム」となっている傾向が強いとされています。

● 💡 アイコン 問題集

　問題を解くに当たって正解・不正解の分かれ目となる重要論点であることを示すアイコンです。正確に理解しておくようにしましょう。

> **4 ✕ 💡 用途地域指定の決定は「処分」に当たらず ③**
> 判例は、都市計画区域内において**工業地域を指定（用途地域の指定）する決定は、抗告訴訟（取消訴訟）の対象とならない**としています（盛岡用途地域指定事件）。

行政法について

● 行政法の出題数について

主要な試験における「行政法」の出題は次の表のとおりです。

	法律系						経済系					政治系							その他									合計出題数	合計解答数
	憲法	民法	行政法	刑法	労働法	商法	経済学	財政学	経済事情	経済政策	労働経済	政治学	行政学	社会学	社会政策	国際関係	社会事情	社会保障	経営学	会計学	労働事情	英語	情報工学	情報数学	統計学	心理学	教育学		
国家一般職[大卒／行政]	5	10	5	-	-	-	10	5	-	-	-	5	5	5	-	5	-	-	5	-	-	10	-	-	-	5	5	80	40
国税専門官[国税専門A]	3	6	3	-	-	2	4	6	2	-	-	3	-	2	-	-	1	-	6	8	-	12	-	-	-	-	-	58	40
財務専門官	6	5	8	-	-	1	6	6	2	-	-	3	-	3	-	-	-	-	6	6	-	6	6	6	6	-	-	76	40
労働基準監督官[労働基準監督A]	4	5	4	3	7	-	8	1	4	-	3	-	-	2	-	-	-	-	2	-	5	-	-	-	-	-	-	48	40
裁判所職員[一般職/大卒]	7	13	-	10	-	-	10	-	-	-	-	-	-	-	-	-	-	-	-	-	-	-	-	-	-	-	-	40	30
特別区Ⅰ類[事務]	5	10	5	-	-	-	10	5	-	-	-	5	5	5	-	-	-	-	5	-	-	-	-	-	-	-	-	55	40
地方上級[全国型]	4	4	5	2	2	-	9	3	-	-	-	2	-	3	2	-	-	-	2	-	-	-	-	-	-	-	-	40	40
地方上級[関東型]	4	6	5	2	2	-	12	4	-	3	-	2	2	-	3	3	-	-	2	-	-	-	-	-	-	-	-	50	40

専門科目は受験先によって出題科目が大きく異なりますが、行政法は**ほとんどの試験で安定的に出題がある**という特徴があります。

● 行政法をマスターすると試験対策全体にメリットあり！

上記のようにほとんどの試験で出題される行政法ですが、きちんと学習してマスターすると、次のようなメリットがあります。

❶ 憲法や民法の理解を補う効果あり！

行政法で扱う一部の法律は、憲法で定められた内容を具体化したものです。また、民法と行政法では法律用語や概念に共通しているものがあります。**憲法や民法を学習していれば行政法を理解しやすく、行政法を学習すれば憲法や民法の理解を補う効果が期待できます。**

❷ その他の科目にも波及効果あり！

法律科目だけでなく、**行政法は公務員試験のその他の科目とも関連する部分があります。**行政学や社会科学などの学習にも、行政法の内容が活かされることがあるでしょう。

著 者

早川 兼紹

慶應義塾大学文学部卒。

長年の大手資格試験予備校での講師経験により培った受験指導のノウハウを生かして教材制作・講師派遣の㈱FirstRiver を設立し、現在同社代表取締役。

主な著書には、『行政書士試験 肢別問題集』、『行政書士試験 過去問ゼミナールシリーズ（全4冊）』、『みんなが欲しかった！ 公務員 憲法の教科書＆問題集』『同 民法の教科書＆問題集』（TAC出版）などがある。

カバーデザイン／黒瀬 章夫（ナカグログラフ）

みんなが欲しかった！ 公務員 行政法の教科書＆問題集

2023年10月25日　初 版　第1刷発行

著 者	早 川 兼 紹	
発 行 者	多 田 敏 男	
発 行 所	TAC株式会社　出版事業部	
	（TAC出版）	

〒101-8383
東京都千代田区神田三崎町3-2-18
電話 03(5276)9492(営業)
FAX 03(5276)9674
https://shuppan.tac-school.co.jp

組 版	株式会社 明 昌 堂	
印 刷	株式会社 光 邦	
製 本	東京美術紙工協業組合	

© Kenshow Hayakawa 2023　　Printed in Japan　　ISBN 978-4-300-10576-4
N.D.C. 317

公務員講座のご案内

大卒レベルの公務員試験に強い！

2022年度 公務員試験

公務員講座生[1]
最終合格者延べ人数[2]

5,314名

国家公務員（大卒程度）	計	2,797名
地方公務員（大卒程度）	計	2,414名
国立大学法人等	大卒レベル試験	61名
独立行政法人	大卒レベル試験	10名
その他公務員		32名

※1 公務員講座生とは公務員試験対策講座において、目標年度に合格するために必要と考えられる、講義、演習、論文対策、面接対策等をパッケージ化したカリキュラムの受講生です。単科講座や公開模試のみの受講生は含まれておりません。
※2 同一の方が複数の試験種に合格している場合は、それぞれの試験種に最終合格者としてカウントしています。（実合格者数は2,843名です。）
＊2023年1月31日時点で、調査にご協力いただいた方の人数です。

1位 全国の公務員試験で 合格者を輩出！

詳細は公務員講座（地方上級・国家一般職）パンフレットをご覧ください。

2022年度 国家総合職試験

公務員講座生[1]

最終合格者数 217名

法律区分	41名	経済区分	19名
政治・国際区分	76名	教養区分[2]	49名
院卒/行政区分	24名	その他区分	8名

※1 公務員講座生とは公務員試験対策講座において、目標年度に合格するために必要と考えられる、講義、演習、論文対策、面接対策等をパッケージ化したカリキュラムの受講生です。単科講座や公開模試のみの受講生は含まれません。
※2 上記は2022年度目標の公務員講座最終合格者のほか、2023年目標公務員講座生の最終合格者40名が含まれます。
＊ 上記は2023年1月31日時点で調査にご協力いただいた方の人数です。

2022年度 外務省専門職試験

最終合格者総数55名のうち
54名がWセミナー講座生です。[1]

合格者占有率[2] 98.2%

外交官を目指すなら、実績のWセミナー

※1 Wセミナー講座生とは、公務員試験対策講座において、目標年度に合格するために必要と考えられる、講義、演習、論文対策、面接対策等をパッケージ化したカリキュラムの受講生です。各種オプション講座や公開模試など、単科講座のみの受講生は含まれておりません。また、Wセミナー講座生はそのボリュームから他校の講座生と掛け持ちすることは困難です。
※2 合格者占有率は「Wセミナー講座生（※1）最終合格者数」を、「外務省専門職採用試験の最終合格者総数」で除して算出しています。また、算出した数字の小数点第二位以下を四捨五入して算出しています。
＊ 上記は2022年10月10日時点で調査にご協力いただいた方の人数です。

WセミナーはTACのブランドです

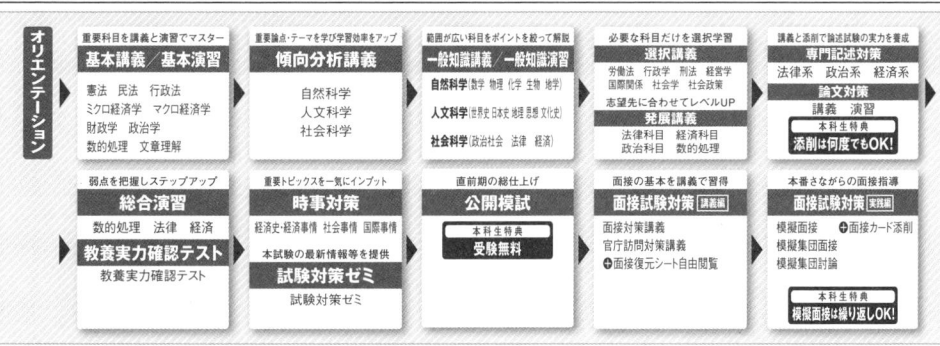

公務員講座のご案内

無料体験入学のご案内
3つの方法でTACの講義が体験できる!

教室で体験 迫力の生講義に出席 予約不要! 最大3回連続出席OK!

1. 校舎と日時を決めて、当日TACの校舎へ
TACでは各校舎で毎月体験入学の日程を設けています。

2. オリエンテーションに参加（体験入学1回目）
初回講義「オリエンテーション」にご参加ください。体験入学ご参加の際に個別にご相談をお受けいたします。

3. 講義に出席（体験入学2・3回目）
引き続き、各科目の講義をご受講いただけます。参加者には体験用テキストをプレゼントいたします。

● 最大3回連続無料体験講義の日程はTACホームページと公務員講座パンフレットでご覧いただけます。
● 体験入学はお申込み予定の校舎に限らず、お好きな校舎でご利用いただけます。
● 4回目の講義までにご入会手続きをしていただければ、カリキュラム通りに受講することができます。

※地方上級・国家一般職、理系（技術職）、警察・消防以外の講座では、最大2回連続体験入学を実施しています。また、心理職・福祉職はTAC動画チャンネルで体験講義を配信しています。
※体験入学1回目や2回目の後でもご入会手続きは可能です。「TACで受講しよう！」と思われたお好きなタイミングで、ご入会いただけます。

ビデオで体験 校舎のビデオブースで体験視聴

TAC各校のビデオブースで、講義を無料でご視聴いただけます。（要予約）

各校のビデオブースでお好きな講義を視聴できます。視聴前日までに視聴する校舎受付までお電話にてご予約をお願い致します。

ビデオブース利用時間 ※日曜日は④の時間帯はありません。
① 9：30～12：30 ② 12：30～15：30
③ 15：30～18：30 ④ 18：30～21：30

※受講可能な曜日・時間帯は一部校舎により異なります。
※年末年始・夏期休業・その他特別な休業以外は、通常平日・土日祝祭日にご覧いただけます。
※予約時にご希望日とご希望時間帯を合わせてお申込みください。
※基本講義の中からお好きな科目をご視聴いただけます。（視聴できる科目は時期により異なります）
※TAC提携校での体験視聴につきましては、提携校各校へお問合せください。

Webで体験 スマートフォン・パソコンで講義を体験視聴

TACホームページの「TAC動画チャンネル」で無料体験講義を配信しています。時期に応じて多彩な講義がご覧いただけます。

TACホームページ **https://www.tac-school.co.jp/**

※体験講義は教室講義の一部を抜粋したものになります。

TAC出版 書籍のご案内

TAC出版では、資格の学校TAC各講座の定評ある執筆陣による資格試験の参考書をはじめ、資格取得者の開業法や仕事術、実務書、ビジネス書、一般書などを発行しています!

TAC出版の書籍

*一部書籍は、早稲田経営出版のブランドにて刊行しております。

資格・検定試験の受験対策書籍

- ✪日商簿記検定
- ✪ファイナンシャルプランナー(FP)
- ✪司法書士
- ✪建設業経理士
- ✪証券外務員
- ✪行政書士
- ✪全経簿記上級
- ✪貸金業務取扱主任者
- ✪司法試験
- ✪税　理　士
- ✪不動産鑑定士
- ✪弁理士
- ✪公認会計士
- ✪宅地建物取引士
- ✪公務員試験(大卒程度・高卒者)
- ✪社会保険労務士
- ✪賃貸不動産経営管理士
- ✪情報処理試験
- ✪中小企業診断士
- ✪マンション管理士
- ✪介護福祉士
- ✪証券アナリスト
- ✪管理業務主任者
- ✪ケアマネジャー
- ✪社会福祉士　ほか

実務書・ビジネス書

- ✪会計実務、税法、税務、経理
- ✪総務、労務、人事
- ✪ビジネススキル、マナー、就職、自己啓発
- ✪資格取得者の開業法、仕事術、営業術
- ✪翻訳ビジネス書

一般書・エンタメ書

- ✪ファッション
- ✪エッセイ、レシピ
- ✪スポーツ
- ✪旅行ガイド (おとな旅プレミアム/ハルカナ)
- ✪翻訳小説

公務員試験対策書籍のご案内

TAC出版の公務員試験対策書籍は、独学用、およびスクール学習の副教材として、各商品を取り揃えています。学習の各段階に対応していますので、あなたのステップに応じて、合格に向けてご活用ください！

INPUT

『みんなが欲しかった！公務員 合格へのはじめの一歩』

A5判フルカラー

●本気でやさしい入門書
●公務員の"実際"をわかりやすく紹介したオリエンテーション
●学習内容がざっくりわかる入門講義

・数的処理（数的推理・判断推理・空間把握・資料解釈）
・法律科目（憲法・民法・行政法）
・経済科目（ミクロ経済学・マクロ経済学）

『みんなが欲しかった！公務員 教科書＆問題集』

A5判

●教科書と問題集が合体！でもセパレートできて学習に便利！
●「教科書」部分はフルカラー！見やすく、わかりやすく、楽しく学習！

・憲法
・【刊行予定】民法、行政法

『新・まるごと講義生中継』

A5判
TAC公務員講座講師
郷原 豊茂 ほか

●TACのわかりやすい生講義を誌上で！
●初学者の科目導入に最適！
●豊富な図表で、理解度アップ！

・郷原豊茂の憲法
・郷原豊茂の民法Ⅰ
・郷原豊茂の民法Ⅱ
・新谷一郎の行政法

『まるごと講義生中継』

A5判
TAC公務員講座講師
渕元 哲 ほか

●TACのわかりやすい生講義を誌上で！
●初学者の科目導入に最適！

・郷原豊茂の刑法
・渕元哲の政治学
・渕元哲の行政学
・ミクロ経済学
・マクロ経済学
・関野喬のパターンでわかる数的推理
・関野喬のパターンでわかる判断整理
・関野喬のパターンでわかる空間把握・資料解釈

要点まとめ

『一般知識 出るとこチェック』

四六判

●知識のチェックや直前期の暗記に最適！
●豊富な図表とチェックテストでスピード学習！

・政治・経済
・思想・文学・芸術
・日本史・世界史
・地理
・数学・物理・化学
・生物・地学

記述式対策

『公務員試験論文答案集 専門記述』

A5判
公務員試験研究会

●公務員試験（地方上級ほか）の専門記述を攻略するための問題集
●過去問と新作問題で出題が予想されるテーマを完全網羅！

・憲法（第2版）
・行政法

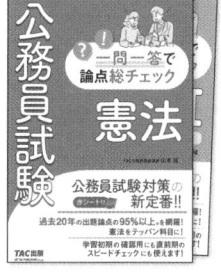

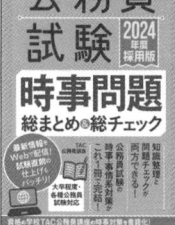

書籍の正誤に関するご確認とお問合せについて

書籍の記載内容に誤りではないかと思われる箇所がございましたら、以下の手順にてご確認とお問合せをしてくださいますよう、お願い申し上げます。

なお、正誤のお問合せ以外の書籍内容に関する解説および受験指導などは、一切行っておりません。
そのようなお問合せにつきましては、お答えいたしかねますので、あらかじめご了承ください。

1 「Cyber Book Store」にて正誤表を確認する

TAC出版書籍販売サイト「Cyber Book Store」の
トップページ内「正誤表」コーナーにて、正誤表をご確認ください。

CYBER TAC出版書籍販売サイト
BOOK STORE

URL：https://bookstore.tac-school.co.jp/

2 1の正誤表がない、あるいは正誤表に該当箇所の記載がない
⇒ 下記①、②のどちらかの方法で文書にて問合せをする

★ご注意ください★

お電話でのお問合せは、お受けいたしません。
①、②のどちらの方法でも、お問合せの際には、「お名前」とともに、
「対象の書籍名（○級・第○回対策も含む）およびその版数（第○版・○○年度版など）」
「お問合せ該当箇所の頁数と行数」
「誤りと思われる記載」
「正しいとお考えになる記載とその根拠」
を明記してください。
なお、回答までに１週間前後を要する場合もございます。あらかじめご了承ください。

① ウェブページ「Cyber Book Store」内の「お問合せフォーム」より問合せをする

【お問合せフォームアドレス】

https://bookstore.tac-school.co.jp/inquiry/

② メールにより問合せをする

【メール宛先　TAC出版】

syuppan-h@tac-school.co.jp

※土日祝日はお問合せ対応をおこなっておりません。
※正誤のお問合せ対応は、該当書籍の改訂版刊行月末日までといたします。

乱丁・落丁による交換は、該当書籍の改訂版刊行月末日までといたします。なお、書籍の在庫状況等により、お受けできない場合もございます。
また、各種本試験の実施の延期、中止を理由とした本書の返品はお受けいたしません。返金もいたしかねますので、あらかじめご了承くださいますようお願い申し上げます。

（2022年7月現在）

分冊冊子の使い方

次の図のように、色紙から各分冊の冊子を取り外してご利用ください。

※色紙と各分冊の冊子が、のりで接着されています。乱暴に扱いますと、破損する危険性が
　ありますので、丁寧に取り外すようにしてください。

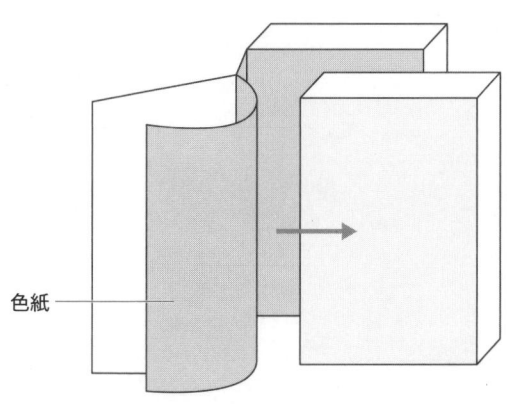

色紙

※抜き取る際の損傷についてのお取替えはご遠慮願います。

0576-4　みんなが欲しかった！ 公務員 行政法の教科書＆問題集
教科書分冊

みんなが欲しかった！ 公務員

行政法の教科書＆問題集

教科書編

目次

序　行政法のアウトライン ……………………………………………………………… 1

第**1**編　行 政 法 総 論

第**1**章　行政法の基礎理論

第1節　行政法の法源 ……………… 12
第2節　法律による行政の原理 ……… 20

第**2**章　行政立法

第1節　法規命令 ………………………… 28
第2節　行政規則 ………………………… 42

第**3**章　行政行為

第1節　行政行為の分類と効力 ……… 50
第2節　行政行為の瑕疵 ……………… 66
第3節　行政行為の職権取消しと撤回 … 80
第4節　行政行為の付款 ……………… 89
第5節　行政裁量 ………………………… 98

第**4**章　行政計画・行政指導・行政契約

第1節　行政計画 ………………………… 116
第2節　行政指導 ………………………… 126
第3節　行政契約 ………………………… 140

第**5**章　行政上の強制手段

第1節　行政上の強制執行 …………… 148
第2節　即時強制 ………………………… 160
第3節　行政罰 …………………………… 165

第**6**章　行政手続

第1節　申請に対する処分 …………… 172
第2節　不利益処分 …………………… 182
第3節　届出・命令等制定手続 ……… 192

第**2**編　行 政 法 各 論

第**1**章　行政事件訴訟

第1節　行政救済法の全体像 ……… 198
第2節　取消訴訟の訴訟要件Ⅰ …… 203
第3節　取消訴訟の訴訟要件Ⅱ …… 220
第4節　取消訴訟の訴訟要件Ⅲ …… 237
第5節　取消訴訟の審理手続・判決 … 245
第6節　取消訴訟以外の抗告訴訟 … 261
第7節　当事者訴訟・民衆訴訟・機関訴訟 …………………………… 278

第**2**章　行政不服申立て

第1節　行政不服審査の概要 ……… 288
第2節　審査請求の審理・裁決 …… 302

第**3**章　国家補償

第1節　国家賠償法1条責任 ……… 320
第2節　国家賠償法2条責任・その他 … 343
第3節　損失補償 ………………………… 360

第**4**章　行政の組織・情報公開

第1節　行政機関 ………………………… 370
第2節　情報公開 ………………………… 377

索引 …………………………………………… 389
判例索引 …………………………………… 394

行政法の
アウトライン

序 行政法のアウトライン

START! 本節で学習すること

「行政法」とは、どのような法律なのでしょうか？
まず行政法という法律の全体像を把握しておきましょう。
そして、学習を始める前に、押さえておきたい概念や用語について理解しましょう。

1 行政法とは

1 行政法とは何か

　憲法や民法と異なり、「行政法」という名称の法は、存在していません。「行政法」とは、行政の活動に関するさまざまな法を寄せ集めたものを指す総称です。

　では、行政とは何を指すのでしょうか？

　行政は、立法・司法と並ぶ国家権力の1つですが、その内容は多岐にわたっており、一言で定義づけするのが困難なことから、**国や地方公共団体の活動のうち、立法と司法を除いた残りすべて**を指すとする立場（控除説）が通説となっています。

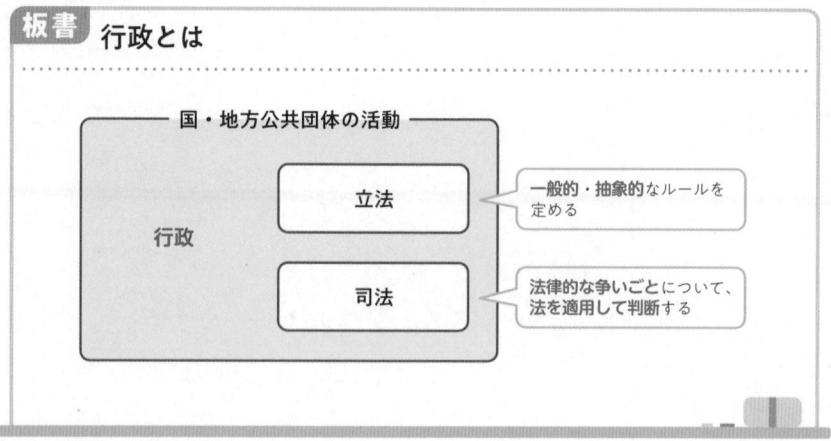

板書　行政とは

国・地方公共団体の活動

行政

立法 → 一般的・抽象的なルールを定める

司法 → 法律的な争いごとについて、法を適用して判断する

行政の活動は多岐にわたりますが、その中心は、**立法機関（国会）が制定した法律を実行すること**です。例えば、国会で税法を制定し、課税の対象や税率を決めます。その税法に基づき、行政（税務署）が課税や徴収活動を行います。このように法律を実行していくというのが行政の典型的な活動の１つです。

2 公務員試験の出題対象

行政法とは行政に関わるルールを指す総称ですから、行政法に属する法律は数え切れないほどあります。そこで、個々の法律から共通する要素を抽出して抽象化したうえで、行政法全体を貫く共通の考え方が形成されています。これを行政法理論と呼んでいます。

実際に試験の出題の対象となるのはこの行政法理論と、行政の世界で広く適用が予定されている通則的な法律（一般性の高い法律）です。

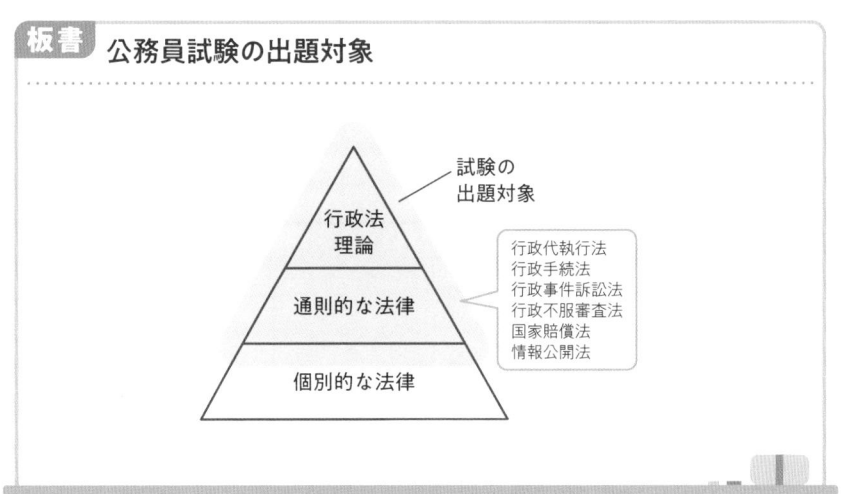

板書　公務員試験の出題対象

3 行政法の全体像

❶ 行政法の全体像

行政法は大きく分けて、❶行政の活動や手続を定める**行政作用法**、❷行政活動によって権利や利益を侵害された**私人（国民）**が救済を求める仕組みを定め

る行政救済法、❸行政を行う組織を定める行政組織法という 3 つの分野から成り立っています。本書の構成では、❶を第 1 編、❷❸を第 2 編で学習します。

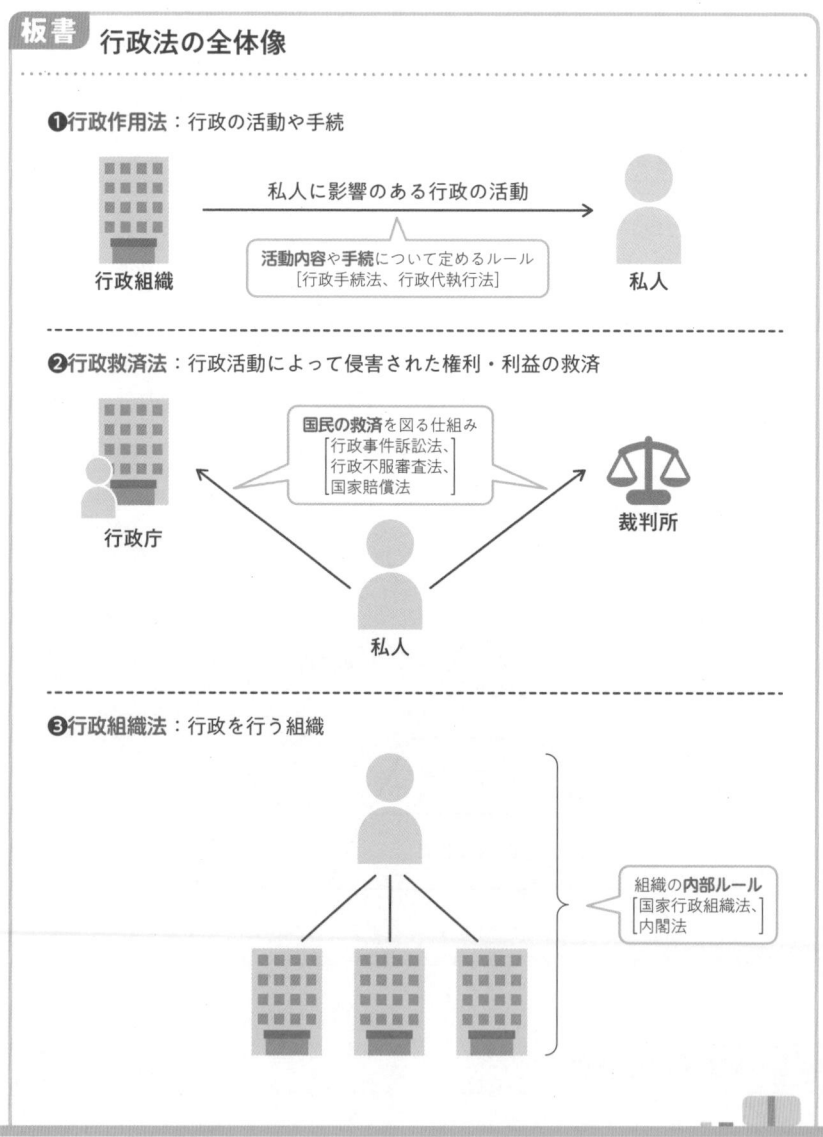

板書　行政法の全体像

❶行政作用法：行政の活動や手続

行政組織　──私人に影響のある行政の活動──→　私人

活動内容や手続について定めるルール
[行政手続法、行政代執行法]

❷行政救済法：行政活動によって侵害された権利・利益の救済

行政庁　　　裁判所

国民の救済を図る仕組み
[行政事件訴訟法、
行政不服審査法、
国家賠償法]

私人

❸行政組織法：行政を行う組織

組織の内部ルール
[国家行政組織法、
内閣法]

全体像のうち❷の行政救済法については第2編で詳しく扱いますが、行政法全体を通じて行政救済法に関連する話題が登場します。この段階で、最低限の用語の意味合いだけ押さえておきましょう。

板書 行政救済法による救済手段

救済の手段	内容
行政不服申立て （審査請求）	行政が行った行為の取消しを行政に求める制度
取消訴訟	行政が行った行為の取消しを裁判所に求める制度
国家賠償	行政の違法な行為によって生じた損害を金銭的に賠償する制度
損失補償	行政の適法な行為によって生じた損失を金銭的に補償する制度

2 行政活動の分類

1 侵害的行政と授益的行政

侵害的行政（規制行政）とは、**私人の権利・利益を制限する行政の活動**を指します。

私人に納税を命じることや、除却（取り壊すこと）を命じられた違法建築物の所有者が自ら除却しないために行政の側で所有者に代わって除却してしまう行為などが、侵害的行政の具体例です。

一方、授益的行政（給付行政）とは、**私人に権利・利益を付与する行政の活動**を指します。

私人に補助金を交付したり、生活保護費を支給したりするのが、授益的行政の具体例です。

侵害的行政は私人の権利・利益を制限することから、授益的行政に比較して、**より慎重に行われるべき**ことが要請されます。

2 権力的行政と非権力的行政

権力的行政（権力的活動）とは、**私人の同意なしに一方的・命令的な形で行われる行政の活動**を指します。

例えば、私人に納税を命じることは、同意なしに一方的・命令的な形で行われますので権力的行政です。

一方、非権力的行政（非権力的活動）とは、**私人の同意のうえで行われる行政の活動**や**強制力を伴わない行政の活動**を指します。

例えば、私人の所有する土地を国が売買契約を締結して購入する行為は、所有者である私人の同意のもとに行われる非権力的行政です。

3 法的行為と事実行為

法的行為とは、**私人に対して権利義務の発生や消滅等の変動を生じさせる行為**を指します。例えば、違法な建築物を所有する者に対して、除却するように命じる行為は、私人に法的義務を発生させるので法的行為といえます。

一方、事実行為とは、**権利義務の変動を伴わず、単に物理的に行われる行為**を指します。例えば、除却を命じられた違法建築物の所有者が、自ら除却しないために、行政の側で所有者に代わって除却してしまう行為です。

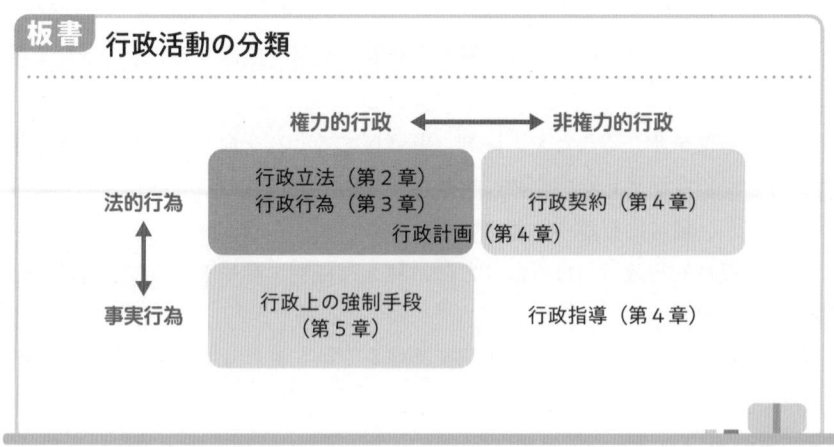

板書 行政活動の分類

	権力的行政 ←→ 非権力的行政	
法的行為	行政立法（第2章） 行政行為（第3章） 行政計画（第4章）	行政契約（第4章）
事実行為	行政上の強制手段 （第5章）	行政指導（第4章）

3 学習の前提となる概念

1 行政主体と行政庁

❶ 行政主体

行政主体とは、**行政の世界において、権利や義務の帰属主体となる存在**を指します。具体的には、国や各地方公共団体のことです。

中央においては、"日本国"という単一の行政主体しか存在しませんが、地方においては、東京都や大阪府、横浜市といった地方公共団体がそれぞれ独立した法人格を有しており、別個の権利義務の帰属主体となります。

❷ 行政庁

国や地方公共団体といった行政主体は、法的な意味で人格を認められているものに過ぎず、実体を持たない擬制的存在です。

> 当たり前ですが、国や都道府県は頭も手足も持っていませんよね。行政主体自体が考えて意思決定したり、動いて行動したりはできないわけです。

そこで、行政主体の代わりに実際に活動する人が必要になります。

行政主体の意思を決定し、外部に表示する権限を有する機関を行政庁と呼びます。

国という行政主体においては各省大臣、都道府県という行政主体においては都道府県知事、市町村という行政主体においては市町村長が、一般的に行政庁となります。

> このように、行政庁は行政主体にとって"頭"の役割を担い、法が意思決定権限と表示権限を与えた者を指します。警察庁や金融庁のように「庁」のつく行政組織がありますが、行政庁はこうした組織の総称ではなく「人」を指すものなので、誤解しないようにしましょう。

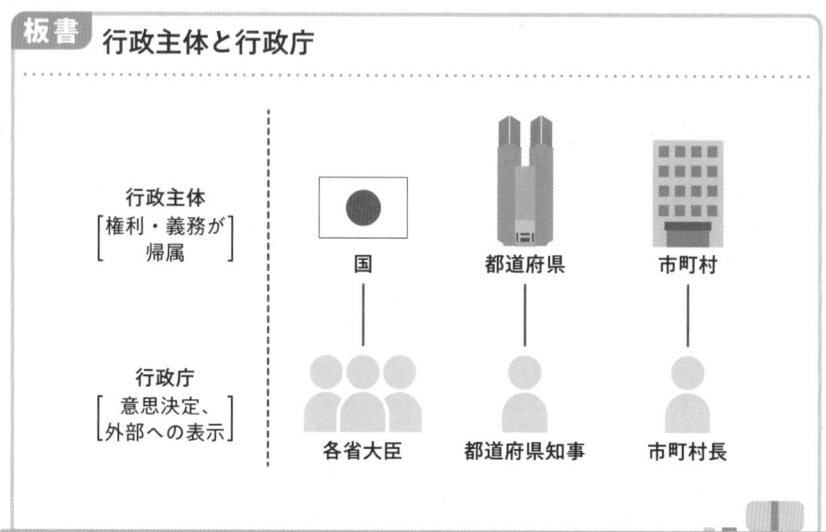

板書 行政主体と行政庁

行政主体
[権利・義務が帰属]

国　　都道府県　　市町村

行政庁
[意思決定、外部への表示]

各省大臣　　都道府県知事　　市町村長

　誰が行政庁であるかは、法律がその権限を誰に付与したかによって決まります。例えば、税法がAという行為をなし得る権限を国税庁長官に付与していれば、Aという行為に関しては、国税庁長官が行政庁になりますし、税法がBという行為をなし得る権限を各税務署長に付与していれば、Bという行為に関しては、税務署長が行政庁になります。

今後、処分をする行政庁のことを「処分庁」、審査をする行政庁のことを「審査庁」、というような形で、「○○をする行政庁」のことを「○○庁」という呼び方をすることが多くあります。

2　行政行為と処分

　第1編第3章で行政行為という重要な概念が登場します。

　この言葉の意味については第1編第3章で詳しく学びますが、ここでは、**行政が一方的に行う行為であって、私人の側に権利や義務等の法的な効力を生じさせる行為**と考えておいてください。

これまで例に挙げた、私人に納税を命じる行為（課税処分）、違法な建築物を所有する者に対して除却するように命じる行為（除却命令）などは行政行為に当たります。

行政行為は、行政法学上（学問上）の概念・用語であり、実定法上（現実に存在している法令上）の用語ではありません。行政手続法、行政事件訴訟法、行政不服審査法では、「行政行為」に代わって「処分」という用語が使用されています。

「行政行為」と「処分」の関係については、現時点ではほぼ同義のものと考えておいて問題がありません。その関係をイメージ図で表すと次のようになります。

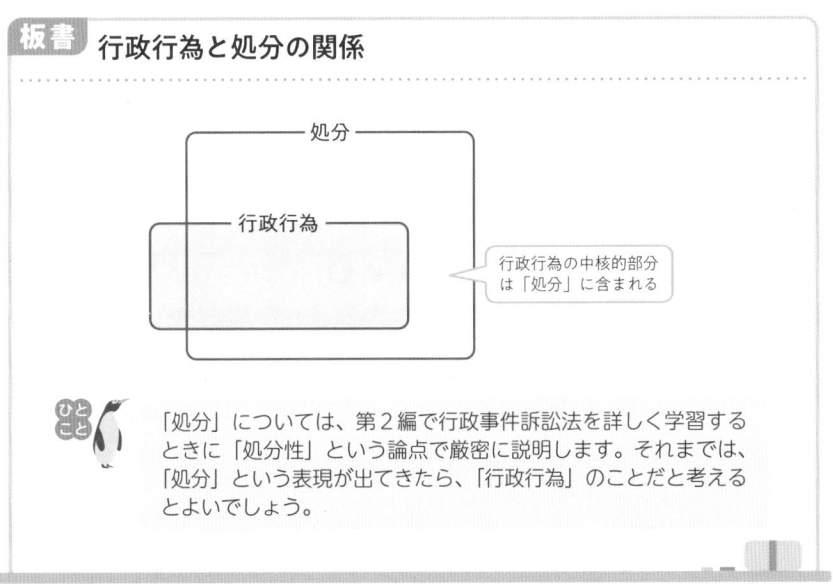

板書　行政行為と処分の関係

処分

行政行為

行政行為の中核的部分は「処分」に含まれる

ひとこと　「処分」については、第2編で行政事件訴訟法を詳しく学習するときに「処分性」という論点で厳密に説明します。それまでは、「処分」という表現が出てきたら、「行政行為」のことだと考えるとよいでしょう。

3　注意したい表現・用語

❶「義務」と「任意（裁量）」

行政法の学習では、条文の規定を正しく把握することを求められる場面があります。このとき、何かをすることが**義務的であるか、任意的であるか**について、条文はきちんと表現を分けています。

「Aは、○○をしなければならない」と規定されている場合、Aは○○という行為をすることが**義務づけられており、それをしなければ法律に違反すること**になってしまいます。

ここでの義務は、後出の「法的義務」を前提にしています。

　一方、「Bは、〇〇をすることができる」と規定されている場合、Bは〇〇をすることも可能だし、しないことも可能ということなり、**するかしないかについての裁量的な判断権が与えられている**ことになります。

　裁量／その人の考えに基づいてものごとの判断や処理を任意に行えることを指す言葉です。

❷「法的義務」と「努力義務」

　義務の中にも「法的義務」と「努力義務」の区別があります。

　前出のように、「Aは、〇〇をしなければならない」と規定されている場合、このような義務を特に法的義務と呼びます。

　条文の中には、「Cは、〇〇するよう努めなければならない」という表現が使われている場合があります。このように表現される義務を努力義務と呼びます。この表現が使われている場合は、Cは〇〇するように努力すればよく、実際には〇〇していなくても構わないことになります。

❸ 緊急性の度合いに関する表現

　どの程度の緊急性をもって処理や対応をしなければならないのかを表す表現として、「直ちに」、「速やかに」、「遅滞なく」といった表現が使い分けられています。

　「直ちに」は、時間的な即時性が最も強く求められる場合に用いられる表現です。一切の遅延が許されず、「とにかくすぐに」というときに使われます。

　「速やかに」は中程度の即時性が求める場合に用いられる表現です。「できるだけ速くに」というときに使われます。

　「遅滞なく」は、3つの表現の中では、求められる即時性が弱い場合に用いられる表現です。できるだけ速く、が求められてはいるものの、正当な理由があれば遅れても構わないというときに使われます。

第**1**章

行政法の基礎理論

第1節 行政法の法源

START! 本節で学習すること

本節では行政法の法源を学習します。

近年、この分野の出題があるのは特別区Ⅰ類だけですが、行政法全体の基礎になる部分なので理解しておく必要があります。

1 法源とは

1 法源とは

行政法の法源とは、**行政が従うべきルール（法）の存在形式**をいいます。

> 存在形式という表現が難しく感じますが、何という名称がつけられた「法」か、ということです。

行政法の法源は、行政が活動する際の根拠となるだけでなく、行政活動を巡って国・地方公共団体と国民が裁判になった場合において、**裁判所が判断を下す際の基準**ともなります。

2 成文法源と不文法源

行政法の法源は、成文法源と不文法源に分類できます。

成文法源とは、憲法や法律などのように**文章化（条文化）されている法源**を指します。一方、不文法源は、慣習法や判例法のように**文章化（条文化）されていない法源**を指します。01▶

行政法の法源としては成文法源が原則であり（成文法中心主義）、**不文法源は成文法源がない場合などに補充的に用いられます。**

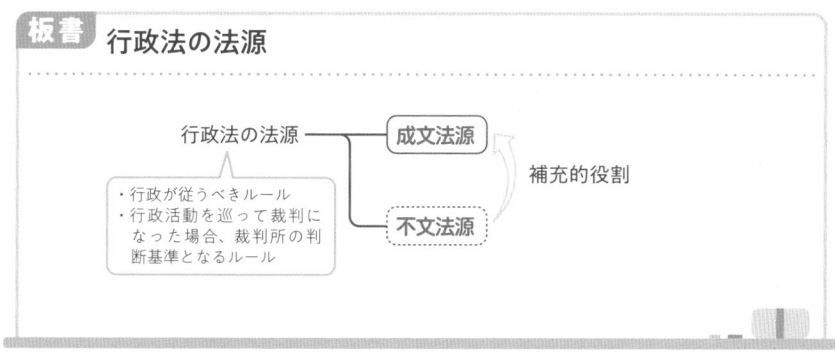

2 成文法源

　成文法源としては、❶憲法、❷条約、❸法律、❹命令、❺条例・規則があります。❶憲法が最も効力が強く（最高法規）、❶から❺の順に効力が弱くなっていきます。

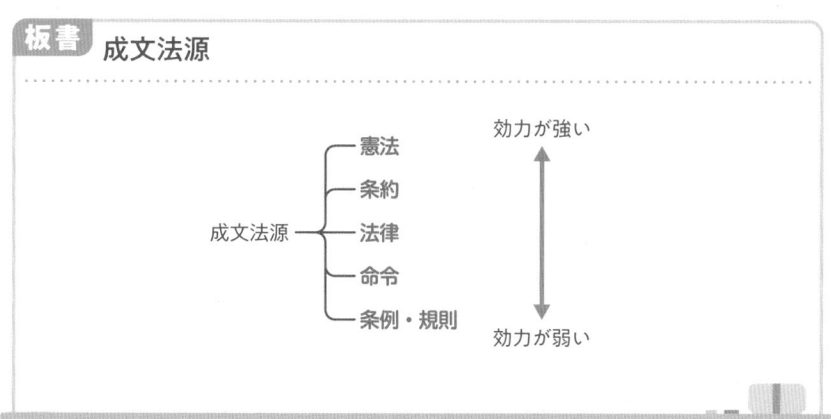

1 憲　法

　憲法は、**国家の基本的な統治構造を定める基本法**です。憲法は国の最高法規であり（憲法98条）、かつ、行政法は憲法の具体化の側面も持っていることから、行政法の法源となります。ただし、**多くの場合、法律による具体化がされて適用されるものであり、憲法の規定が直接適用される場面は限定的**です。

 例えば、憲法29条3項の損失補償請求権は直接適用されます。

2 条　約

　条約は、**国家間の合意**です。条約のうち、その内容が国内の行政に関わる規定である場合には、行政法の法源と認められます。

　通常、条約はそれを国内で実施するための法律を定めることで国内法としての効力を有します。しかし、**条約の内容がそのままでも国内法として通用する具体的内容を持っている場合、条約が公布・施行されれば、自動的に国内法としての効力を有する**場合もあります。

 このような条約を**自動執行条約**といいます。つまり、条約が自動執行条約である場合、直接、行政法の法源となります。

02

3 法　律

　法律は、**国会が制定する法規範**です。国会が唯一の制定機関であり（憲法41条）、行政法の最も主要な法源になります。

4 命 令

命令は、**国の行政機関が定める法**で、内閣が定める政令などがあります。

また、命令をその性質によって分類すると、法律の委任に基づき法律の内容を具体化するために作られる委任命令と法律を執行するために必要な細かい事項（手続等）を定める執行命令があり、**行政機関が制定できる命令はこの2種類に限られます。**

明治憲法のもとでは、法律の根拠を持たない**独立命令**も認められていましたが、**日本国憲法のもとでは認められません。**

03

5 条例・規則

条例および規則は、**地方公共団体が定める法**です。

条例は地方議会（都道府県議会、市町村議会）で制定されます。規則は地方公共団体の長（知事、市町村長）が定めます。

条例、規則ともに、その地方公共団体内では、行政法の法源となります。

04

3 不文法源

不文法源としては、❶慣習法、❷判例法、❸法の一般原則（条理法）があります。

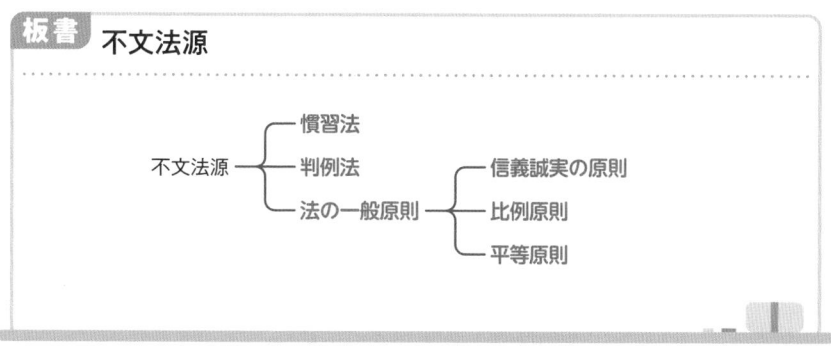

板書 不文法源

不文法源 ── 慣習法
          ├─ 判例法
          └─ 法の一般原則 ── 信義誠実の原則
                          ├─ 比例原則
                          └─ 平等原則

1　慣習法

❶ 慣習法とは

慣習法とは、**長年にわたり繰り返し行われた慣習**が、人々の間に完全に定着し（これを「法的確信を得た」と表現することがあります）、**規範として拘束力を有するに至ったもの**をいいます。

❷ 慣習法の具体例

次節で学習する「法律による行政の原理」が支配する行政法の分野では、慣習法が成立することは少ないですが、行政で長年行われている先例（行政先例）が定着し、慣習法となることもあります。その例として、**官報による国の法令の公布**が挙げられます。

05

 戦前は、公式令という勅令に基づき法令の公布は官報で行うこととされていましたが、戦後、公式令が廃止された後は、法令の公布については**特に法律の根拠がないまま官報で行われてきました。**

2　判例法

裁判所（特に最高裁判所）の判断を判例といいますが、判例はあくまでも個別の事件に対する判断であり、判例（判決文）が即座に法となるわけではありません。

しかし、行政法規の解釈や運用に関する**同一内容の判断が裁判所で繰り返し出される場合、それは事実上法としての働きを有する**ものとなります。特に、最高裁判所の出す判例は、先例として強い影響力を持ちます。このような場合、判例も行政法の法源となります（**判例法**）。

判例法となるのは通常は最高裁判所の判断ですが、下級裁判所の判断であっても繰り返し同一の判断が出されることで法源となり得ます。

 裁判所の判断（判例）は判決文という文章の形で表れますが、条文化されていないこと、法として働くのは判決文の背後にある解釈（考え方）であって判決文自体ではないと考えられること、などから**不文法源として扱われます。**

3　法の一般原則（条理法）

　成文法源が存在しなくても、当然に適用されると考えられる原則を法の一般原則（もしくは条理法）といいます。

　条理とは、ものごとの道理や筋道のことです。

　具体的には、❶信義誠実の原則、❷比例原則、❸平等原則などがあります。

❶ 信義誠実の原則

　信義誠実の原則（信義則）とは、**行政に対する私人の信頼は保護されなければならないとする原則**です。民法における信義則が、法の一般原則として行政法の世界にも適用されています。

❷ 比例原則

　比例原則とは、**行政が用いる手段は、その目的を達成するために必要な限度のものでなければならないとする原則**です。

❸ 平等原則

　平等原則とは、**行政が正当な理由がなく差別的な取扱いをすることは許されないとする原則**です。憲法上の原則（憲法14条1項）が行政法に反映されたものです。

第1節 行政法の法源

☐ 行政法の法源とは**行政が従うべき法の存在形式**をいい、成文法源と不文法源に分けられます。

☐ 成文法中心主義が採られていることから、**成文法源が中心であり、不文法は補充的に適用されます。**

☐ 条約の内容がそのままでも国内法として通用する具体的内容を持っている場合、条約が公布・施行されれば、自動的に国内法としての効力を有し、直接、行政法の法源となります。

☐ **地方議会で制定される条例だけでなく、地方公共団体の長が制定する規則も行政法の法源です。**

☐ 慣習も長年にわたり繰り返し行われ、**法的確信を得るに至ると規範として拘束力を有することになり、行政法の法源となります。**

☐ 裁判所の判断である判例も同一内容の判断が繰り返される場合などにおいて**行政法の法源となり得ます。**

☐ 成文法源が存在しなくても、当然に適用されると考えられる原則を「**法の一般原則**」（もしくは**条理法**）といい、信義誠実の原則、比例原則、平等原則などがあります。

○×スピードチェック

01 行政法の法源は、成文法源と不文法源の２つに分けることができ、成文法源には法律及び判例法が含まれ、不文法源には条理法が含まれる。

特別区Ⅰ類2009

 判例法は成文法源ではなく不文法源です。

02 条約は、その内容が国内行政に関し、自力執行性のある具体的定めを含んでいる場合には、それが公布・施行されることによって国内法としての効力をもち、行政法の法源となる。 特別区Ⅰ類2014

○

03 命令には、法律の個別具体の委任に基づく委任命令と、法律に基づくことなく独自の立場で発する独立命令があるが、いずれも行政機関が制定するものであるので、行政法の法源となることはない。 特別区Ⅰ類2014

 独立命令は許されませんが、命令も行政法の法源となります。

04 条例は、必ず議会の議決を必要とするので行政法の法源となるが、地方公共団体の長が定める規則は、議会の議決を必要としないので行政法の法源となることはない。 特別区Ⅰ類2014

✗ 長が定める規則も行政法の法源になります。

05 行政権は、法令上の根拠がなければ行使しえないため、行政上の法律関係については、行政法の法源として慣習法が成立する余地はない。

特別区Ⅰ類2009

✗ 慣習法も行政法の法源として成立する余地があります。

本節で学習する法律による行政の原理は、行政法全体を貫く基本原則です。
試験で出題されるのは、法律による行政の原理から導き出される具体的な原則の
1つである「法律の留保の原則」です。どのような学説があるかを押さえましょう。

1　法律による行政の原理とは

1　法律による行政の原理とは

　法律による行政の原理とは、**行政活動は、国会の制定する法律に従って行われなければならないとする原理**をいいます。

　この原理は、❶行政活動を国民の代表者の制定した法律に従わせることによって民主的なコントロールを図るという民主主義からの要請と、❷行政が勝手に行政活動を行うことで国民の権利・自由を侵害することを防ぐという自由主義からの要請の2つの面から導き出されています。

2　法律による行政の原理の具体的内容

　法律による行政の原理の具体的内容としては、❶法律の優位の原則、❷法律の留保の原則、❸法律の法規創造力の原則の3つがあります。

　「法規」という用語は、法の世界では、法規範を全般的に指す場合や一般的抽象的法規範を指す場合など、さまざまな意味で用いられています。行政法の世界では、「**国民の権利や義務に関する法規範**」を指すものとして使われるのが一般的です。

板書 法律による行政の原理

❶**法律の優位の原則**
行政活動は法律に違反して行われてはならない（勝手に改 ← すべての行政活動に
変することも許されない） 例外なく妥当

❷**法律の留保の原則**
ある一定の行政活動は法律の根拠がなければ行うことがで
きない

❸**法律の法規創造力の原則**
国民の権利義務に関する法規は法律で定めなければならな ← 憲法に定められた
い（法律から授権を受けた命令を含む） 「国会中心立法の原則」
と同じ意味

01 ▶ 02 ▶ 03 ▶

3つの中でより詳しく学習する必要があるのは❷法律の留保の原則です。この原則を次から詳しく見ていきます。

2 法律の留保の原則

法律の留保の原則とは、**ある一定の行政活動は法律の根拠がなければ行うことができない**とする原則ですが、この原則において問題となるのが、❶「ある一定の行政活動」とはどの範囲を指すのか、❷「法律の根拠」にいう根拠となり得るのはどのような法律か、という2つの点です。

> 「法律の留保」という表現がわかりにくいのですが、行政法で「留保」という言葉は2通りの使い方がされています。ここでは「留保」＝「（**法律で**）**定める**」という意味で使われています。もう1つの使い方は、「留保」を単に「保留」の意味で使う場合です。

法律の根拠が必要な「ある一定の行政活動」の範囲についてはいくつかの考え方が主張されています。

板書 「ある一定の行政活動」の範囲についての学説

「ある一定の 行政活動」 の範囲	学説	内容
狭	侵害留保説	・侵害的行政に限って法律の根拠が必要 ・従来の通説
中	権力留保説	・権力的行政に限って法律の根拠が必要
	社会留保説	・侵害的行政だけでなく授益的行政にも法律の根拠が必要
	重要事項留保説	・重要な行政作用を行うのには法律の根拠が必要
広	全部留保説	・すべての行政活動に法律の根拠が必要

全部留保説

権力留保説
社会留保説
重要事項留保説

侵害留保説

04　05

次の3つの行政活動について、「ある一定の行政活動」に該当するかどうか、学説によって見解が異なることを確認しましょう。

❶ 侵害留保説

侵害留保説は、**法律の根拠を必要とする範囲が最も狭い説**であり、明治憲法下で唱えられて以来の伝統的な通説です。現在は通説とまではいえませんが、実務はこの立場に基づいています。

この立場による場合、❶のみが「ある一定の行政活動」に該当します。つまり、❶は法律の根拠がなければ行えませんが、❷、❸は法律の根拠がなくても行うことができます。

> 2020年に新型コロナウイルス感染症緊急経済対策として実施された1人当たり10万円の特別定額給付金の支給は、特に根拠法は制定されずに実施されています。実務が侵害留保説の立場に立って運用されていることがわかります。

❷ 権力留保説

権力留保説は、たとえ利益を与える授益的な行政活動であっても、一方的に行われる**権力的な行政活動については、法律の根拠が必要**としています。したがって、補助金の交付決定や泥酔者の保護措置のような権力的かつ授益的な行政活動をなす場合も法律の根拠が必要となります。

この立場による場合、❶、❷が「ある一定の行政活動」に該当します。つまり、❶、❷は、ともに法律の根拠がなければ行えませんが、❸の行政指導は権力的なものではないので、法律の根拠がなくても行えます。

❸ 全部留保説

全部留保説による場合、**すべての行政活動**が「ある一定の行政活動」に該当します。つまり、❶、❷、❸のすべて法律の根拠がなければ行えません。

法律の根拠の要否についての具体的判断

	課税 （侵害的行政）	補助金の交付決定 （授益的行政）	行政指導 （非権力的行政）
侵害留保説	◯必要	✕不要	✕不要
権力留保説	◯必要	◯必要	✕不要
全部留保説	◯必要	◯必要	◯必要

2 「法律の根拠」

ケース1-2 財務省設置法という法律は、税金の賦課徴収を担当する国税庁の設置、および
その取り扱う事務を定めている。ではこの財務省設置法を根拠に、消費税を課すことができるか。

　「法律の根拠」にある、根拠となり得る法律は、どのような法律なのでしょ
うか。

　行政法では、何について定めた法律かという視点からの分類として、❶組織
規範、❷根拠規範、❸規制規範という区別があります。

板書 **組織規範・根拠規範・規制規範**

法律の分類	内容	例
組織規範	行政組織の創設、その設置目的や役割、組織形態 等についての規定	財務省設置法
根拠規範 （授権規範）	行政活動をするための根拠となる規定 ⇒その行政機関に権限を授ける規定	消費税法
規制規範 （統制規範）	行政活動の行い方、手続についての規定 ⇒行政機関の活動をコントロールするための規定	国税通則法

「**法律の根拠**」となり得るのは、このうち**根拠規範**です。組織規範しかない場合、法律の留保の原則のもとでは、その行政活動は行うことができません。

　したがって、財務省設置法を根拠に、国税庁が国民に消費税を課すことは、法律の留保の原則に反し、許されないことになります。消費税を課すためには、その根拠となる具体的な規定である消費税法のような根拠規範が必要になります。

ここが重要!

第2節 法律による行政の原理

☐ 「法律による行政の原理」とは、行政活動は、国会の制定する法律に従って行われなければならないとする原理です。

☐ 「法律による行政の原理」の具体的内容としては、法律の優位の原則、法律の留保の原則、法律の法規創造力の原則の３つがあります。

☐ 法律の留保の原則とは、「ある一定の行政活動」は「法律の根拠」がなければ行うことができないとする原則です。

☐ 侵害留保説は、行政権が一方的に国民の権利・自由を侵害する場合（侵害的行政）に限って、法律の根拠が必要とする説です。

☐ 権力留保説は、授益的な行政活動であっても、一方的に行われる権力的な行政活動については、法律の根拠を必要とする説です。

☐ 法律の留保の原則における法律の根拠は、根拠規範である必要があります。

○×スピードチェック

01 「法律の優位」とは、いかなる行政活動も、行政活動を制約する法律の定めに違反してはならないという原則である。 特別区Ⅰ類2009

○

02 「法律の留保」とは、新たな法規の定立は、議会の制定する法律又はその授権に基づく命令の形式においてのみなされうるという原則である。 特別区Ⅰ類2009

✕ 「法律の法規創造力の原則」の説明になっています。

03 「法律の法規創造力」とは、行政活動には必ず法律の授権が必要であるとする原則である。 特別区Ⅰ類2009

✕ 「法律の留保の原則」の説明になっています。

04 「権力留保説」とは、すべての公行政には具体的な作用法上の根拠が必要であるとするものである。 特別区Ⅰ類2009

✕ 「全部留保説」の説明になっています。

05 「重要事項留保説」とは、侵害行政のみならず、社会権の確保を目的として行われる生活配慮行政にも、法律の根拠が必要であるとするものである。 特別区Ⅰ類2009

✕ 「社会留保説」の説明になっています。

第**2**章

行政立法

本節では行政立法の1つである法規命令について学習します。

最初に法規命令と行政規則との相違点を整理します。違いをきちんと押さえておきましょう。

判例もよく出題される分野なので、委任の方法、再委任の可否、委任命令の内容についての判例の判断を覚えましょう。

1 行政立法

1 行政立法とは

行政立法とは、行政がその組織や活動について、**一般的抽象的な規範を定立することをいいます。**

ひとこと　作られた規範自体を行政立法と呼ぶ場合もあります。また、「行政立法」ではなく「行政基準」と呼ぶこともあります。

行政立法には、外部（一般の国民）に対する効力の有無により法規命令と行政規則の区別があります。

2 法規命令と行政規則

❶ 法規命令（外部的効果を有する）

法規命令とは、行政機関が定立する一般的抽象的な規範のうちで、**国民の権利義務に関係する定め（法規）**を指します。**行政組織の外部（国民）に対して法的効果を及ぼすもの**であり、政令や省令の形で制定されます。第1章第1節において行政法の法源の1つとして挙げた「命令」が、この法規命令に当たります。

例えば、道路交通法では、信号機の色の意味について政令に委任する規定を置いており、その内容を道路交通法施行令という政令で定めています。この場合の道路交通法施行令が法規命令です。

法規とは国民の権利義務に関わる法規範のことを指しました。その法規に関する命令（行政機関が制定する法規範）だから、「法規命令」と呼ばれています。

　国民の権利義務に関わる法規命令を法律の委任もなく勝手に定めたのでは、第1章第2節で学習した法律の法規創造力の原則、ひいては「国会中心立法の原則」（憲法41条）に反してしまいますので、**必ず法律の委任が必要**です。

　法規命令は**国民や裁判所を拘束し、裁判における基準となります**（つまり、裁判規範性があります）。また国民に知らしめるために**公布が必要**です。

❷ 行政規則（内部的効果のみ有する）

　行政規則とは、行政機関が定立する一般的な定めで、**国民の権利義務に関係する定め（法規）ではないもの**を指します。行政組織の内部ルールであり、**行政内部においてのみ法的効果を有します**。外部（国民）に対しては法的効果を及ぼしません。訓令・通達や要綱などの形で出されます。

訓令・通達／訓令とは、上級行政機関が下級行政機関の権限行使を指揮するために発するものであり、これが書面化されたものを特に通達と呼びます。
　要綱／行政内部の指針、処理基準に付される名称です。

　例えば、行政内部のルールとして補助金交付要綱を定めて、それに基づき補助金の交付を行う場合、この補助金交付要綱が行政規則です。

　行政規則は、**国民や裁判所を拘束せず、裁判における基準とはなりません。**また**公布も不要**です。

行政立法、行政基準、法規命令、行政規則のいずれも行政法学上の用語（学問上の用語）であり、実際の法律に登場する用語ではありません。

2 法規命令の根拠

1 法規命令の必要性

　前項で見たとおり、行政立法のうち法規命令は国民の権利義務に関係する定め（法規）でした。国会を唯一の立法機関と定める憲法41条の趣旨からすると、このようなルールは本来「法律」によって定められるべき事項（法律事項）であると考えられます。しかし、以下の点から法規命令は必要とされています。

> **板書　法規命令の必要性**
>
> ❶専門的な判断については、専門的な知見を有する担当行政機関に基準等を定めさせるほうが望ましい
> ❷法改正に時間がかかる法律に定めを置くより、政令・省令等の法規命令で定めたほうが状況の変化に応じた迅速な対応が可能となる
> ❸国会や内閣のような政治的な機関から離れた中立的で独立した立場からの判断が望まれる場合もある

2 法規命令の許容性

憲法73条
　　内閣は、他の一般行政事務の外、左の事務を行ふ。
六　この憲法及び法律の規定を実施するために、政令を制定すること。ただし、政令には、特にその法律の委任がある場合を除いては、罰則を設けることができない。

　上記のとおり、憲法においても、内閣の権限として政令の制定を定めていることを根拠に、**法規命令は憲法上も許容されている**と考えられています。

　　政令への罰則の委任を許すこの憲法の条文から、**法律による委任があれば、法規命令で罰則について規定することも可能**と考えられています。

3 ▶ 法規命令の分類

1 制定機関による分類

法規命令は制定する機関に応じて次のように分類できます。

板書 制定機関による分類

法規命令の種別	制定機関
政令	内閣
内閣府令	内閣総理大臣
省令	各省大臣
規則	府省の外局として置かれる庁の長官、委員会 会計検査院、人事院 地方公共団体の長

制定（←）

 ここでの「規則」を「行政規則」と混同しないように注意しましょう。ここでの「規則」は人事院規則など実際に規則という名称で呼ばれているものです。一方、「行政規則」は行政法学上の用語であり、実際の法律等には登場しない用語です。

2 法律との関係による分類

法規命令は、法律との関係による分類として、委任命令と執行命令に分けることができます。

 明治憲法下では議会と関わりなく主権者たる天皇が自ら規範を定立することができたので、国会と無関係に（法律の委任なしに）**独立命令や緊急勅令**を制定することができましたが、これらは**日本国憲法下では認められません。**

❶ 委任命令

委任命令は、**法律の委任に基づき法律の内容を補充して、新たに国民の権利・義務に関わるルールを定める命令**です。 `01` `02`

例えば国家公務員法では、公務員に禁止される政治的行為の具体的内容を人事院規則に委任していますが、この場合の人事院規則が委任命令です。

委任命令は国民の権利義務の内容に関する定めを含むため、その制定については、法律によって**個別的・具体的に委任（授権）**がされている必要があります（詳しくは後述します）。 `03`

> 委任、すなわち「委ね任せる」ということは、それをする権限を授けていることになるため、「授権」ということもあります。

❷ 執行命令

執行命令は、**法律等の上位の法令の実施に必要な具体的で細目的な事項を定める命令**であって、**権利義務の内容を変動させるものではないもの**を指します。 `01` `02`

例えば、許可申請書の書式を定めたり、申請のための窓口を定めたりするものです。

執行命令は、権利義務の内容を変動させるものではないので、**個別的・具体的な委任までは必要なく、一般的・包括的な委任でよい**とされています。 `03`

> つまり、**細かく委任しなくてよい**ということです。例えば、「各省大臣は、主任の行政事務について、法律若しくは政令を施行するため、…それぞれその機関の命令として省令を発することができる」とする国家行政組織法の一般的・包括的な規定に基づき、各省大臣は執行命令としての省令を定めることが可能です。

板書 **委任命令と執行命令**

委任命令 ：法律による**個別的・具体的な委任**が必要

執行命令 ：法律による委任は必要だが、**一般的・包括的委任でもよい**

---

4 委任命令の限界

1 委任命令の限界とは

　委任命令は法律による個別的・具体的な委任に合致して定める必要があります。このとき、❶委任する法律の側に問題がある場合と❷委任を受けて制定された命令の側に問題がある場合の2つがあります。

　❶は、委任する法律の、命令への委任方法に問題がある場合（委任の方法についての問題）です。一方、❷は、❶に問題がなかったとしても、委任を受けて制定された命令が、委任された趣旨に合致した内容となっているか、という問題（委任命令の内容についての問題）です。

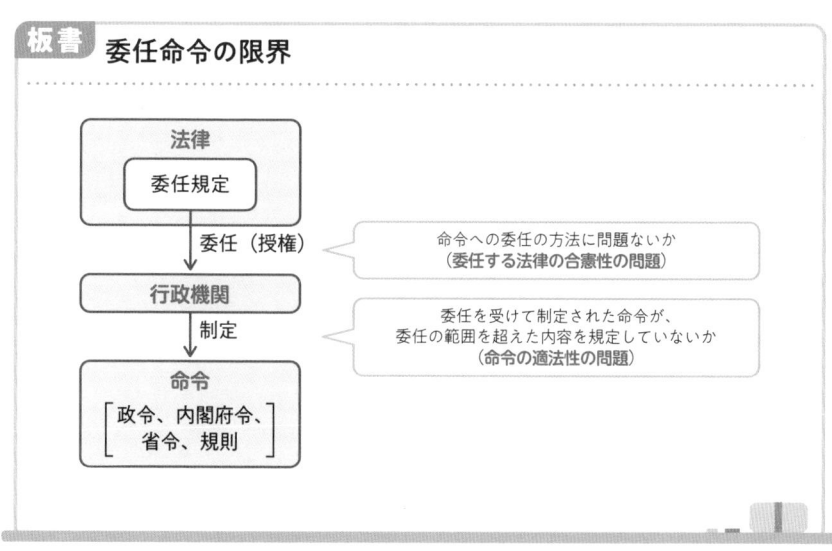

板書 委任命令の限界

法律
委任規定

委任（授権）→ 命令への委任の方法に問題ないか（委任する法律の合憲性の問題）

行政機関
制定 → 委任を受けて制定された命令が、委任の範囲を超えた内容を規定していないか（命令の適法性の問題）

命令
[政令、内閣府令、省令、規則]

2　委任の方法について

❶ 白紙委任の禁止

> **ケース2-1**　「政令に定めるところによって、少子化対策目的税を課する」という1条のみからなる「少子化対策財源法」という名称の法律を制定し、政令で定めた内容に従って税を課すことができるか。

　前項でも述べたように、法律の規定さえ置けば命令に何でも委任できるわけではなく、個別的・具体的な委任が必要です。

　具体的な委任が欠ける**無限定的な白紙委任や包括的な委任**は、行政権が立法を行っていることになってしまうので、法律の法規創造力の原則、ひいては「国会中心立法の原則」（憲法41条）の趣旨から禁止されます。このケースのような委任は、まさに白紙委任であるため許されません。

　一方、法律による**個別的・具体的な委任**があれば、法規命令で罰則を規定することも許されます。

❷ 委任の方法が問題となった判例

　委任の方法が白紙委任的なものではないか、ということで問題となったケースとして、国家公務員法が禁止する「政治的行為」の具体的内容を人事院規則に委任したケースがあります。学説からは強い批判があるものの、最高裁は、白紙委任には当たらないと判断しています。

　次の判例は、法の委任が欠ける省令等の制定ではないかが争われた事案です。

⚖️ **最高裁にきいてみよう！**　　　　　　　　　教科書検定訴訟／1993.3.16

> 　学校教育法等による法の明確な規定を欠いたまま、教科書検定の審査内容・基準、検定手続が文部省令（検定規則）や告示（検定基準）で定められていることが、法律の委任を欠くものではないかが問題となった事件です。
>
> **Q** 教科書検定の審査内容・基準、検定手続を文部省令（検定規則）や告示（検定基準）で定めるのは、法律の委任を欠いていますか？
>
> **A** **法律の委任を欠いていません。**
> 　右旧検定規則、旧検定基準は、前記のとおり、右の関係法律（教育基本法・学校教育法）から明らかな教科書の要件を審査の内容及び基準として具体化したものにすぎない。そうだとすると、文部大臣（当時）が、学校教育法88条の規定（「この法律に規定するもののほか、この法律施行のため必要な事項で、地方公共団体の機関が処理しなければならないものについては政令で、その他のものについては監督庁が、これを定める」）に基づいて、**右審査の内容及び基準並びに検定の施行細則である検定の手続を定めたことが、法律の委任を欠くとまではいえない。**

❸ 再委任の可否

　法律によって内容の具体化を委任された行政機関が、法律の根拠なく、さらに下位の行政機関に委任すること（再委任）は許されるかが問題となります。

　法律の根拠がないまま安易に再委任を認めることは、法律による委任の趣旨に反することになりますので、限定的に考えるべきですが、**法律から委任を受けた政令がさらに省令に犯罪の構成要件に関する定めを再委任することも、許される**と考えられます。

　次の判例は、省令から税務署長に再委任したケースです。

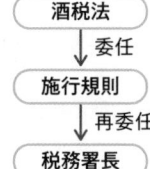

⚖ 最 高 裁 にきいてみよう！　　　酒税法帳簿記載違反事件／1958.7.9

　酒税法が省令（施行規則）に委任した帳簿記載義務の内容を、さらに税務署長の指定に委ねたこと（再委任）が問題となった事件です。

　酒税法
　　↓ 委任
　施行規則
　　↓ 再委任
　税務署長

Q 省令が税務署長に再委任することは委任の趣旨に反しますか？
A **委任の趣旨に反しません。**
　施行規則は帳簿に記載すべき事項を具体的かつ詳細に規定しており、これらの規定に洩れた事項で、各地方の実情に即し記載事項とする必要とするものを税務署長の指定に委せたものであって、酒税法施行規則においてこのような規定を置いたとしても酒税法の委任の趣旨に反しないものであり、**（それが犯罪の構成要件に関わるものであったとしても）違憲であるということはできない。**

3　委任命令の内容について

❶ 委任の範囲を超えた命令

　委任命令の限界のもう1つの観点として、委任を受けて制定された命令が、委任された趣旨に合致した内容となっているか、という問題が生じます。

　あくまでも委任を受けた行政機関は、委任された範囲内で命令を制定できるだけです。仮に、委任を受けて作られた命令が委任の範囲を超える（逸脱した）内容のものとなっている場合、それは**法律の趣旨に反するものとして、違法・無効な命令となります。**

❷ 委任の範囲を超えた命令と判断された事例

　旧監獄法の委任を受けた省令（監獄法施行規則）において、被勾留者と14歳未満の者との接見を禁止する規定を設けていたことは、**委任の範囲を超えたものであり、違法**と判断されています。

04

⚖ 最|高|裁 にきいてみよう！　14歳未満接見不許可事件／1991.7.9

　旧監獄法は、被勾留者との接見（面会）を禁止できる場合についての規定を省令（監獄法施行規則）に委ねていました。その省令で14歳未満の者との接見を禁止する規定を設けていたことが問題となった事件です。

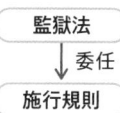

監獄法
↓委任
施行規則

Q 14歳未満の者との接見を禁止する省令（監獄法施行規則）は、委任された範囲を超えたものとして違法ですか？

A **委任された範囲を超えたものとして違法・無効です。**

　規則120条が原則として被勾留者と幼年者との接見を許さないこととする一方で、規則124条がその例外として限られた場合に監獄の長の裁量によりこれを許すこととしていることが明らかである。しかし、これらの規定は、たとえ事物を弁別する能力の未発達な幼年者の心情を害することがないようにという配慮の下に設けられたものであるとしても、それ自体、法律によらないで、被勾留者の接見の自由を著しく制限するものであって、法50条の委任の範囲を超えるものといわなければならない。

ひとこと

　旧監獄法は、接見を禁止できるのは、監獄内の規律または秩序の維持上放置することのできない程度の障害が生ずる相当の蓋然性が認められる場合であることを前提に、省令に委任していました。ところが省令は、幼年者の心情を害することがないようにという勝手な配慮で接見を禁止しており、このような制限は委任の範囲を超え許されない、としたものです。

次の判例も、委任の範囲を超えたとして違法と判断された事件です。

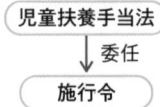

児童扶養手当施行令事件／2002.1.31

⚖ 最高裁 にきいてみよう！

児童扶養手当法の委任を受けた児童扶養手当施行令は、手当の受給資格児童として、「母が婚姻によらないで懐胎した児童（父から認知された児童を除く。）」と規定しており、父から認知された児童を括弧書きで除外していることが問題となった事件です。

> 児童扶養手当法
> ↓ 委任
> 施行令

Q 児童扶養手当施行令が、手当の受給資格児童として、父から認知された児童を除外していることは、委任された範囲を逸脱したものとして違法・無効ですか？

A 委任された範囲を逸脱したものとして違法・無効です。

認知によって当然に母との婚姻関係が形成されるなどして世帯の生計維持者としての父が存在する状態になるわけでもない。また、父から認知されれば通常父による現実の扶養を期待することができるともいえない。

（したがって、施行令が）父から認知された婚姻外懐胎児童を括弧書により児童扶養手当の支給対象となる児童の範囲から除外したことは、法の委任の趣旨に反し、本件括弧書は法の委任の範囲を逸脱した違法な規定として無効と解すべきである。 よく出る！フレーズ

ひとこと 法律が委任した趣旨は、父による現実の扶養を期待できない児童を類型化することにありました。ところが、現実の扶養を必ずしも期待できないケースを施行令が支給対象から除外してしまっているのは、委任の範囲を逸脱するとしたのが判例の要旨です。

語句 認知／法律上の婚姻関係を有しない男女のもとで生まれた子（非嫡出子）を父が自分の子と認める行為です。認知届を役所に出すこと等で行います。

さらに、旧薬事法から委任を受けた薬事法施行規則が、第一類医薬品および第二類医薬品につき、郵便等による販売（インターネット販売を含む）の一律禁止を定めたことは、**薬事法の委任の範囲を逸脱しており、違法・無効**と判断されています（医薬品ネット販売の権利確認等請求事件）。 ▶05

❸ 委任の範囲を超えていない命令と判断された事例

委任の範囲を超えていない命令と判断された判例として次の事件があります。

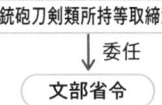

最高裁にきいてみよう！　　　　サーベル登録拒否事件／1990.2.1

銃砲刀剣類所持等取締法14条は、美術品として価値ある刀は登録すれば所持が認められるとし、登録についての細目は文部省令に委任していました。その省令で日本刀のみが登録対象とされ、サーベル等の西洋刀は対象外とされたことが問題となった事件です。

```
┌──────────────────┐
│ 銃砲刀剣類所持等取締法 │
└──────────────────┘
        ↓委任
  ┌───────────┐
  │  文部省令  │
  └───────────┘
```

Q どのような刀剣類を登録の対象とするかの判断に、専門技術的な観点からの一定の裁量権が認められますか？

A **認められます。**

どのような刀剣類を我が国において文化財的価値を有するものとして登録の対象とするのが相当であるかの判断には、専門技術的な検討を必要とすることから、…規則においていかなる鑑定の基準を定めるかについては、法の委任の趣旨を逸脱しない範囲内において、**所管行政庁に専門技術的な観点からの一定の裁量権が認められているものと解するのが相当である**…。

Q 省令で日本刀のみを登録対象（美術品としての価値がある刀）としたことは委任された範囲を逸脱したものとして違法・無効ですか？

A **委任された範囲を逸脱するものではなく、違法・無効ではありません。**

規則が文化財的価値のある刀剣類の鑑定基準として、前記のとおり美術品として文化財的価値を有する日本刀に限る旨を定め、この基準に合致するもののみを我が国において前記の価値を有するものとして登録の対象にすべきものとしたことは、法14条1項の趣旨に沿う合理性を有する鑑定基準を定めたものというべきであるから、**これをもって法の委任の趣旨を逸脱する無効のものということはできない。**

この判例は、委任の趣旨をどのように具体化するか（何を文化財的価値のある刀剣類とするか）につき専門技術的な裁量を認めました。そして、日本刀に限るとしたことを裁量権の範囲内と判断し、委任の趣旨を逸脱するものではない、としています。

第1節 法規命令

☐ 法規命令とは、行政機関が定立する一般的抽象的な規範のうちで、国民の権利義務に関係する定めです。

☐ 委任命令は、法律の委任に基づき法律の内容を補充して、新たに国民の権利義務に関わるルールを定める命令です。

☐ 執行命令は、法律等の上位の法令の実施に必要な具体的で細目的な事項を定める命令であって、権利義務の内容を変動させるものではないものを指します。

☐ 委任命令を制定するためには、法律による個別的・具体的な委任が必要ですが、執行命令を制定するためには、一般的・包括的な委任で足りるとされています。

☐ 委任（授権）を受けて作られた命令が委任の範囲を超える（逸脱した）内容のものとなっている場合、それは法律の趣旨に反するものとして、違法・無効な命令となります。

☐ 旧監獄法の委任を受けた省令（監獄法施行規則）において、被勾留者と14歳未満の者との接見を禁止する規定を設けていたことは、委任の範囲を超えたものであり、違法と判断されています。

☐ 銃砲刀剣類所持等取締法は、美術品として価値ある刀剣類は登録すれば所持が認められるとし、登録についての細目は文部省令に委任していましたが、その省令で日本刀のみを登録対象としたことは委任された範囲を逸脱するものではないと判断されています。

○×スピードチェック

01 法規命令のうち委任命令は、法律の執行を目的とし、法律において定められている国民の権利義務の具体的細目や手続を規定する命令である。

特別区Ⅰ類2013

✗ 執行命令の説明になっています。

・・

02 法規命令のうち執行命令は、法律の特別の委任に基づき、新たに国民の権利や義務を創設する命令である。 特別区Ⅰ類2013

✗ 委任命令の説明になっています。

・・

03 執行命令を制定するためには、法律の一般的な授権だけでは足りず、法律の個別的・具体的な授権が必要である。 特別区Ⅰ類2013

✗ 委任命令に妥当する説明になっています。執行命令は法律の一般的な授権で制定可能です。

・・

04 旧監獄法は被勾留者の外部の者との接見を原則として許し、例外的に合理的な制限を認めているにすぎないが、同法の委任を受けた旧監獄法施行規則が原則として14歳未満の者との接見を許さないとしたのは、その委任の範囲を超えるものとまではいえない。 国家専門職2013

✗ 委任の範囲を超えるものといえます。

・・

05 医薬品ネット販売の権利確認等請求事件において、薬事法施行規則の各規定が、一般用医薬品のうち第一類医薬品及び第二類医薬品につき、店舗販売業者による店舗以外の場所にいる者に対する郵便その他の方法による販売又は授与を一律に禁止することとなる限度で、薬事法の委任の範囲を逸脱した違法なものではなく有効であるとした。 特別区Ⅰ類2020

✗ 委任の範囲を逸脱しており、違法・無効と判断されています。

・・

本節では行政立法に含まれる行政規則について学習します。

行政規則は単独ではなく法規命令とセットで出題されるので、法規命令と比較しながら覚えていくことが大切です。

数は少ないですが、判例の判断も押さえましょう。

1 行政規則の形式と内容

1 行政規則の形式

前節で見たとおり、行政規則は、行政機関が定立する一般的な定めで、法規たる性質を有しないものをいいます。訓令、通達、告示の形式を採る場合が多いものの、通知、要綱、内規、運用方針といった形式もあり、**特に制定の方式は問われません。**

01

> **語句** **告示**／公的機関が一定の事項を公式に広く一般に知らせる行為を指します。国の行政機関では官報、地方自治体では公報に掲載する形で行われます。

2 行政規則の内容

行政規則で規定される内容には、以下のようなものがあります。

> **板書** **行政規則の内容**
>
> ❶組織に関する定め（事務組織の規定、事務配分の規定）
> ❷法令の解釈（解釈基準）や裁量権行使の基準（裁量基準）に関する定め
> ❸補助金等を交付する際の基準についての定め（補助金交付要綱）
> ❹行政指導を行うための基準についての定め（行政指導指針、指導要綱）

行政の統一性を確保するための、法令解釈の基準である**解釈基準を制定する**ことは、**上級行政機関の有する指揮監督権に当然含まれる**と考えられています。

語句 **解釈基準**／法令の解釈を統一するため、上級行政庁が下級行政機関に対して発する基準のことです。
裁量基準／行政機関が判断をする際に、一定の判断の余地（裁量）が認められている場合、その裁量権を行使する際の基準を定めたものです。

2 行政規則の性質

1 行政規則の有する効果

ケース2-2 厚生労働省の局長が、異教徒であることのみを理由に埋葬を拒否することは、法の規定する「埋葬を拒否できる正当な理由」に該当しないという通達（解釈基準）を発した。

❶効 果

行政規則は国民の権利義務に関係する定めではなく、**行政の内部においてのみ法的効果を有します**。したがって、下級行政機関を拘束しますが、国民や裁判所を拘束するものではなく、行政の外部に対しては法的効果を持ちません。

02▶

 解釈基準が通達の形で示されることもあります。その場合、解釈基準としての通達は、**上級行政機関による指揮監督権の行使として下級行政機関を拘束するもの**となります。

03▶

❷「国民・裁判所を拘束しない」ことの意味

国民に対する拘束力がないので、行政規則を定めるために法律の根拠（委任）は不要です。また、**行政規則に違反した行政活動が行われても、その行政活動が当然に違法となるわけではありません**。

ケース2-2 のような通達が発せられると、下級行政機関は内部的にはそれに従う必要があります。しかし、だからといって、通達に反してなされた下級行政機関の行為が裁判所で当然に違法と判断されるわけではありません。裁判所は通達には拘束されず、通達は裁判規範としては働かないからです。 02▶

同様に、通達に従って行われた下級行政機関の行為が、裁判所で当然に適法と判断されるわけでもありません。

つまり、裁判所は独自の立場から通達の適法性を検討して判断を下すことが可能です。

❸ 通達に対する取消訴訟の可否

　通達等の行政規則は国民を直接拘束しないことから、**直接影響を受けるわけではない国民が通達の違法を理由に取消しを求めて訴訟を起こすことはできな**いと考えられています。

　したがって、ケース2-2 の通達に納得できない墓地管理者が、通達の取消訴訟（違法な行政処分を裁判所が取り消すことを求める訴訟）を起こすことはできません。

　この点は行政事件訴訟法の訴訟要件に関わる内容であり、第2編で詳しく学習します。

❶ 通達をきっかけとした課税

　通達が出されたことをきっかけとしてなされた課税が、通達による課税であり、租税法律主義に反するのではないかが争われたのが次の判例です。

　結論として、**通達による課税ではなく、租税法律主義に反しない**と判断されています。

> **租税法律主義**／国民に課税をするには法律が必要であるとする憲法上の原則です（憲法84条）。

⚖ 最 高 裁 にきいてみよう！

パチンコ球遊器事件 ／ 1958.3.28

　パチンコ台は、従来物品税の課税対象とされていませんでしたが、国税局長が「物品税の課税対象である『遊戯具』にパチンコ台も含まれる」とする通達を発し、これをきっかけに課税がされるようになったことから、通達による課税ではないかが問題となった事件です。

Q **本件課税は通達課税として租税法律主義に反しますか？**

A **通達課税ではなく租税法律主義には反しません。**

現行法の解釈として「遊戯具」中にパチンコ球遊器が含まれるとしたものであって、右判断は正当である。なお、論旨は、通達課税による憲法違反を云為しているが、本件の課税がたまたま所論通達を機縁として行われたものであっても、通達の内容が法の正しい解釈に合致するものである以上、本件課税処分は法の根拠に基く処分と解するに妨げがなく、所論違憲の主張は、通達の内容が法の定めに合致しないことを前提とするものであって採用し得ない。

`よく出る！ フレーズ`

04 ▶

> **ひとこと**
> そもそもパチンコ台にも課税するのが法の正しい解釈であり、通達は間違いを正しただけであって新たに課税（不利益）をしたわけではなく、違法とはいえないという判断です。

❷ 告示の法的性質

　告示は、行政規則の１つの形式として取り扱われますが、その法的性質は一様ではなく、**告示の形で行われた学習指導要領が、法規（法規命令）の性質も有すると判断されたものがあります**（伝習館高校事件）。

> 学習指導要領は告示されると、**国民が受けられる教育の内容を規定するものとして国民にも影響を与える**からと考えられます。
> なお、処分の性質を有すると判断された告示もあります（第２編で詳しく学習します）。

板書　法規命令と行政規則の比較

法規命令		行政規則
国民の権利義務に関係する	性質	国民の権利義務に関係しない
外部的効果あり	効果	内部的効果のみ
必要	法律の委任	不要
あり	裁判規範性	なし
必要	公布	不要
政令、内閣府令、省令、規則	形式	訓令、通達、告示、要綱、内規など特に制定形式を問われない

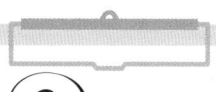

第2節 行政規則

- [ ] 行政規則は、訓令、通達、告示の形式で行われることが多いですが、通知、要綱、運用方針といった名称が付けられている場合もあります。

- [ ] 行政規則は、**行政の内部においてのみ法的効果を有します**。したがって、下級行政機関を拘束します。一方、国民や裁判所という**行政の外部に対しては法的効果を持ちません**。

- [ ] 行政規則に違反した行政行為（処分）が行われても、その行政行為は**当然に違法となるわけではありません**。

- [ ] 通達が出されたことをきっかけとしてなされた課税が、通達による課税ではないかが争われた事件では、結論として、**通達による課税ではなく、租税法律主義に反しないと判断されています**。

- [ ] 告示の形で行われた学習指導要領は、**法規の性質も有しています**。

01 行政規則は、行政機関が定立する一般的な定めで、法規たる性質を有しないものをいう。

特別区Ⅰ類2005

○

02 行政規則のうち通達は、行政組織の外部に対しても法的効果を持つため、行政庁が国民に対し、通達に違反して行った処分は、当然に無効である。

特別区Ⅰ類2005

✕ 外部に対しては法的効果を持ちませんし、当然に無効となるわけでもありません。

03 行政の統一性を確保するための、法令解釈の基準である解釈基準の定立権は、上級行政機関の有する指揮監督権に当然含まれると解されており、このような解釈基準としての通達は、下級行政機関を拘束する。

国家一般職2012

○

04 従来、非課税とされていたパチンコ球遊器につき、旧物品税法上の課税対象物品に当たる旨の通達が発せられたために、税務署長が法令の解釈を変更して行った課税処分は、法律の改正又は制定によらずに通達に基づいて国民に新たな不利益を課すものであり、違法である。

国家専門職2013

✕ 通達に基づいて国民に新たな不利益を課すものでなく、違法ではありません。

第**3**章

行 政 行 為

第3章では行政行為について学習します。

第1節ではまず、行政行為という概念がどのような行政活動を指すのかを理解しておきましょう。ただ、ここは直接試験で問われるところではありません。

次に、行政行為の分類を見ていきます。試験では、その定義と具体例をセットで覚えていくことが求められます。

最後に、行政行為の4つの効力について学習しますが、特に重要なのが「公定力」です。この効力は行政法全体に関わるのでしっかり理解しておきましょう。

1 行政行為の意義

1 行政行為とは

ケース3-1

❶X税務署長は、所得税法に基づきAに課税処分を行った。

❷Y市長は、建築基準法に基づき所有者Bに違法建築物の除却命令を出した。

行政行為（ぎょうせいこうい）とは、行政の活動のうち、**国民に対して具体的な法的効果を生じさせる権力的な行為**を指します。

第2章で学習した行政立法が、**一般的抽象的な規範を定立するもの**だったこととの対比を意識しておきましょう。

なお、「序」でも触れたとおり実定法上（現実に存在している法令上）は「処分」と呼称されており、具体的な事例の中では「●●処分」という形で現れるものが行政行為に当たります。ここでは、行政行為と処分がほぼ同義のものと考えて差し支えありません。

❶の課税処分、❷の違法建築物の除却命令（違法な建築物を取り壊す命令）は、行政行為に該当します。

法律による行政の原理に基づき、行政行為は法律に基づき行われます。その権限を法によって与えられている者を**行政庁**（ぎょうせいちょう）といいます。❶ではX税務署長、❷ではY市長が行政庁に該当します。

2　行政行為の性質

❶ 行政行為の構成要素

　行政行為は国民に対して具体的な法的効果を生じさせる権力的な行為であることから、❶公権力性、❷直接性・具体性、❸法的効果、❹外部性（「国民」という、行政の外部に向かうものである）の４つの構成要素を抽出できます。

　例えば ケース3-1 の課税処分は、相手方Ａの同意を必要とせず一方的に（❶公権力性）、Ａに対して直接的・具体的に（❷直接性・具体性）、税の納付義務を発生させる（❸法的効果）、Ｘ税務署長という行政庁によるＡという国民に対する行為である（❹外部性）ことから、行政行為に該当するといえます。

❷ 他の行政活動との区別

　この４つの要素から行政行為は他の行政活動と区別されます。

板書　行政行為と他の行政活動との区別

❶公権力性	行政が一方的に行う	合意に基づく行政契約と区別　国民の任意の協力のもと行われる行政指導と区別
❷直接性・具体性	特定人（市民Ａ、法人Ｂなど）に向けられたもの	不特定多数を対象とする法規命令や行政計画と区別
❸法的効果	権利・義務の発生や消滅等を生じさせる	事実行為に過ぎない（法的効果の生じない）行政指導や行政上の強制執行と区別
❹外部性	行政の外にいる国民に向けられたもの	行政組織内部のルールである行政規則（通達等）と区別

2 行政行為の分類

1 分類の全体像

　行政行為はさまざまな分類が可能ですが、ここでは伝統的な分類を見ていきます。

板書 行政行為の伝統的分類

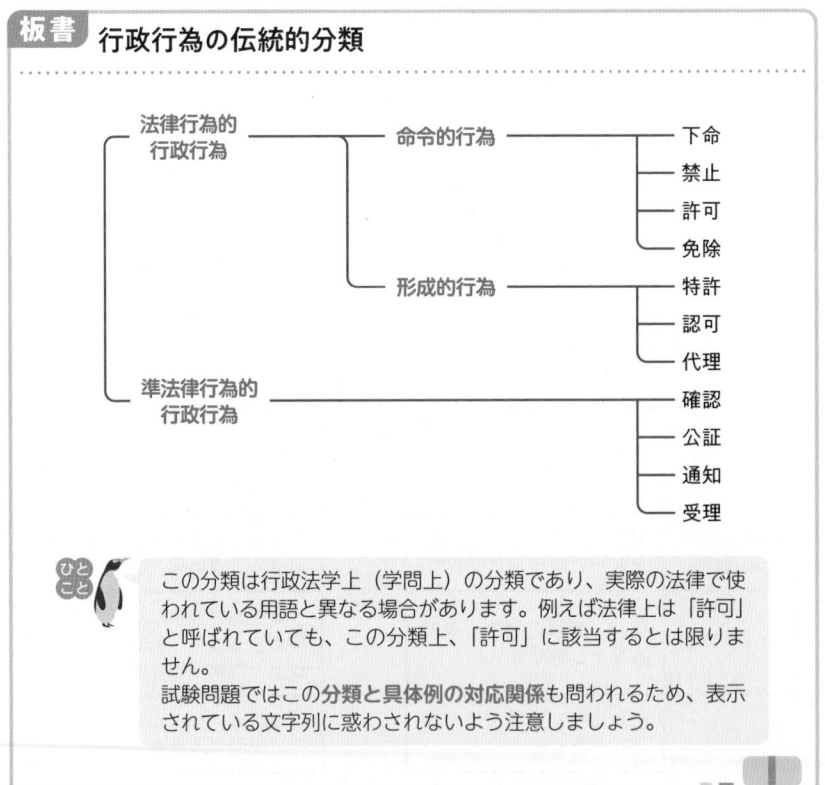

> **ひとこと**
> この分類は行政法学上（学問上）の分類であり、実際の法律で使われている用語と異なる場合があります。例えば法律上は「許可」と呼ばれていても、この分類上、「許可」に該当するとは限りません。
> 試験問題ではこの**分類と具体例の対応関係**も問われるため、表示されている文字列に惑わされないよう注意しましょう。

2　法律行為的行為行為

　法律行為的行為行為とは、**行政庁の意思表示に基づき成立する行政行為**です。
つまり、行政庁の効果意思（効果を欲する意思）に基づき成立します。

　例えば、 ケース3-1 の課税処分や除却命令は、行政庁がその意思表示を行
うことで、その効果意思（効果を欲する意思）を根拠に法的効果が生じます。
2つとも「下命」と呼ばれる法律行為的行為行為に該当します。

　法律行為的行為行為は、命令的行為と形成的行為に区分できます。

❶ 命令的行為

　命令的行為とは、**国民が本来的に有する自由・権利を制限する（またはその
制限を解除する）規制的な行為**を指し、結果として義務の**発生・消滅が生じる
行為**です。
　下命、禁止、許可、免除の4つがあります。

板書　命令的行為

分類	定義	具体例
下命	国民に対して一定の作為（行為をすること）や給付の義務を負わせ、国民の自由を制限する行為	租税の課税処分、違法建築物の除却命令
禁止	国民に対して一定の不作為（行為をしないこと）の義務を負わせる行為	飲食店に対する営業停止処分、道路の通行禁止命令
許可	すでに法令によって課されている一般的禁止を特定の場合に解除する行為で、本来各人の有している自由を回復させる行為	医師の免許、自動車運転の免許、酒類の製造免許、飲食店の営業許可
免除	国民に課されている義務を特定の場合に解除し、国民の自由を回復させる行為	保護者の児童に対する就学義務の免除、納税義務の免除

❷ 形成的行為

　形成的行為とは、**国民が本来的に有していない権利や地位を一定の場合に付与する（もしくは付与していたものを奪う）行為**を指し、結果として**権利の発生・消滅が生じる行為**です。

　特許、認可、代理の3つがあります。特許によって与えた地位を奪う行為を特に剝権と呼んで区別することもあります。

板書 形成的行為

分類	定義	具体例
特許	人が生まれながらには有していない新たな権利その他法律上の力ないし地位を特定人に付与する行為（国民が本来有していない特別な権利を設定する行為）	河川・道路の占用許可、鉱業権設定の許可、公有水面埋立の免許、公務員の任命、外国人の帰化、電気・ガスの事業免許
認可	第三者の行為（私人間の契約など）を補充して、その法律上の効果を完成させる行為	農地の権利移転の許可、河川占用権の譲渡の承認、銀行の合併の認可、公共料金値上げの認可
代理	第三者のなすべき行為を行政が代わりに行い、その者が行ったのと同じ効果を生じさせる行為	収用委員会による土地の収用裁決

01

　具体例には「許可」と書かれているものの、行政法学上の分類では「特許」や「認可」に属するものに注意しましょう。逆に、「発明の特許」は後出の準法律行為的行政行為の1つである「確認」に当たります。

❸ 命令的行為と形成的行為の区別

命令的行為と形成的行為は、**本来的な自由の範囲内の話であるか否か**が異なっており、この違いは**行政庁の裁量権の広狭**につながるとされています。

命令的行為は、本来的に自由なものの制限に関わるので、行政庁の裁量権は狭くなります。一方、形成的行為は、本来的な自由の範囲を超えて特別な権利や地位の付与に関わるので、それにふさわしいか否かについての判断が必要であり、行政庁の裁量権は広くなると考えられています。

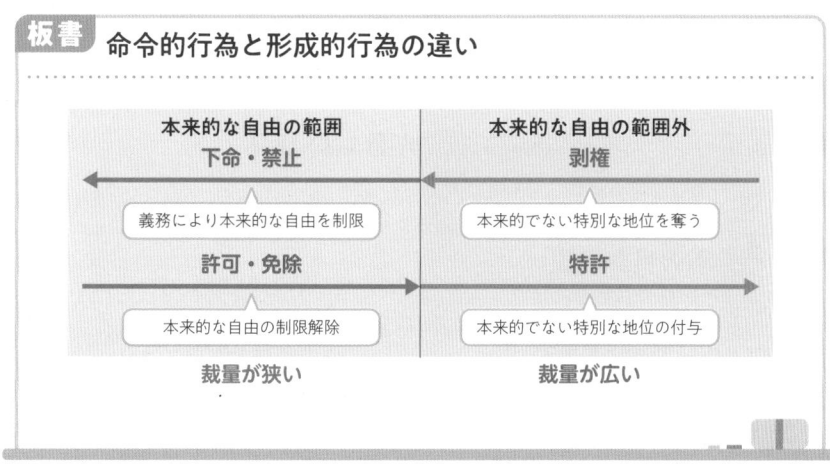

板書 **命令的行為と形成的行為の違い**

本来的な自由の範囲	本来的な自由の範囲外
下命・禁止	剥権
義務により本来的な自由を制限	本来的でない特別な地位を奪う
許可・免除	特許
本来的な自由の制限解除	本来的でない特別な地位の付与
裁量が狭い	裁量が広い

前述のとおり、命令的行為である許可は、国民にとっての本来的な自由を前提としています。

例えば、医師の免許は「許可」に当たりますが、医業を行うことは職業選択の自由（憲法22条1項）によって保障された**本来自由な行為**です。これをひとまず**一般的に禁止**したうえで、一定の要件を満たした者に対して**禁止を解除し、自由に行えるようにしています**。

一方、形成的行為である特許は、国民が本来有していない特別な地位を与えるものです。

例えば鉱業権設定の許可は「特許」に当たりますが、鉱業権、つまり一定の地層から鉱物を採掘して取得する権利は、**本来的に国民に設定された権利ではありません**。これを**特定の者にだけ特別に許して**います。

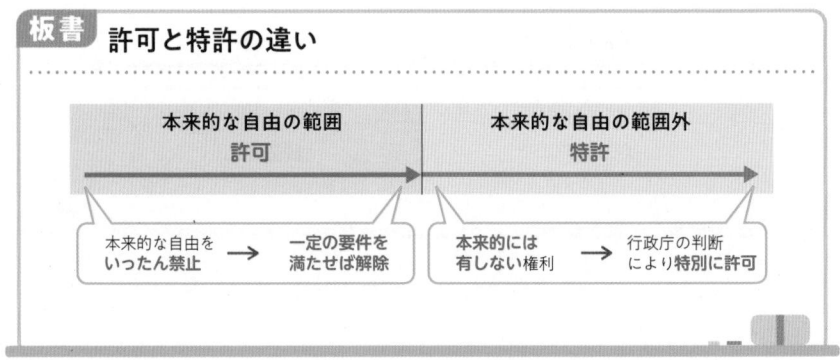

板書 許可と特許の違い

本来的な自由の範囲 許可	本来的な自由の範囲外 特許
本来的な自由を いったん禁止　→　一定の要件を 満たせば解除	本来的には 有しない権利　→　行政庁の判断 により特別に許可

❺ 許可と認可の違い

　許可を受けずにした行為（契約等）も私法上は原則として有効と考えられます。例えば飲食店の営業許可は「許可」に当たりますが、飲食店が無許可で営業していたからといって、客が代金の支払いを拒否することはできません。

 許可の対象となっている行為は、**本来的には自由の範囲内の行為**であり、私法上の効果まで否定するものではないと考えられているからです。

　一方、**認可を得ないで行った行為は、無効**です。例えば、農地の権利移転の許可は「認可」に当たります。農業の保護の観点から、農地の権利移転（売買等）には、農業委員会という地方自治体に置かれる機関の認可が必要であり、これが欠ける場合、権利移転は生じません。　01▶

 認可は私人間の行為を完成させる行為です。したがって、認可がなければ私人間の行為は完成しておらず、**いまだ効力は生じていない**ことになります。

板書　許可と認可の違い

$$\left\{ \begin{array}{l} 許可：欠けても私法上は有効 \\ \\ 認可：欠けると無効 \end{array} \right.$$

---

❶ 準法律行為的行政行為とは

準法律行為的行政行為とは、**行政庁の意思表示ではなく、それ以外の判断・認識の表示に基づき成立する行政行為**をいいます。つまり、行政庁の効果意思（効果を欲する意思）に基づき成立するものではありません。

準法律行為的行政行為には、確認、公証、通知、受理の4つがあります。ただし、行政手続法上は、受理という概念は否定されています。

板書　準法律行為的行政行為

分類	定義	具体例
確認	特定の事実または法律関係の存否について、公の権威をもって判断（認定）する行為	当選人の決定、建築確認、恩給の裁定、発明の特許、行政不服申立て（審査請求）の裁決、市町村の境界の裁定
公証	特定の事実または法律関係の存在を公に証明する行為	選挙人名簿への登録、戸籍への記載
通知	特定の事実を知らせる行為のうち、法律上一定の法的効果を発生させる行為	納税の督促、行政代執行の戒告
受理	届出・申請などを有効なものとして受け付けたことを表示する行為で、一定の法的効果を発生させる行為	婚姻届の受理、不服申立書の受理

例えば、当選人の決定は「確認」に当たりますが、当選は**行政庁の効果意思によらず、最多得票者であるという事実によって決まっています。**ただ、これに対する**判断や認識を対外的に表示する**「確認」を行うことで、**法律上一定の効果が生じる**のです。

❷ 法律行為的行政行為と準法律行為的行政行為の区別

　法律行為的行政行為と準法律行為的行政行為の違いは、行政庁の効果意思によって成立するものか否かという点ですが、区別の実益は**行政庁に裁量権が認められるか否か**にあります。

　一般に、法律行為的行政行為については行政庁に裁量権が認められ、その一環として附款（行政行為を行う際に付帯させる条件や期限など）を付すこともできます。一方、準法律行為的行政行為については行政庁に裁量権が認められず、附款を付すこともできないと考えられています。

3　行政行為の効力

1　行政行為の効力の全体像

　行政行為には、私法（民法）の世界にはない特殊な効力が認められています。

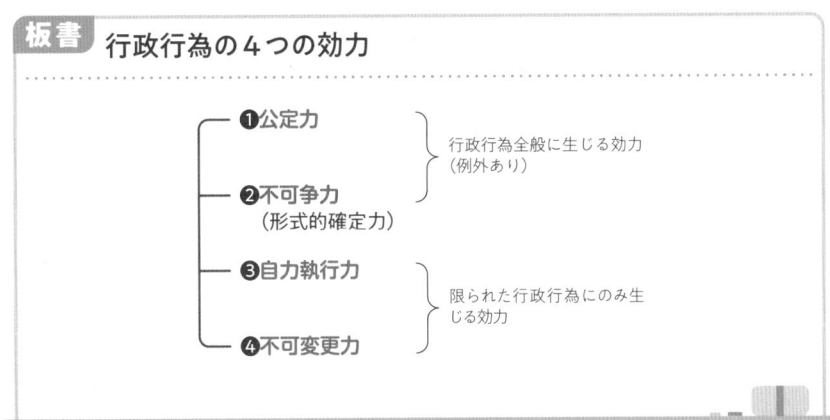

板書　行政行為の４つの効力

- ❶公定力
- ❷不可争力
  （形式的確定力）

　　行政行為全般に生じる効力（例外あり）

- ❸自力執行力
- ❹不可変更力

　　限られた行政行為にのみ生じる効力

　公定力と**不可争力**の２つは、原則として、行政行為の種類に関係なく**行政行為全般に生じる効力**です。

　一方、**自力執行力**は下命や禁止のような義務が生じる行政行為を前提に生じる効力であり、**不可変更力**は法律的な争いごとに対し判断をする性質の行政行為（争訟裁断的行政行為）にのみに生じる効力です。つまり、**限定的な行政行為にのみ生じる効力**です。

❶ 公定力とは

公定力とは、行政行為にたとえ瑕疵（重大かつ明白な瑕疵を除く）があっても、権限のある行政機関または裁判所が**取り消すまでは、一応有効として扱われる効力**をいいます。

02▶

ここで「瑕疵」とは**違法**や**不当**のことと考えておきましょう。

❷ 公定力が認められる理由

なぜ行政行為には公定力が認められるのでしょうか？

明治憲法下においては、行政の行為は適法性が推定されるという権威主義的な考え方を根拠としていましたが、現在ではそのような考え方は否定されており、**取消しのための制度が存在していること**に根拠を置くのが通説です。

民法の世界には、取消訴訟など取消しを行うための固有の手続や仕組みは特に存在していません。一方、行政法の世界では、行政行為を取り消すための手続や制度（不服申立制度や訴訟制度）が法律上きちんと存在しています。とすれば、**わざわざそのような制度を法律で設けた以上、行政行為を取り消すにはその手続（取消訴訟等）を使いなさい**、というのが法の趣旨と考えます。

これを取消制度の排他性、特に取消訴訟に関しては取消訴訟の排他的管轄といいます。

つまり、「取消訴訟の排他的管轄」という言葉は、「（行政行為の取消しは）**取消訴訟のみで取り扱う**」という意味になります。取消訴訟は行政事件訴訟の１つとして、第２編で詳しく学習します。

❸ 公定力の限界Ⅰ（無効な場合）

重大かつ明白な瑕疵がある行政行為は、**当初より無効として扱われ、公定力が生じません**（詳しくは第２節で学習します）。

　違法な行政行為によって損害を被った国民を救済する手段としては、ほかに金銭的な賠償を得られる国家賠償請求訴訟（民事裁判）があります。この国家賠償請求は公務員が違法な行為をした場合に認められるものなので、行政行為に公定力が生じているならまずは取消訴訟を起こして勝訴し、取消しとともにその違法性を認定してもらってからでないと、国家賠償請求訴訟では勝ち目がないことになります。つまり、被害者である国民に、取消訴訟→国家賠償請求訴訟という順番で2回の訴訟提起を強いることになってしまいます。

　そこで被害者救済の観点から、**国家賠償請求訴訟で争点となっている行政行為については、公定力は生じていないものとして扱われます。**

その結果、金銭的な救済を求めるだけであれば、あらかじめ取消判決や無効確認判決を得ておく必要はなく、**いきなり国家賠償請求訴訟を提起することが可能です。**

❶ 不可争力とは

不可争力（形式的確定力）とは、行政行為に瑕疵（重大かつ明白な瑕疵を除く）があっても、一定期間（不服申立期間または出訴期間）が経過すると、相手方や利害関係人からは、**もはやその行政行為の効力を争うことができなくなる効力**です。

❷ 不可争力の趣旨と根拠

不可争力は、**法律関係の早期安定**のために認められている効力です。国民の側から取消しを争う手段としては行政不服申立て、取消訴訟の2つがありますが、いずれも不服申立期間、出訴期間という**期間の制限が法定されている**ことが、不可争力という効力の根拠となっています（制定法上の根拠から認められる効力）。

03 ▶

これは私人の側に生じる効力であり、行政庁の側には生じません。したがって、行政庁は、**不可争力が生じた後でも職権で取消し等をすることが可能**です。

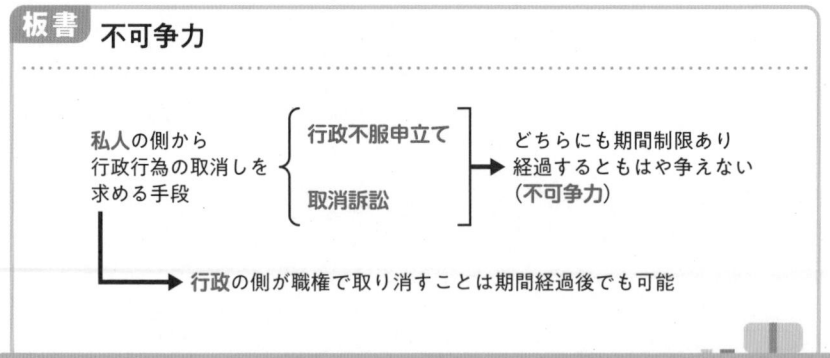

板書 不可争力

私人の側から
行政行為の取消しを　　{ 行政不服申立て　　どちらにも期間制限あり
求める手段　　　　　　　　　　　　　　　経過するともはや争えない
　　　　　　　　　　　　　取消訴訟　　　（不可争力）

➡ 行政の側が職権で取り消すことは期間経過後でも可能

❸ 不可争力が生じない場合

重大かつ明白な瑕疵がある行政行為は当初より無効として扱われ、公定力が生じないことから、取消しを求める必要はなく、不可争力も生じません。

 無効の確認を求める無効等確認訴訟には特に出訴期間の定めがなく、いつでも提起することができますが、それは不可争力が生じていないことの表れです。

4 自力執行力と不可変更力

❶ 自力執行力とは

自力執行力(じりきしっこうりょく)とは、行政行為によって命じられた義務を国民が履行しない場合、**行政庁自らが、裁判所の力を借りずに、行政行為の内容を強制的に実現できる（強制執行ができる）効力**です。 04 ▶

 義務の履行を迅速かつ確実に図る必要性から認められています。行政行為の根拠法とは別に、**強制執行を行うための根拠法が別途必要**です。

❷ 不可変更力とは

不可変更力(ふかへんこうりょく)とは、一度行った行政行為の効力を**行政庁自らが取り消す、または変更することができなくなる効力**です。行政機関が法的な判断をする行為、いわゆる争訟裁断的行政行為についてだけ生じる効力です（例えば、審査請求に対する裁決など）。

 行政庁自ら変更することを認めると、争いが収束しなくなってしまう恐れがあることから認められる効力です。

したがって、審査請求を審査する裁決庁がいったん下した裁決を自ら取り消して、裁決をやり直すことはできません。仮に新たに裁決をやり直した場合、新たな裁決は不可変更力に反する違法なものになります。

第1節 行政行為の分類と効力

☐ 許可とは、すでに法令によって課されている一般的禁止を特定の場合に解除する行為で、本来各人の有している自由を回復させるものをいい、医師の免許、自動車運転の免許、酒類の製造免許はその例です。

☐ 特許とは、人が生まれながらには有していない新たな権利その他法律上の力ないし地位を特定人に付与する行為をいい、河川・道路の占用許可、鉱業権設定の許可、公有水面埋立の免許がその例です。

☐ 認可とは、第三者（私人間）の行為を補充して、その法律上の効果を完成させる行為をいい、農地の権利移転の許可がその例です。

☐ 許可を受けずにした行為（契約等）も私法上は原則として有効と考えられます。一方、認可を得ないで行った行為は無効です。

☐ 確認とは、特定の事実または法律関係の存否について公の権威をもって判断（認定）する行為であり、当選人の決定、建築確認がその例です。

☐ 公定力とは、行政行為にたとえ瑕疵があっても、権限のある行政機関または裁判所が取り消すまでは、一応有効として扱われる効力です。

☐ 重大かつ明白な瑕疵がある行政行為は、当初より無効として扱われ、公定力が生じません。

☐ 不可争力とは、行政行為に瑕疵があっても、一定期間が経過すると、相手方や利害関係人からは、もはやその行政行為の効力を争うことができなくなる効力です。

☐ 審査請求を審査する裁決庁がいったん下した裁決を自ら取り消して、新たに裁決をやり直した場合、不可変更力に反し違法です。

○×スピードチェック

01 許可とは、第三者の行為を補充してその法律上の効果を完成させる行為
をいい、農地の権利移転の許可や建築協定の認可がこれにあたり、許可
を受けないで行われた行為は、効力を生じない。　　　　特別区Ⅰ類2012

✕ 認可の説明になっています。

....

02 行政行為の効力に関し、行政処分は、たとえ違法であっても、その違法
が重大かつ明白で当該処分を当然無効ならしめるものと認められる場合
を除いては、適法に取り消されない限りその効力を有するとするのが判
例である。　　　　　　　　　　　　　　　　　　　　国家一般職2008

○

....

03 一定期間経過すると、私人の側から行政行為の効力を裁判上争うことが
できなくなることを行政行為の不可争力というが、これは、行政行為の
効果を早期に確定させるという趣旨に基づくもので、不可争力は制定法
上の根拠なくして認められると解されている。　　　　国家専門職2012

✕ 不可争力は行政事件訴訟法（および行政不服審査法）という制定法上の根拠があっ
て認められています。

....

04 行政行為の自力執行力は、行政行為によって命ぜられた義務を国民が履
行しない場合に、行政庁が裁判判決を得て義務者に対し強制執行を行う
ことができるが、強制執行を行うためには、法律の根拠が必要である。

　　　　　　　　　　　　　　　　　　　　　　　　　　特別区Ⅰ類2010

✕ 行政庁は、裁判判決を得ることなく、義務者に対し強制執行を行うことができます。

....

第2節 行政行為の瑕疵

START! 本節で学習すること

本節では、行政行為の瑕疵について学習します。

まず、行政行為に瑕疵がある場合の効力について見ていきます。特に、無効となる場合をきちんと押さえましょう。判例の言い回しが直接出題されることもあります。また、瑕疵の治癒、違法行為の転換、違法性の承継という用語を混同しないように注意し、具体例となる判例の事案も把握しておきましょう。

1 瑕疵ある行政行為の効力

1 行政行為の瑕疵とは

「瑕疵」とは何らかの問題のことですが、「行政行為の瑕疵」には2つの意味があります。1つは、行政行為が法律の規定に反している、つまり**違法であること**です。もう1つは、行政行為が**違法または不当であること**です。不当とは法律の規定に反しているとはいえないものの、目的に適合しない場合や裁量判断を誤っている場合などを指します。

行政行為に瑕疵がある場合、第2編で学習する取消訴訟や行政不服申立てによって救済が図られます。「違法」については、取消訴訟でも行政不服申立てでも争うことが可能ですが、「**不当**」については**行政不服申立てでしか争えず、取消訴訟で争うことはできません。**

> ひとこと 取消訴訟は裁判所に提起するものですが、裁判所は法に照らして判断する機関であり、**不当であるか否かについて判断する権限はない**からです。

板書 行政行為の違法と不当

行政不服申立て：**違法**な行政行為 ┐
　　　　　　　　　　　　＋　　　　　├ が対象
行政に申し立てる　　**不当**な行政行為 ┘

取消訴訟　　：**違法**な行政行為のみが対象
裁判所に訴える

2　瑕疵ある行政行為の効力

　瑕疵ある行政行為には、取り消しうべき行政行為、無効な行政行為の2つ、つまり、**取り消すことができるものと無効になるもの**の2つがあります。

 「取り消しうべき」というのは「取消しの対象となる」という程度の意味です。

❶ 取り消しうべき行政行為

　瑕疵ある行政行為は、原則として「取り消しうべき行政行為」となります。

　行政行為には原則として公定力がありますので、**取り消されるまでは一応有効**ですが、権限のある行政庁または裁判所によって取り消されると、**行為時にさかのぼって無効**となります。

 この場合の「権限のある行政庁」とは、職権による取消しができる行政行為（処分）をした行政庁（処分庁）自身、もしくは行政不服申立て（審査請求）を審査する行政庁（審査庁）を指します。

❷ 無効な行政行為

　例外的に「重大かつ明白な瑕疵」のある行政行為は、「無効な行政行為」となります。無効な行政行為には公定力が生じませんので、行政庁または裁判所による判断を待つことなく**当初から無効であって、法的効力は生じない**ことになります。

01 ▶

行政行為が無効であることを裁判所に確認してもらうための訴えとして、無効等確認訴訟があります。無効な行政行為には公定力がないので、この訴訟で無効が確認されることを待つまでもなく、当初から無効なものとして扱われます。

　また、取消しを求める必要もないので、期間制限により争えなくなることもありません。つまり、**不可争力は生じません。**

 不可争力が生じないことを前提に、無効等確認訴訟には出訴期間の制限がなく、時間が経過した後でも裁判で争うことが可能です。そして、行政行為を無効と判断してもらうことの実益はこの点にあります。

板書　行政行為に瑕疵がある場合の効果

	効果	公定力・不可争力
原則	取り消しうべき行政行為 （＝取消しの対象となる）	あり
例外	無効な行政行為	なし

 重大かつ明白な瑕疵のある場合

プラスone 　**行政行為の外観すら存在しない場合**のことを「**行政行為の不存在**」といいます。例えば、行政行為が内部的意思決定にとどまり、外部に対しては全く表示されていない場合、全く行政権限を有しない者が行為をなした場合は行政行為が存在していないもの（不存在）として扱われます。

❶ 重大かつ明白な瑕疵ある行政行為

　行政行為が無効とされるには、行政行為の瑕疵が重要な法規違反であることと（**重大性**）、瑕疵の存在が明白であること（**明白性**）の２つの要件を満たしている必要があります（判例）。　　　　　　　　　　　　　　02

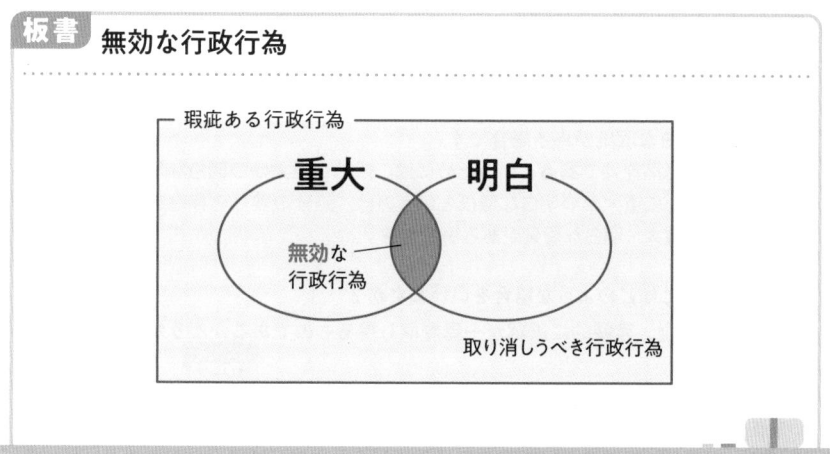

板書　無効な行政行為

　瑕疵ある行政行為
　　　重大　　　明白
　　　無効な
　　　行政行為
　　　　　　　　取り消しうべき行政行為

❷「明白」の意義

　瑕疵が明白であるかどうかは、**処分成立の当初から、瑕疵があることが外形上誰の目にも明らかであるかどうか**により決すべきとするのが判例です。

最高裁にきいてみよう！　　　山林所得課税事件／1961.3.7

　　山林を譲渡した後の山林売却が自己の名義で行われたことから、山林所得についての課税処分を受けた者が、不可争力により取消しを求めることができなくなっていたため、無効確認を求めて訴訟を起こした事件です。

Q 行政行為（処分）が無効となるのはどのような場合ですか？

A **重大かつ明白な瑕疵がある場合です。**
　　行政処分が当然無効であるというためには、処分に重大かつ明白な瑕疵がなければならず、ここに重大かつ明白な瑕疵というのは、処分の要件の存在を肯定する処分庁の認定に重大・明白な瑕疵がある場合を指す。

Q 瑕疵が明白とはどのような場合をいいますか？

A **処分の外形上、客観的に誤認が一見看取し得るものであるかどうかにより決すべきです。**

よく出る！
フレーズ

　　瑕疵が明白であるというのは、処分成立の当初から、誤認であることが外形上、客観的に明白である場合を指す…瑕疵が明白であるかどうかは、処分の外形上、客観的に、誤認が一見看取し得るものであるかどうかにより決すべきものであって、行政庁が怠慢により調査すべき資料を見落したかどうかは、処分に外形上客観的に明白な瑕疵があるかどうかの判定に直接関係を有するものではなく、行政庁がその怠慢により調査すべき資料を見落したかどうかにかかわらず、外形上、客観的に誤認が明白であると認められる場合には明白な瑕疵がある。

ただし、明白性について特に言及することなく**重大性**だけを**認定して無効**とした例外的な判例もあります。

 最高裁にきいてみよう！　譲渡所得課税無効事件／1973.4.26

> 土地の名義を勝手に自分名義に変更され、その土地が譲渡された際、登記簿上は自分が売主として売却したことになっていた者が、譲渡所得に関する課税処分を受けました。不可争力により課税処分に対して取消しを求めることができなくなっていたため、無効確認を求めて訴訟を起こした事件です。

Q 重大性の要件を満たすだけで無効となることもありますか？

A あります。

> 課税処分につき当然無効の場合を認めるとしても、このような処分については、…出訴期間の制限を受けることなく、何時まででも争うことができることとなるわけであるから、…かかる例外の場合を肯定するについて慎重でなければならないことは当然であるが、一般に、課税処分が課税庁と被課税者との間にのみ存するもので、**処分の存在を信頼する第三者の保護を考慮する必要のないこと等を勘案すれば、当該処分における内容上の過誤が課税要件の根幹についてのそれであって、徴税行政の安定とその円滑な運営の要請を斟酌してもなお、不服申立期間の徒過による不可争的効果の発生を理由として被課税者に右処分による不利益を甘受させることが、著しく不当と認められるような例外的な事情のある場合には**、前記の過誤による瑕疵は、当該処分を当然無効ならしめるものと解するのが相当である。

> ひとこと　本判例は、「重大」ではあるけれど「明白」とはいえない事案ですが、行政行為の無効を認めても第三者の信頼保護に支障がない場合には、重大性の要件だけで足り、明白性の要件は必ずしも必要としないケースを示した判例として理解されています。

2 　瑕疵ある場合の特例

1 　瑕疵ある場合に特例的な扱いをするケース

行政行為に瑕疵がある場合に特例的な扱いをする３つのケースがあります。それが、❶瑕疵の治癒、❷違法行為の転換、❸違法性の承継です。❶❷は行政側に有利に働く特例処理です。一方、❸は国民の側に有利に働く特例処理です。

2　瑕疵の治癒

❶ 瑕疵の治癒とは

　瑕疵の治癒とは、行政行為時に存在した瑕疵（取消原因）が、**その後の事情により実質的に適法要件を具備した結果、当該行為を適法扱いすること**をいいます。したがって、瑕疵があっても取消しにはなりません。

> 私人側にとって不利益になることがなく、行政にとってもやり直すより維持するほうが効率的である場合に認められるものです。

　例えば、委員会を招集する手続に瑕疵があったものの、たまたま委員全員が出席して異議なく議事に参加し、議決がなされた場合に当該委員会での決定を適法扱いするようなケースです。

> 対象となるのは、**軽微な瑕疵**がある場合のみです。無効な行政行為はその瑕疵が重大であるため、治癒を認める余地はありません。

❷ 瑕疵の治癒が認められた事例

　農地買収計画に対して審査請求（訴願）がされたときは裁決が出てから買収処分を行うべき旨の規定があった場合、裁決が出る前に買収処分をしてしまうことは本来違法となります。

　しかし、**事後に棄却裁決があれば、棄却裁決が出る前になされた（本来は違法な）買収処分の違法は治癒される**とした事例があります（尼崎市農地買収事件）。

> **棄却裁決**／審査請求に対する審査庁の回答を裁決といい、その中で、審査請求の対象となった行為に違法も不当もないとする判断のことです。

❸ 瑕疵の治癒が認められなかった事例

　税務署長が更正処分を出す際、理由を付記することが法で定められているに
もかかわらず、付記した理由に不備があった場合、その瑕疵は、**審査請求に対
する裁決において更正処分の理由が詳細に示されたとしても、治癒されるもの
ではない**とした事例があります（法人税増額更正事件）。

> **更正処分**／申告に誤りがあるとして税務署長等が行う処分で、税額を増
> 額させる増額更正処分と減額させる減額更正処分があります。行う際には
> 理由を付記すべきことが法で規定されています。

> この判例は、更正処分について法が理由を付記すべき旨を定めて
> いるのは、**行政不服申立てを行う際の便宜のためであり、後で示
> されても意味がない**として瑕疵の治癒を認めませんでした。

　違法行為の転換とは、行政庁の当初意図した行政行為としては要件を満たさず違法であるものの、別の行政行為と見ればその法定要件は満たされており、適法と考えられる場合に、その**別の行政行為とみなすことで効力を維持する取扱い**をいいます。

03 ▶

　例えば、死者を相手方とした農地買収処分を、相続人を相手方とした処分に読み替えて、その効力を維持するような場合です。

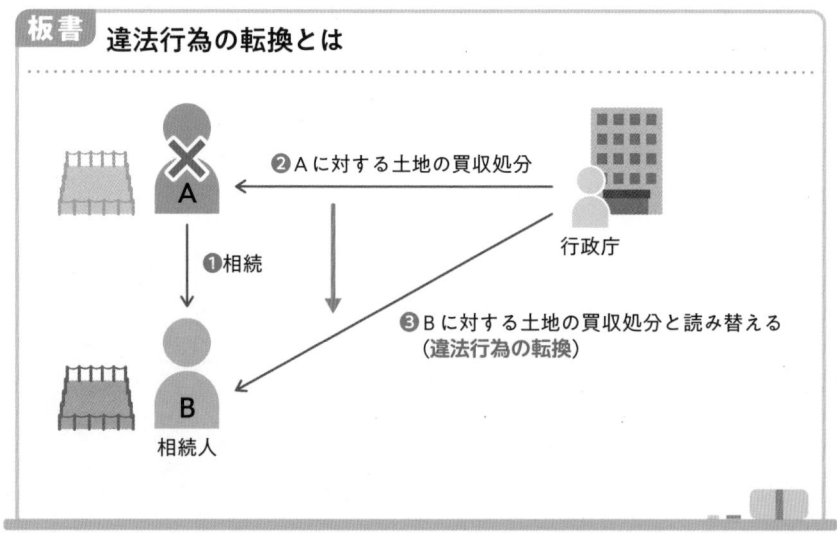

板書　違法行為の転換とは

❷Aに対する土地の買収処分

行政庁

❶相続

❸Bに対する土地の買収処分と読み替える（違法行為の転換）

A

B
相続人

プラスone　自作農創設特別措置法施行令43条に基づく買収計画が小作人からの請求なく行われたことから違法となる場合に、小作人からの請求を前提とせずに行える施行令45条に基づく農地買収と読み替えることで適法として扱い、効力を維持する判断をした事例があります（広島県農地買収計画事件）。

4　違法性の承継

❶ 違法性の承継とは

ケース3-2　Aに対して違法性のある課税処分（税を課す処分）がされ、Aは納付を怠った。これを理由にAに滞納処分（税の滞納者に対して財産を差し押さえて競売にかけるなどの処分）がされたため、Aは取消訴訟を提起した。

　このケースのAは、「課税処分が違法なのだから、滞納処分も違法なのだ」と主張できるでしょうか。

　このように、数個の行政行為が連続して行われる場合において、先行して行われる行政行為（先行行為）に瑕疵（取消原因）があったときに、**その瑕疵が後に行われる行政行為（後行行為）にも承継されるのか**という問題があります。

　これを違法性の承継といいますが、なぜこのようなことが問題となるのでしょうか？

　先行行為が行われてから時間が経過しており、先行行為については不可争力が生じていてすでに取消訴訟を提起できなくなっている場合に、後行行為の取消訴訟の中で、先行行為の違法性を主張できるのかが争いになるためです。

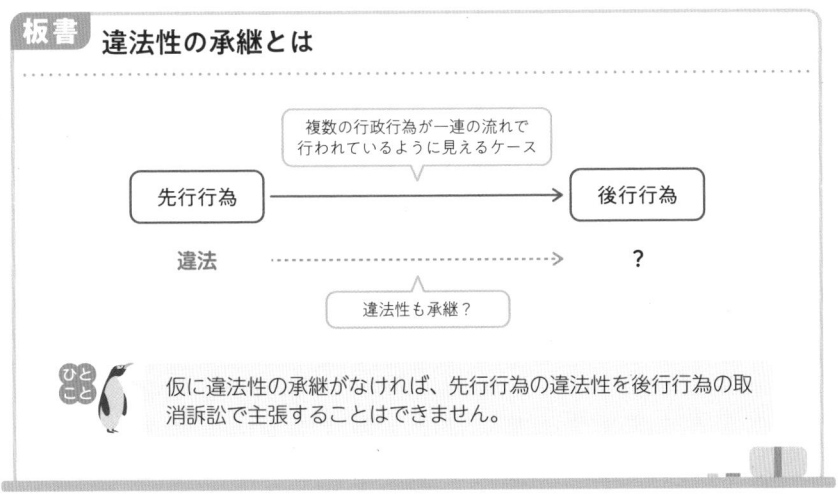

板書　違法性の承継とは

複数の行政行為が一連の流れで行われているように見えるケース

先行行為　→　後行行為

違法　┄┄┄┄┄┄┄> ？

違法性も承継？

ひとこと　仮に違法性の承継がなければ、先行行為の違法性を後行行為の取消訴訟で主張することはできません。

原則として、行政行為は各々別個の行為として行われるものであり、**一連の行為のように見えても、先行行為の違法性は後行行為に承継されません。**

ケース3-2 でも、違法性の承継はないので、滞納処分の取消訴訟の中で、課税処分に違法性があったことは主張できません。 04▶

❸ 例外：違法性の承継あり

先行行為と後行行為とが**1つの目的・効果の実現**を目指しており、**先行行為が後行行為の準備行為に過ぎない**とみなされる場合には違法性が承継されます。

違法性の承継が認められる例として、❶農地買収計画⇒買収処分、❷土地収用法に基づく事業認定⇒収用裁決、❸区長の安全認定⇒建築確認があります。 04▶

このうち❸の例に当たるのが次に紹介する判例です。

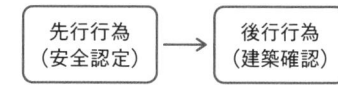

建築基準法および条例では、建築物の敷地は一定程度道路に接していなければならないという義務（接道義務）を定める一方で、接道要件を満たしていなくても安全上支障がないとする認定（安全認定）を区長が行えば、接道義務規定の適用除外となる定めも設けていました。そのためマンションの建設業者Aは、区長から安全認定を受け、それを前提にその後建築確認を受けましたが、マンション建設に反対する周辺住民が建築確認の取消しを求めて訴えを起こしました。

Q 後行行為である建築確認の取消訴訟において、先行行為たる安全認定が違法であることを主張することは許されますか？

A 許されます。

安全認定は、建築主に対し建築確認申請手続における一定の地位を与えるものであり、建築確認と結合して初めてその効果を発揮するのである。他方、安全認定があっても、これを申請者以外の者に通知することは予定されておらず、建築確認があるまでは工事が行われることもないから、周辺住民等これを争おうとする者がその存在を速やかに知ることができるとは限らない。そうすると、安全認定について、その適否を争うための手続的保障がこれを争おうとする者に十分に与えられているというのは困難である。

以上の事情を考慮すると、安全認定が行われた上で建築確認がされている場合、安全認定が取り消されていなくても、建築確認の取消訴訟において、安全認定が違法であるために本件条例4条1項所定の接道義務の違反があると主張することは許される。よく出る！フレーズ

ひとこと　本事例は、安全認定と建築確認が同一の目的を有する一体的な行為である点と周辺住民の手続保障の観点から、違法性の承継を認めた判例です。

第**2**節 行政行為の瑕疵

☐ 瑕疵ある行政行為は、原則として「取り消しうべき行政行為」となります。ただし、例外的に「重大かつ明白な瑕疵」のある行政行為は、「無効な行政行為」となります。

☐ 無効な行政行為には公定力が生じませんので、行政庁または裁判所による判断を待つことなく、当初から無効であって法的効力は生じません。また、不可争力も生じません。

☐ 瑕疵が明白であるというのは、処分成立の当初から、瑕疵があることが外形上誰の目にも明らかである場合を指します。

☐ 瑕疵の治癒とは、行政行為時に存在した瑕疵（取消原因）が、その後の事情により実質的に適法要件を具備した結果、当該行為を適法扱いすることをいいます。

☐ 違法行為の転換とは、行政庁の当初意図した行政行為としては要件を満たさず違法であるものの、別の行政行為と見ればその法定要件は満たされており、適法と考えられる場合に、その別の行政行為とみなすことで効力を維持する取扱いをいいます。

☐ 先行行為と後行行為とが1つの目的・効果の実現を目指しており、先行行為が後行行為の準備行為に過ぎないとみなされる場合には、先行行為の違法性が後行行為に承継されます。

☐ 安全認定が行われたうえで建築確認がされている場合、安全認定が取り消されていなくても、建築確認の取消訴訟において、安全認定が違法であることを主張することが許されるとするのが判例です。

01 行政行為には公定力が認められ、瑕疵があっても正式に取り消されるまでは有効なものとして取り扱われるので、無効な行政行為であっても、無効確認訴訟においてその無効が確認されるまでは、有効なものとして取り扱われる。　　　　　　　　　　　　　　　　　　　特別区Ⅰ類2013

✕ 無効な行政行為には公定力が生じないので、当初から無効なものと取り扱われます。

02 行政行為が無効とされるのは、行政行為に内在する瑕疵が重要な法規違反であることと、瑕疵の存在が明白であることの2つの要件を備えている場合である。　　　　　　　　　　　　　　　　　　　　　　　特別区Ⅰ類2013

◯

03 行政行為の瑕疵の治癒とは、行政行為に瑕疵があって本来は違法又は無効であるが、これを別個の行政行為とみたとき、瑕疵がなく、適法要件を満たしている場合に、別個の行政行為として有効なものと扱うことをいう。　　　　　　　　　　　　　　　　　　　　　　　　特別区Ⅰ類2010

✕ 「違法行為の転換」についての説明になっています。

04 先行処分に瑕疵があり、先行処分と後行処分が相互に関連する場合は、それぞれが別個の目的を指向し、相互の間に手段目的の関係がないときであっても、先行処分の違法性は必ず後行処分に承継される。

　　　　　　　　　　　　　　　　　　　　　　　　　　特別区Ⅰ類2008

✕ 別個の目的を指向し、相互の間に手段目的の関係がないときは、違法性が承継されません。

第3節　行政行為の職権取消しと撤回

START!　本節で学習すること

本節では、行政行為の職権取消しと撤回について学習します。
「職権による取消し」と「撤回」の異同が問われるので、両者をきちんと比較して理解しておきましょう。
「撤回」についてはよく出題される判例がありますので、判例も押さえておく必要があります。

1　職権取消し

1　「争訟による取消し」と「職権による取消し」

　行政行為の「取消し」には、❶争訟による取消しと❷職権による取消しがあります。❶は、取消訴訟や行政不服申立ての提起に基づき裁判所や審査庁が行政行為を取り消す場合です。一方、❷は、**行政行為を行った行政庁の側が瑕疵に気づいてその職務権限（職権）に基づき行政行為を取り消す**場合です。

　ここでは、❷の「職権による取消し」について学習していきます。

> ❶の争訟による取消しは、第2編で行政事件訴訟法や行政不服審査法を扱うときに学習します。また、以下単に「取消し」と表記されているものは、この節では「職権による取消し」を指します。

2　取消しとは

ケース3-3　法律上の要件を満たしていないのに運転免許がされてしまった。後日そのことが判明したことから、その効力を失わせることにした。

　取消しとは、**行政行為成立時から存在していた瑕疵（原始的瑕疵）を理由に、その行政行為の効力を失わせること**をいいます。

> 職権による取消しは行政庁が自主的に判断するものなので、「瑕疵」には**違法だけでなく、不当も含みます。**

このケースのように、行政行為（運転免許）の当初から瑕疵があった場合において、そのことを理由に行政行為の効力を失わせるのが取消しの例です。

3 取消しの特徴

❶ 効　果

取消しがされると、その効果は**行政行為時にさかのぼって生じます**。このように、さかのぼって生じる効力を遡及効（そきゅうこう）といいます。 ケース3-3 では、取消しがされると運転免許時にさかのぼって、当初から運転免許がされていなかったことになります。

01

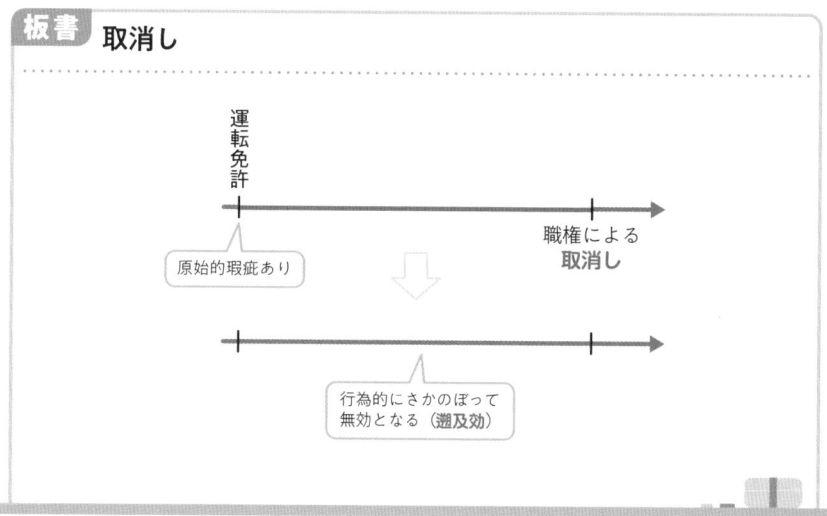

板書 取消し

```
              運
              転
              免
              許
               ├──────────────────┼──────────►
                                          職権による
            ┌─────────┐                   取消し
            │原始的瑕疵あり│
            └─────────┘
                    ⬇

               ├──────────────────┼──────────►
                    ┌──────────────────┐
                    │行為的にさかのぼって       │
                    │無効となる（遡及効）       │
                    └──────────────────┘
```

❷ 取消権者

取消権は、行政行為（処分）を行った行政庁（処分庁）だけでなく、その上級庁（監督庁）にもあります。取消権は、上級庁が持つ監督権に含まれるからです。したがって、**上級庁は、それを許す特別な法律の根拠がなくても、指揮監督権を根拠として取消しが可能**です。

❸ 法律の根拠の要否

行政行為の取消しを行うに当たり、その**行政行為を根拠づける法律とは別に、取消しを根拠づける法律は特に必要ない**とされています。

> 取消しは、行政行為を根拠づける法律に照らして違法（不当）に行われてしまった行為を是正するものなので、**行政行為を根拠づける法律が取消しを行う根拠にもなる**と考えられるからです。

4 取消しの制限

行政行為の当初から瑕疵がある場合、法律による行政の原理に照らすと取消しを行う必要があります。ただ、相手方保護の観点から一定の場合には制限が必要となります。具体的には、国民に権利の制限や義務を課す侵害的行政行為か、国民に権利や地位を付与する授益的行政行為かに分けて考える必要があります。

❶ 侵害的行政行為の場合

侵害的行政行為の場合、相手方保護について考慮する必要がありません。したがって、**取消しを行うことに制限はなく、自由に行えます**。

❷ 授益的行政行為の場合

授益的行政行為を取り消すと、相手方の既得権益を過去にさかのぼって奪うことになるため、この相手方の保護についても考慮する必要があります。

したがって、**取消しを自由に行うことはできません**。取消しができるのは、相手方の信頼や既得権益よりも公益上の必要性が高い場合とされています。

2 撤 回

1 撤回とは

ケース3-4 運転免許をされた者が飲酒運転をして事故を起こしたことから、その効力を失わせることにした。

撤回^{てっかい}とは、**瑕疵なく成立した行政行為の効力を後に生じた事情（後発的事情）を理由に失わせること**をいいます。

このケースのように、行政行為時（運転免許時）には特に問題はなかったものの、飲酒運転による事故という後に生じた事情（後発的事情）を理由に、行政行為の効力を失わせるのが撤回の例です。

02▶

撤回は行政法学上（学問上）の用語であり、法令上は「取消し」と表現されるのが一般的です。法令上は「取消し」となっていても「撤回」に当たる場合があるので注意しましょう。

2 撤回の特徴

❶ 効 果

撤回がされると、その効果は、**行政行為時にさかのぼることはなく、将来に向かって生じます**。このように、将来に向かってのみ生じる効力を**将来効**^{しょうらいこう}といいます。**ケース3-4** では、撤回がされると運転免許は、撤回時から効力がなくなります。

03▶

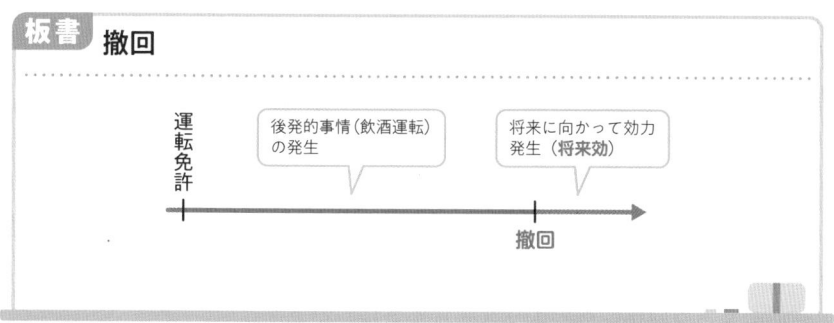

板書 撤回

運転免許 ── 後発的事情（飲酒運転）の発生 ── 将来に向かって効力発生（**将来効**） ──→

撤回

❷ 撤回権者

撤回権は、行政行為（処分）を行った行政庁（処分庁）のみが有し、その上級庁（監督庁）にはないとされています。したがって、**上級庁は、指揮監督権を根拠として撤回をすることはできません。**

04▶

 撤回は後発的な事情をきっかけに行政行為を存続させるか否かの判断を行うものなので、**その時点で行政行為を再度行うのと同様の行為**です。したがって、その判断権を有する行政庁（処分庁）のみが行えると考えられています。

❸ 法律の根拠の要否

行政行為の撤回を行うに当たり、その**行政行為を根拠づける法律とは別に、撤回を根拠づける法律は特に必要ない**とされています。

 撤回は、後発的事情の発生をきっかけに行政行為を再度行うのと同様の行為なので、**行政行為を根拠づける法律が撤回を行うことの根拠ともなり得る**と考えられます。

判例は、法律の根拠がなくても撤回を行うことを認めています（後出の菊田医師事件）。

3　撤回の制限

撤回が制限されるか否かは、取消しの場合と同様、侵害的行政行為か授益的行政行為かに分けて考える必要があります。

❶ 侵害的行政行為の場合

侵害的行政行為の場合、相手方保護について考慮する必要がありませんので、**撤回を行うことについて制限はなく、自由に行えます。**

❷ 授益的行政行為の場合

授益的行政行為の場合、既得権益を有している相手方の保護についても考慮する必要があります。したがって、**撤回を自由に行うことはできません。**

撤回ができるのは、次のような場合とされています。

板書 撤回の制限

侵害的行政行為：撤回は**自由にできる**

授益的行政行為：撤回は**自由にできない**

↓
撤回が可能
な場合

❶相手方である私人の同意がある場合
❷相手方である私人の不正行為など責めに帰すべき事由がある場合
❸公益上の必要性が高い場合

撤回をする必要性が高い場合、法律の根拠がなくても撤回できるとしたのが次の判例です。

⚖ 最高裁にきいてみよう！　　菊田医師事件／1988.6.17

県医師会から人工妊娠中絶を行える優生保護医の指定を受けていた産婦人科医Aが、新生児を実子としてあっせんする行為を行った医師法違反等の罪により罰金刑に処せられました。それを理由として県医師会がAへの優生保護医の指定を撤回したことから、Aがその指定の撤回を取り消すように求めた事件です。

Q 撤回すべき公益上の必要性が高い場合、明文の規定がなくとも撤回は可能ですか？

A 可能です。

指定医師の指定の撤回によって上告人（A）の被る不利益を考慮しても、なおそれを撤回すべき公益上の必要性が高いと認められるから、**法令上その撤回について直接明文の規定がなくとも**、指定医師の指定の権限を付与されている被上告人医師会は、その権限において上告人（A）に対する右指定を撤回することができる。　　05▶

また、次に紹介するのは撤回による補償の要否が争われた事件ですが、土地使用許可の撤回による使用権喪失についての補償を不要としています。

　東京都から築地市場内の土地の使用許可を受けたＡは、土地の一部に建物を建築して喫茶店等を営み、残りの土地は未使用状態となっていました。当該土地を本来の目的で使用する必要が生じた都が、Ａに対する使用許可の取消し（撤回に該当）をしたので、Ａが土地の使用価値に相当する損失補償を求めた事件です。

Q 行政財産の使用許可の撤回がされた場合、使用権に対する損失補償が必要ですか？

A 原則不要です。

　都有行政財産たる土地につき使用許可によって与えられた使用権は、それが期間の定めのない場合であれば、**当該行政財産本来の用途または目的上の必要を生じたときはその時点において原則として消滅すべきものであり**、…使用権者は、行政財産に右の必要を生じたときは、原則として、地方公共団体に対しもはや当該使用権を保有する実質的理由を失うに至るのであって、その例外は、使用権者が使用許可を受けるに当たりその対価の支払をしているが当該行政財産の使用収益により右対価を償却するに足りないと認められる期間内に当該行政財産に右の必要を生じたとか、使用許可に際し別段の定めがされている等により、行政財産についての右の必要にかかわらず使用権者がなお当該使用権を保有する実質的理由を有すると認めるに足りる特別の事情が存する場合に限られるというべきである。

取消しと撤回の異同をまとめると次のようになります。

板書　取消しと撤回の異同

	原因	効果	判断権者	法律の根拠
取消し	原始的瑕疵	遡及効	処分庁・上級庁（監督庁）	不要
撤回	後発的事情	将来効	処分庁のみ	

第3節 行政行為の職権取消しと撤回

- [ ] 取消しとは、行政行為成立時から存在していた瑕疵（原始的瑕疵）を理由に、その行政行為の効力を失わせるものをいい、その効果は行政行為時に遡及します。

- [ ] 撤回とは、瑕疵なく成立した行政行為の効力を後に生じた事情（後発的事情）を理由に失わせることをいい、その効果は将来に向かって生じます。

- [ ] 取消しは、行政庁（処分庁）だけでなく、その上級庁（監督庁）も行えますが、撤回は行政庁（処分庁）のみが行えます。

- [ ] 取消し・撤回の双方とも、行政行為を行うための法律の根拠とは別に取消し・撤回を行うための特別の法律の根拠は必要ありません。

- [ ] 優生保護医の指定という授益的な行政行為であっても、撤回すべき公益上の必要性が高い場合は、法律の根拠がなくても撤回ができるとするのが判例です。

01 行政行為の取消しは、行政の適法性の確保を目的とするものであり、法的秩序維持の要請は個人の利益の保護を目的とする私法上の取消しよりも強く働くことから、その効果は遡及効を有さず、行政行為は将来に向かって取り消されると一般に解されている。　　　　　　国家専門職2014

✕ 行政行為の取消しは遡及効を有し、さかのぼって取り消されます。

02 行政行為の撤回とは、有効に成立した行政行為の効力を、行政行為の成立当初の違法性又は不当性を理由として行政庁が失わせることをいい、交通違反を理由とする運転免許の取消しは行政行為の撤回ではなく、職権取消である。　　　　　　　　　　　　　　　　　　特別区Ⅰ類2009

✕ 交通違反を理由とする運転免許の取消しは、後発的事情を原因とする取消しなので、「撤回」に該当します。

03 行政行為の撤回は、職権取消と同様に、その概念上遡及効を有し、行政行為の効力をその成立時に遡って消滅させる。　　　　特別区Ⅰ類2009

✕ 撤回は遡及効を有さず、行政行為の効力を将来に向かって消滅させます。

04 行政行為の撤回は、公益に適合することから、撤回権者の範囲は広く認められ、処分庁のみならず監督庁もこれを行うことができると一般に解されている。　　　　　　　　　　　　　　　　　　国家専門職2014

✕ 撤回は処分庁のみ行うことが可能であり、監督庁が行うことはできません。

05 最高裁判所の判例では、優生保護法による指定を受けた医師が指定の撤回により被る不利益を考慮してもなおそれを撤回すべき公益上の必要性が高いと認められる場合であったとしても、法令上その撤回について直接明文の規定がなければ、行政庁は当該指定を撤回することはできないとした。　　　　　　　　　　　　　　　　　特別区Ⅰ類2014

✕ 直接明文の規定がなくても撤回は可能としています。

START! 本節で学習すること

本節では、行政行為の附款について学習します。

まず、5種類ある附款の定義と具体例を押さえましょう。

附款を付すことができる場合と附款が違法な場合の争い方については、繰り返し問われていますので要注意です。

1 附款とは

1 附款の意義

ケース3-5

❶道路工事完了まで通行止めとする命令を出した。

❷河川の占用許可を与える際に占用料の納付を命じた。

❸運転免許において眼鏡着用を義務づけた。

行政行為の効果を制限したり、特別な義務を課したりするために、主たる意思表示である行政行為に付加される従たる意思表示を附款といいます。

 附款とは、**付け加えた条項（款）**という意味合いの言葉であり、行政行為に約束事を付け足したい場合に使われます。

このケースの❶「道路工事完了まで」、❷「占用料の納付を命じた」、❸「眼鏡着用を義務づけた」の部分が附款に相当します。

 附款は行政法学上（学問上）の用語であり、法令上は「条件」と表現されることが多いです。❸も運転免許証には「免許の条件等」として「眼鏡等」という形で記載されています。

附款には次の5つの種類があります。

板書 附款の種類

種　類	定　義		具体例
条　件	・行政行為の効果を発生不確実な事実にかからせる意思表示		
		停止条件：条件が成就したときに行政行為の効力が発生する条件	・道路工事が開始したら通行止めとする命令
		解除条件：条件が成就したときに行政行為の効力が消滅する条件	・道路工事が完了するまで通行止めとする命令
期　限	・行政行為の効果を発生確実な事実にかからせる意思表示		
		始　期：期限の到来により効力が発生するもの	・2024年4月1日から道路の占用を許可する
		終　期：期限の到来により効力が消滅するもの	・2024年4月1日まで道路の占用を許可する
負　担	・行政行為に付随して相手方に対して特別の義務を課す意思表示		・河川、道路の占用許可において占用料の納付を命じる ・運転免許において眼鏡着用を義務づける
撤回権の留保	・一定の場合に行政行為を撤回する旨の権利を留保する意思表示		・公物の占用許可に際して「公共上の必要性が生じた場合には撤回できる」という約束を付加する
法律効果の一部除外	・法令上、行政行為に認められる効果の一部を除外する意思表示		・公務員に出張を命じながらも旅費の一部を支給しないとするような場合

　ケース3-5 の❶「道路工事完了まで」は、条件（解除条件）に該当します。
❷「占用料の納付を命じた」、❸「眼鏡着用を義務づけた」は、両方とも負担
に該当します。

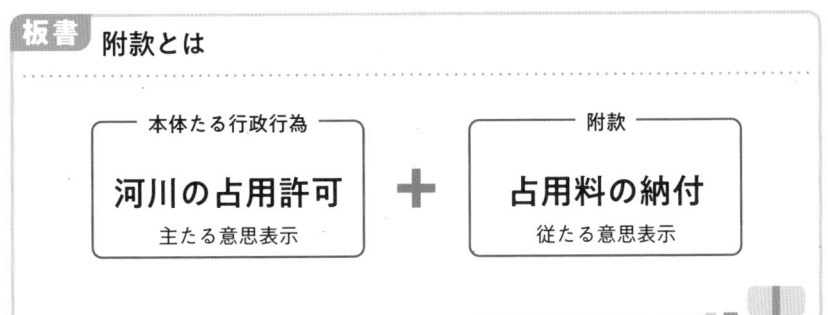

板書 **附款とは**

本体たる行政行為

河川の占用許可

主たる意思表示

＋

附款

占用料の納付

従たる意思表示

❶ 条　件

条件には停止条件と解除条件があります。

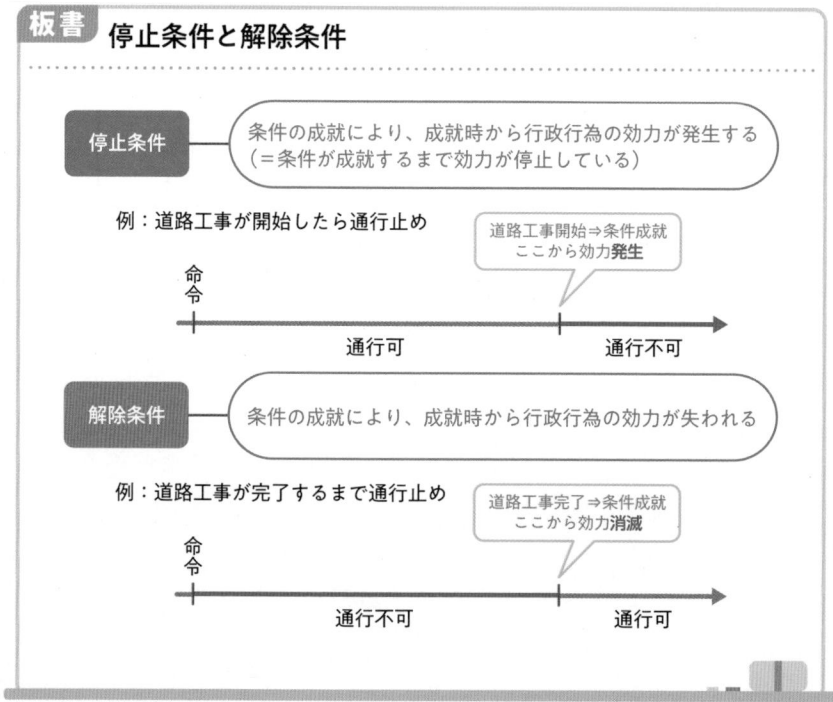

板書 停止条件と解除条件

| 停止条件 | 条件の成就により、成就時から行政行為の効力が発生する（＝条件が成就するまで効力が停止している） |

例：道路工事が開始したら通行止め

道路工事開始⇒条件成就
ここから効力**発生**

命令

通行可　　　　　　通行不可

| 解除条件 | 条件の成就により、成就時から行政行為の効力が失われる |

例：道路工事が完了するまで通行止め

道路工事完了⇒条件成就
ここから効力**消滅**

命令

通行不可　　　　　　通行可

❷ 期　限

期限には、「○年○月○日まで」というような確定期限だけでなく、「次に雨が降るまで」というような不確定期限も含まれます。

❸ 負　担

負担で課される義務には、**作為義務（何かをする義務）だけでなく不作為義務（何かをしない義務）**も含まれます。

負担は、本体たる行政行為が本来予定している効果以上の義務を相手方に課すものなので、法律による行政の原理（法律の留保の原則）から、**法律の根拠が必要**です。

負担を履行しなかったとしても、行政行為本体の効力には直接影響せず、行政行為自体の効力は完全に発生しています。 　01

例えば、ケース3-5 の❷や❸において占用料の納付や眼鏡の着用を怠ったとしても、占用許可や運転免許の効力には直接は影響せず、不許可での占用や無免許での運転になるわけではありません。ただし、それを後発的な事情として撤回等が行われる可能性はあります。

❹ 撤回権の留保

例えば公物の占用許可に際して「公共上の必要性が生じた場合には撤回できる」という撤回権の留保をしていたとしても、無制限に撤回ができるわけではありません。**撤回をするためには正当な理由が必要**になります。 　02

これとは逆に、撤回権の留保をしていなくても、前節で学習したように、「公益上の必要性が高い場合」は撤回が可能です。したがって、行政行為時に付される撤回権の留保は、撤回ができることを確認する意味合いのものになります。

❺ 法律効果の一部除外

法律効果の一部除外は、行政行為に対して法律が定める効果を行政庁の判断で除外するものなので、それを可能とする**法律の根拠が必要**です。 　03

2 附款の限界

1 附款を付すことができる場合

　附款は、**❶明文の規定がある場合**と**❷行政行為に裁量が認められる場合**に付すことができます。したがって、裁量の余地がないとされる**準法律行為的行政行為**には、原則として附款を付すことはできません。　04▶

2 附款が違法となる場合

❶ 目的による制限

　附款は、その行政行為の追求する**目的の範囲を逸脱して付することはできません**。つまり、当該行政行為の目的と異なる目的で付された附款は、違法な附款となります。

❷ 行政上の法の一般原則による制限

　第1章第1節で学習した比例原則や平等原則など、**行政上の法の一般原則に反するような附款を付すことはできません**。例えば ケース3-5 の❷において、過大な占用料の納付を命じるなど、必要な限度を超えて付された附款は比例原則に反するものとして、違法な附款となります。

3　違法な附款の効力

❶ 違法な附款と公定力

　附款自体も行政行為の一種として、**公定力を有します**。したがって、違法な附款も**取り消されるまでは一応有効なもの**として効力を有します。

❷ 違法な附款の争い方

　違法な附款が本体たる行政行為にとって**重要な要素であり不可分一体の関係にある場合**（分離が不可能な場合）、附款だけでなく、行政行為本体も効力が失われます。この場合、**附款のみの取消しを求めることはできず、本体たる行政行為の取消訴訟を提起する**ことになります。

　一方、違法な附款が本体たる行政行為にとって**重要な要素でない場合**（分離が可能な場合）、行政行為本体の効力には影響しません。この場合、**附款のみの取消しを求めることが可能**です。

05

　一般に、条件や期限については重要な要素であると判断されることが多く、負担については、重要な要素ではないと判断されることが多いです。

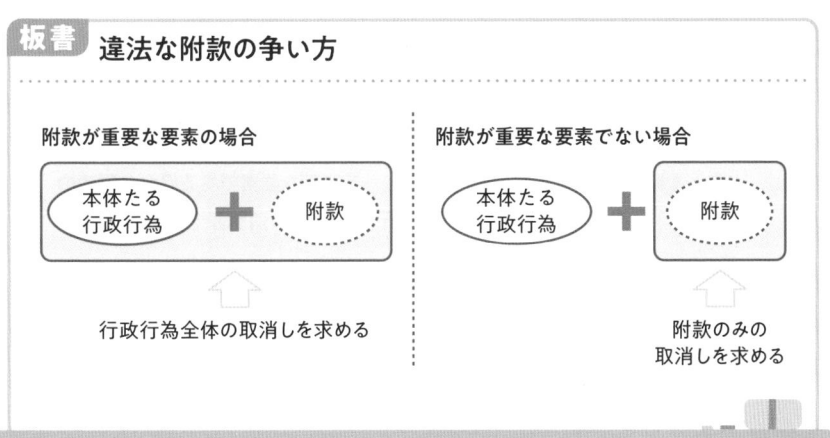

板書　違法な附款の争い方

附款が重要な要素の場合

> 本体たる
> 行政行為 ＋ （附款）

行政行為全体の取消しを求める

附款が重要な要素でない場合

> 本体たる
> 行政行為 ＋ （附款）

附款のみの
取消しを求める

第4節 行政行為の附款

☐ 行政行為の効果を制限したり、特別な義務を課したりするために、主たる意思表示である行政行為に付加される従たる意思表示を**附款**といいます。

☐ **条件**とは、行政行為の効果を発生不確実な事実にかからせる附款であり、条件が成就したときに行政行為の効力が発生する**停止条件**と、条件が成就したときに行政行為の効力が消滅する**解除条件**があります。

☐ 行政行為に付随して相手方に対して特別の義務を課す附款を**負担**といいますが、負担を履行しなかったとしても、**行政行為本体の効力には直接影響しません。**

☐ 撤回権の留保をしていたとしても、無制限に撤回ができるわけではなく、**撤回をするためには正当な理由が必要**になります。

☐ 附款は、**明文の規定がある場合と行政行為に裁量が認められる場合**に付すことができます。

☐ **行政行為の目的と異なる目的で付された附款や比例原則や平等原則など**の行政上の法の一般原則に違反する附款は、**違法な附款**となります。

☐ **違法な附款が本体たる行政行為にとって重要な要素である場合、附款のみの取消しを求めることはできず、行政行為の取消訴訟を提起すること**になります。

01 負担とは、行政行為を行うに際して、法令により課される義務とは別に課される作為又は不作為の義務であり、附款の一種であるが、行政行為の相手方が負担によって命じられた義務を履行しなかった場合には、当該行政行為の効果は当然に失われる。 　　　　　　国家一般職2020

✗ 負担の不履行は行政行為の効果に直接影響しないので、行政行為の効果が当然に失われるわけではありません。

02 撤回権の留保とは、行政行為について撤回権を明文で留保する附款であり、撤回権を留保していれば、行政庁は理由が無い場合でも本体たる行政行為を自由に撤回することができる。 　　　　　　特別区Ⅰ類2019

✗ 撤回権を留保していても、理由がなければ撤回することはできません。

03 法律効果の一部除外とは、法令が一般にその行政行為に付した効果の一部を発生させないこととする附款であり、法律の認めた効果を行政庁の意思で排除するものであるから、法律効果を除外するには法律の根拠が必要である。 　　　　　　特別区Ⅰ類2019

○

04 附款は、行政行為の効果を制限したり、あるいは特別な義務を課すため、主たる意思表示に付加される行政庁の従たる意思表示であり、法律が附款を付すことができる旨を明示している場合に限り付すことができる。 　　　　　　特別区Ⅰ類2016

✗ 行政庁に裁量権がある場合も附款を付すことができます。

05 附款は、行政行為の効果を制限するために付加される意思表示であるから、附款が違法である場合は、本体の行政行為と分離可能であっても、附款を含めた行政行為全体の取消しを求める必要があり、附款のみを対象とする取消訴訟を提起することは許されない。 　　　　　　国家一般職2022

✗ 分離可能な場合は、附款のみを対象とする取消訴訟を提起できます。

START! 本節で学習すること

本節では、行政裁量について学習します。

ほとんどが判例に関する出題なので、どのような場合に裁判所の審査の対象となるか、裁判所はどのような審査を行うかについて、きちんと押さえていきましょう。

問題でどの判例について問われているかを識別できるように、事案の内容もある程度把握しておく必要があります。

1 行政裁量とは

1 行政裁量とは何か

ケース3-6 国家公務員Aが不祥事を起こしたため、監督権者Bは、Aに対して懲戒処分を下すか否かを検討している。

❶ 行政裁量の意義

　裁量という言葉は、「その人の考えに基づいてものごとを判断、決定し、処理すること」を指しますが、行政裁量とは、**法律によって行政庁に与えられた「判断の余地」**のことを指しています。つまり、行政裁量がある場合、行政庁には幅のある判断の余地が認められており、どのような判断をなすかについての決定権が委ねられているということになります。

　ケース3-6 では、国家公務員法が監督権者に裁量権を与えており、監督権者Bは、与えられた裁量権の範囲内で判断していくことになります。

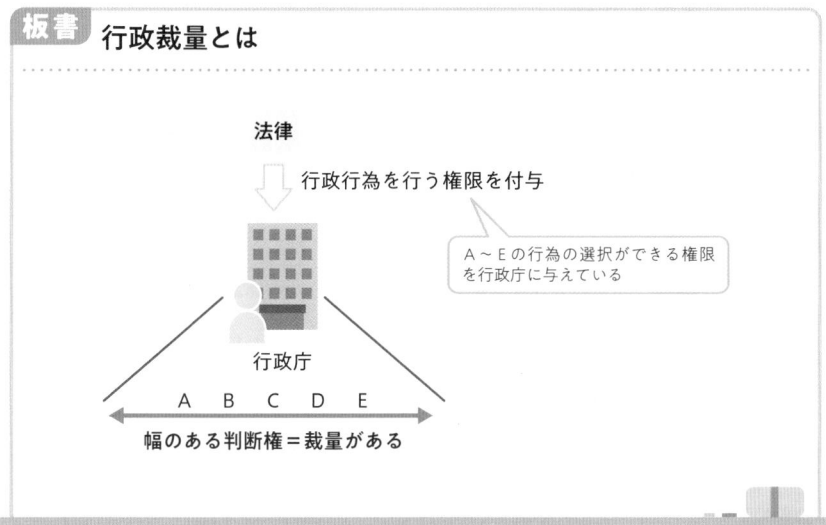

板書 **行政裁量とは**

法律

⬇ 行政行為を行う権限を付与

> A～Eの行為の選択ができる権限
> を行政庁に与えている

行政庁

A　B　C　D　E

幅のある判断権＝裁量がある

❷ 行政裁量の必要性

　「法律による行政の原理」を徹底するならば、行政による活動は法律に厳格に縛られるべきであり、行政裁量など認めるべきではないということになりかねません。しかし、すべてを法律で明記することを必要とすると、行政に求められる複雑で多様な役割を果たすことや、要請に迅速に対応していくことができなくなってしまいます。

　そこで行政の持つ**専門性や機動的な対応力**に期待し、**一定の幅のある判断権（行政裁量）を行政庁に認めています。**

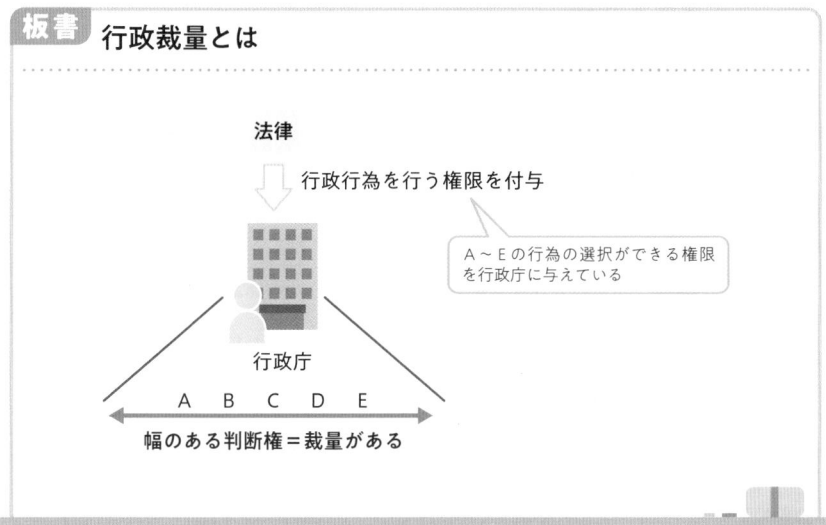

行政裁量は要件裁量と効果裁量に分けることができます。つまり、要件と効果のどちらに裁量があるかによる分類です。

板書 **裁量の対象による分類**

- 要件裁量：法定の要件が充足されているかどうかの認定段階における裁量

- 効果裁量：行政行為を行うか否か、どのような内容の行政行為を行うかの決定の段階における裁量

ケース3-6 では、国家公務員法で懲戒処分の要件が「国民全体の奉仕者たるにふさわしくない非行があった場合」と規定されており、この文言に当てはまるか否かの判断権（裁量）が監督権者に与えられています。したがって、要件裁量があることになります。また、その要件に該当するとして、「免職、停職、減給又は戒告処分をすることができる」と規定されており、懲戒処分を行うか否か、行うとしてどの処分を選択するかについての判断権（裁量）が監督権者に与えられています。したがって、効果裁量があることになります。

3 羈束行為と裁量行為

❶ 裁量の広狭

　前項とは異なり裁量が広いか狭いかに着目して、行政の行う行為を羈束行為(きそく)と裁量行為に分類することができます。

板書 裁量の広狭

羈束行為	法律の規定が明確で、法律の機械的な執行として行われる行為
裁量行為	行政庁に幅のある判断権が与えられている行為
羈束裁量行為 （法規裁量行為）	法律が予定する客観的な基準が存在する裁量行為
自由裁量行為 （便宜裁量行為）	行政庁の政策的・専門的判断に委ねられた裁量行為

狭 ↑
裁量
広 ↓

> **ひとこと**
> 「羈束」とは、法によって縛られていることを指しています。準法律行為的行政行為は、裁量の余地のない行為と考えられているので、羈束行為に該当します。

　ケース3-6 の公務員に対する懲戒処分については、監督権者の自由裁量行為とされています（後出の神戸税関事件）。

伝統的な行政法学では、いま示した裁量の広狭による分類との対応から、裁判所による司法審査の対象となるかを整理しています。

板書　司法審査の可否

分類	司法審査
羈束行為	当然に司法審査が及ぶ
羈束裁量行為 （法規裁量行為）	原則的に司法審査が及ぶ
自由裁量行為 （便宜裁量行為）	原則として司法審査が及ばないが、裁量権の行使に逸脱（踰越）・濫用があった場合に限り、司法審査が及ぶ

01 ▶

「逸脱（踰越）」とは、法律によって与えられた裁量権を超えること、「濫用」とは、法の許容する範囲内であっても本来の目的に反して裁量権が行使されていることを指します。

 ただし、どちらであっても扱いは同じなので明確に区別する実益はなく、判例は一体的に捉えた判断をしています。

裁判所が取り消すことができる行政行為（処分）については、次の行政事件訴訟法の条文に明文化されています。

行政事件訴訟法30条
　　行政庁の裁量処分については、裁量権の範囲をこえ又はその濫用があつた場合に限り、裁判所は、その処分を取り消すことができる。

 このように条文では「裁量処分」という裁量行為全般を含む表現を使っているので、羈束裁量行為と自由裁量行為に分ける行政法学の伝統的な区分はあまり意味を持たなくなっています。

濫用があった場合についても明記されているので、裁量権の範囲を超えていない場合（裁量の範囲内）であっても、**不正な動機に基づいてなされた裁量処分は違法**になります。

2 ▶ 行政裁量に関する判例の判断

1 羈束行為と判断した判例

公共事業など何らかの目的で、行政が私人の土地を買い上げることがあります。このとき私人には補償がなされますが、土地収用法における補償金の額の認定について争われた次の事件では、収用委員会には、補償の範囲およびその額の決定について**裁量権は認められない**と判断されています。

⚖ 最高裁にきいてみよう！　下松市土地収用事件／1997.1.28

土地収用法に基づき収用委員会が収用裁決を行った際の補償金額の認定について、「相当な価格」とはいえないとして収用裁決を受けたＡが争った事件です。

収用委員会
収用裁決
＋
補償金額の認定

Ａ

Q 収用委員会は、土地収用の際の補償金の額の認定について裁量がありますか？

A ありません。

（土地収用法による）補償金の額は、「相当な価格」等の不確定概念をもって定められているものではあるが、右の観点から、通常人の経験則及び社会通念に従って、客観的に認定され得るものであり、かつ、認定すべきものであって、補償の範囲及びその額（補償額）の決定につき収用委員会に裁量権が認められるものと解することはできない。したがって、損失補償に関する訴訟において、裁判所は、収用委員会の補償に関する認定判断に裁量権の逸脱濫用があるかどうかを審理判断するものではなく、証拠に基づき裁決時点における正当な補償額を客観的に認定し、裁決に定められた補償額が右認定額と異なるときは、裁決に定められた補償額を違法とし、正当な補償額を確定すべきものと解するのが相当である。

> **語句 収用委員会**／土地収用法に基づいて各都道府県に置かれている行政委員会で、土地の収用（強制的な買い上げ）に関する判断をします。
> **収用裁決**／用地の買収等について当事者間で協議が成立しない場合に、収用委員会が代わりに行う決定（強制的に買い上げる判断）のことです。

（左）よく出る！フレーズ

ここでは行政庁の判断の内容（結果）について審査した判例を見ていきます。

❶ 事実誤認および社会観念に基づく審査

　外国人の在留期間の更新についての判断が問題になった次の事件では、**法務大臣の裁量に任されている**ことを前提に、その判断が**全く事実の基礎を欠くか、社会通念に照らし著しく妥当性を欠くことが明らかな場合に違法となる**と判断されています。

最高裁にきいてみよう！　　マクリーン事件／1978.10.4

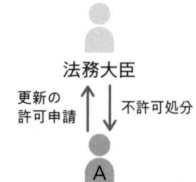

法務大臣
更新の　　　　不許可処分
許可申請

A

　日本に在留許可を受けて在留していた外国人Ａが在留期間の更新を申請したが、政治活動をしたことを理由として法務大臣が不許可処分をしたことから、その取消しを求めた事件です。

Q 旧出入国管理令に基づく外国人の在留期間の更新についての判断は、法務大臣の裁量に任されていますか？

A **裁量に任されています。**
（旧出入国管理令において）在留期間の更新事由が概括的に規定されその判断基準が特に定められていないのは、**更新事由の有無の判断を法務大臣の裁量に任せ、その裁量権の範囲を広汎なものとする趣旨**である。

Q 外国人の在留期間の更新についての法務大臣の判断が違法となるのはどのような場合ですか？

A **その判断が全く事実の基礎を欠くか、社会通念に照らし著しく妥当性を欠くことが明らかな場合です。**
　裁判所は、法務大臣の右判断についてそれが違法となるかどうかを審理、判断するにあたっては、右判断が法務大臣の裁量権の行使としてされたものであることを前提として、その判断の基礎とされた重要な事実に誤認があること等により右判断が **よく出る！フレーズ** 全く事実の基礎を欠くかどうか、又は事実に対する評価が明白に合理性を欠くこと等により右判断が社会通念に照らし著しく妥当性を欠くことが明らかであるかどうかについて審理し、それが認められる場合に限り、右判断が裁量権の範囲をこえ又はその濫用があったものとして違法であるとすることができるものと解するのが相当である。　　02▶

ひとこと　結論として、本件では裁量権の範囲を超え、またはその濫用があったとはいえない、としています。

次に紹介する事件でも同様の判断基準が示されています。

⚖ 最高裁 にきいてみよう！

小田急小田原線の一部を高架式とする東京都の都市計画変更に対し、国が認可しました。しかしこの認可処分の取消しを求めて、鉄道の周辺住民が訴訟を起こした事件です。

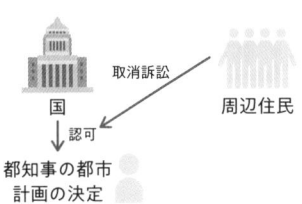

取消訴訟

国　　　　　　　周辺住民

↓認可

都知事の都市
計画の決定

Q 都知事の都市施設に係る都市計画の決定または変更の適否はどのように判断されますか？

A 重要な事実の基礎を欠くこととなる場合や社会通念に照らし著しく妥当性を欠くものと認められる場合に限り、違法となります。

（都市施設についての判断は）これを決定する行政庁の広範な裁量にゆだねられているというべきであって、裁判所が都市施設に関する都市計画の決定又は変更の内容の適否を審査するに当たっては、当該決定又は変更が裁量権の行使としてされたことを前提として、その基礎とされた重要な事実に誤認があること等により重要な事実の基礎を欠くこととなる場合、又は、事実に対する評価が明らかに合理性を欠くこと、判断の過程において考慮すべき事情を考慮しないこと等によりその内容が社会通念に照らし著しく妥当性を欠くものと認められる場合に限り、裁量権の範囲を逸脱し又はこれを濫用したものとして違法となるとすべきものと解するのが相当である。

よく出る！ フレーズ

ひとこと　結論として、都知事の判断に著しい誤認があったとは認められず、裁量権の範囲を逸脱し、またはこれを濫用したものとして違法となるとはいえないとしています。

また、次の事件では、いわゆる判断代置方式と呼ばれる審査の方式の採用を否定して、**裁量権の行使に基づく処分が社会観念上著しく妥当を欠き、裁量権を濫用したと認められる場合に限り違法となる**と判示しています。

⚖️ 最高裁 にきいてみよう！

神戸税関事件／1977.12.20

　税関長が争議行為に参加した税関職員に対して懲戒免職処分をしため、その取消しを求めて当該職員が出訴した事件です。

税関長

↓懲戒免職処分

税関職員

Q 国家公務員に対する懲戒処分はどのような場合に違法となりますか？

A **社会観念上著しく妥当を欠き、裁量権を濫用したと認められる場合に限り違法となります。**

　公務員につき、国公法に定められた懲戒事由がある場合に、懲戒処分を行うかどうか、懲戒処分を行うときにいかなる処分を選ぶかは、**懲戒権者の裁量に任されているもの**と解すべきである。…したがって、裁判所が右の処分の適否を審査するにあたっては、懲戒権者と同一の立場に立って懲戒処分をすべきであったかどうか又はいかなる処分を選択すべきであったかについて判断し、その結果と懲戒処分とを比較して、その軽重を論ずべきものではなく、懲戒権者の裁量権の行使に基づく処分が社会観念上著しく妥当を欠き、裁量権を濫用したと認められる場合に限り違法であると判断すべきものである。 よく出る！フレーズ

03 ▶

ひとこと

「懲戒権者と同一の立場に立って懲戒処分をすべきであったかどうか又はいかなる処分を選択すべきであったかについて判断し、その結果と懲戒処分とを比較して、その軽重」を論じるのが、いわゆる判断代置方式といわれる審査方法です。本件では、結論として、懲戒免職処分は違法ではないとしています。

❷ 目的・動機に不法な点がある場合

　目的や動機が不法であることから裁量権の濫用があると判断したのが次の事件です。児童福祉施設から200m以内には、風俗施設である個室付浴場を営業できないという規定がありますが、この事件では、個室付浴場の営業を阻止するために県知事が行った児童遊園設置認可処分について、**行政権の濫用に相当する違法性がある**と判断されています。

最高裁にきいてみよう！　個室付浴場事件 / 1978.6.16

県知事
個室付浴場の営業を
阻止するために認可

児童遊園

　個室付浴場の営業を阻止する目的で、県知事が行った児童遊園設置認可処分が違法でないかが争われた事件です。

Q 個室付浴場の営業を阻止する目的で、県知事が行った児童遊園設置認可処分は違法になりますか？

A 行政権の濫用であり違法になります。

　本来、児童遊園は、児童に健全な遊びを与えてその健康を増進し、情操をゆたかにすることを目的とする施設なのであるから、児童遊園設置の認可申請、同認可処分もその趣旨に沿ってなされるべきものであって、前記のような、**個室付浴場の営業の規制を主たる動機、目的とする当該児童遊園設置の認可申請を容れた本件認可処分は、行政権の濫用に相当する違法性があり**、被告会社の個室付浴場の営業に対しこれを規制しうる効力を有しない。**よく出る！フレーズ**

前項で見たように、行政庁の判断の内容（結果）については、行政の裁量を尊重するため司法審査は限定的にしか及びません。そこで、判例上、手続面や判断過程に着目した審査も行われています。

❶ 手続面に着目した審査

許可申請の処理に際して、**審査基準の設定や申請者への手続保障がなかったことから申請却下処分を違法と判断した**のが次の事件です。

⚖ **最 高 裁** にきいてみよう！ 個人タクシー事件／1971.10.28

個人タクシーの事業免許を運輸局長に申請した者が、申請を却下されたことの取消しを求めた事件です。

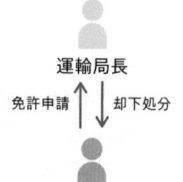

運輸局長

免許申請 ↑↓ 却下処分

Q 審査基準の設定や申請者への手続保障がないまま出された申請却下処分は違法となりますか？

A 違法となります。

（道路運送法は）抽象的な免許基準を定めているにすぎないのであるから、内部的にせよ、さらに、**その趣旨を具体化した審査基準を設定**し、これを公正かつ合理的に適用すべく、とくに、右基準の内容が微妙、高度の認定を要するようなものである等の場合には、右基準を適用するうえで必要とされる事項について、**申請人に対し、その主張と証拠の提出の機会を与えなければならない**というべきである。免許の申請人はこのような公正な手続によって免許の許否につき判定を受くべき法的利益を有するものと解すべく、これに反する審査手続によって免許の申請の却下処分がされたときは、右利益を侵害するものとして、右処分の違法事由となる。

❷判断過程に着目した審査

　判断の過程に違法な点があるか否かが問題となる判例もあります。

　次の判例では、原発の設置基準に適合するかの判断につき内閣総理大臣の合理的裁量を認めたうえで、**諮問機関である原子力委員会の調査審議に看過しがたい過誤があれば、内閣総理大臣の設置許可処分が違法となり得る**としています。

⚖ 最高裁にきいてみよう！

伊方原発訴訟／1992.10.2

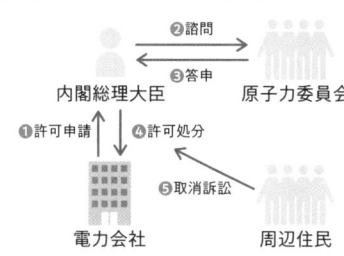

　内閣総理大臣が電力会社に対して原発の設置許可処分を行ったことに対して、周辺住民が取消しを求めて出訴した事件です。

❶許可申請　❷諮問　❸答申　❹許可処分　❺取消訴訟
内閣総理大臣　原子力委員会　電力会社　周辺住民

Q 原子炉の設置基準に適合するかの判断は、内閣総理大臣の裁量に委ねられていますか？

A **合理的な裁量に委ねられています。**
（設置の）基準の適合性については、各専門分野の学識経験者等を擁する原子力委員会の科学的、専門技術的知見に基づく意見を尊重して行う**内閣総理大臣の合理的な判断にゆだねる趣旨**と解するのが相当である。

Q 内閣総理大臣の判断が違法となるのはどのような場合ですか？

A **（諮問機関である）原子力委員会の用いた審査基準に不合理な点があるか、調査審議の過程に看過し難い過誤、欠落があり、内閣総理大臣の判断がそれに依拠してなされた場合です。**
現在の科学技術水準に照らし、（原子力委員会等の）調査審議において用いられた具体的審査基準に不合理な点があり、あるいは当該原子炉施設が右の具体的審査基準に適合するとした（原子力委員等の）調査審議及び判断の過程に看過し難い過誤、欠落があり、被告行政庁（内閣総理大臣）の判断がこれに依拠してされたと認められる場合には、被告行政庁（内閣総理大臣）の右判断に不合理な点があるものとして、右判断に基づく原子炉設置許可処分は違法と解すべきである。

> よく出る！フレーズ

04

ひとこと　結論として、内閣総理大臣の設置許可処分は違法ではないと判断されています。

上記判例とほぼ同様の論理で判断したのが次の判例です。

⚖️ 最高裁にきいてみよう！　　教科書検定訴訟／1993.3.16

教科書検定に不合格となったことから教科書としての出版ができなかった著者が検定不合格処分を違法として、国家賠償請求訴訟を提起した事件です。

文部大臣　②諮問／③答申　審議会

①検定申請　④不合格

教科書会社
著者

Q 教科書検定の審査、判断は、文部大臣（当時）の裁量に委ねられていますか？

A **合理的な裁量に委ねられています。**

本件検定の審査、判断は、申請図書について、内容が学問的に正確であるか、中立・公正であるか、教科の目標等を達成する上で適切であるか、児童、生徒の心身の発達段階に適応しているか、などの様々な観点から多角的に行われるもので、**学術的、教育的な専門技術的判断であるから、事柄の性質上、文部大臣の合理的な裁量に委ねられるもの**というべきである。

Q 文部大臣の判断が国家賠償法上違法となるのはどのような場合ですか？

A **審議会の判断過程に看過し難い過誤があり、文部大臣の判断がそれに依拠してなされた場合です。**

合否の判定、条件付合格の条件の付与等についての教科用図書検定調査審議会の判断の過程（検定意見の付与を含む）に、原稿の記述内容又は欠陥の指摘の根拠となるべき検定当時の学説状況、教育状況についての認識や旧検定基準に違反するとの評価等に**看過し難い過誤があって、文部大臣の判断がこれに依拠してされたと認められる場合には、右判断は、裁量権の範囲を逸脱したものとして、国家賠償法上違法となる。**

よく出る！
フレーズ

次の判例は、学校長の退学処分が裁量権の逸脱・濫用でないかが争われた事件です。この事件では、学校長の退学処分について、**考慮すべき事項を考慮しておらず、または考慮された事実に対する評価が明白に合理性を欠き違法である**として、取り消す判断が出されています。

⚖ 最高裁にきいてみよう！

エホバの証人剣道拒否事件／1996.3.8

　エホバの証人という宗教の信者である市立工業専門学校の生徒が、信仰上の理由から必修科目である体育の剣道実技の履修を拒否したことから、進級をすることができず、2年連続で原級留置となりました。このため、学校の内規に基づき学校長が行った退学処分に対し、取消しを求めた事件です。

Q 本件における原級留置処分および退学処分は、違法ですか？

A 裁量権の範囲を超える違法なものです。

　信仰上の理由による剣道実技の履修拒否を、正当な理由のない履修拒否と区別することなく、代替措置が不可能というわけでもないのに、代替措置について何ら検討することもなく、体育科目を不認定とした担当教員らの評価を受けて、原級留置処分をし、さらに、不認定の主たる理由及び全体成績について勘案することなく、2年続けて原級留置となったため進級等規程及び退学内規に従って学則にいう「学力劣等で成業の見込みがないと認められる者」に当たるとし、退学処分をしたという上告人の措置は、**考慮すべき事項を考慮しておらず、又は考慮された事実に対する評価が明白に合理性を欠き、その結果、社会観念上著しく妥当を欠く処分をしたものと評するほかはなく、本件各処分は、裁量権の範囲を超える違法なもの**といわざるを得ない。

よく出る！フレーズ

ひとこと　なお、原級留置処分についても「原級留置処分が2回連続してされることにより退学処分にもつながるものであるから、その学生に与える不利益の大きさに照らして、原級留置処分の決定に当たっても、同様に慎重な配慮が要求される」と判示しています。

4 　時（時期）の裁量

　行政行為をいつ行うかという**時（時期）**についても**行政裁量は認められる**と考えられています。次の判例は時の裁量を肯定したとされる判例です。

最高裁にきいてみよう！　　　通行認定留保事件 ／ 1982.4.23

　道路管理者である区長に車両制限令で定める「特殊車両通行認定」を申請した者が、区長が周辺住民への配慮から5か月にわたり認定を留保したため、損害を被ったとして国家賠償請求訴訟を提起した事件です。

Q 特殊車両通行認定をいつ出すかの判断について区長に裁量が認められますか？

A **裁量が認められます。**

　（道路法の規定に基づく車両制限令で定める道路管理者の認定は、）車両の通行の禁止又は制限を解除する性格を有する許可とは法的性格を異にし、基本的には裁量の余地のない確認的行為の性格を有するものであることは、明らかであるが、…右認定に当たって、具体的事案に応じ道路行政上比較衡量的判断を含む**合理的な行政裁量を行使することが全く許容されないものと解するのは相当でない。**

> **ひとこと**　結論として、区長が本件認定申請に対して約5か月間認定を留保したことは、行政裁量の行使として許容される範囲内にとどまるとして、国家賠償法上違法ではないとしています。

☐ 法定の要件が充足されているかどうかの認定段階における裁量を**要件裁量**、行政行為を行うか否か、どのような内容の行政行為を行うかの決定の段階における裁量を**効果裁量**といいます。

☐ **羈束裁量行為**（法規裁量行為）とは、法律が予定する客観的な基準が存在する裁量行為のことであり、**自由裁量行為**（便宜裁量行為）とは、行政庁の政策的・専門的判断に委ねられた裁量行為のことを指します。

☐ 行政事件訴訟法は、行政庁の裁量処分については、**裁量権の範囲を超え、またはその濫用があった場合に限り、裁判所は、その処分を取り消すこと**ができると規定しています。

☐ 土地収用法における補償金の額の認定については、収用委員会には、補償の範囲およびその額の決定について**裁量権は認められません**。

☐ 外国人の在留期間の更新についての判断は、**法務大臣の裁量に任されて**おり、その判断が**全く事実の基礎を欠くか、社会通念に照らし著しく妥当性を欠くことが明らかな場合に違法**となります。

☐ 国家公務員に対して懲戒権者が行った懲戒処分は、**懲戒権者の裁量に委**ねられており、その判断が**社会観念上著しく妥当を欠き、裁量権を濫用したと認められる場合に限り違法**となります。

☐ 個室付浴場の営業を阻止する目的で、県知事が行った児童遊園設置認可処分は**行政権の濫用として違法**になります。

☐ 原発設置許可の判断は、**内閣総理大臣の裁量に委ねられているものの**、原子力委員会の用いた**審査基準に不合理な点があるか、調査審議の過程**に**看過し難い過誤、欠落があり**、内閣総理大臣の判断がそれに**依拠して**なされた場合は**違法**となります。

01 裁量行為は、法規裁量行為と便宜裁量行為とに分けられ、便宜裁量行為については裁判所の審査に服するが、法規裁量行為については裁判所の審査の対象となることはない。 特別区Ⅰ類2008

✕ 羈束裁量行為（法規裁量行為）と自由裁量行為（便宜裁量行為）が逆です。

02 旧出入国管理令に基づく外国人の在留期間の更新を適当と認めるに足りる相当の理由の有無の判断は、法務大臣の裁量に任されており、その判断が全く事実の基礎を欠く場合又は社会通念上著しく妥当性を欠くことが明らかな場合に限り、裁判所は、当該判断が裁量権の範囲を超え又はその濫用があったものとして違法であるとすることができる。

特別区Ⅰ類2012

○

03 裁判所が懲戒権者の裁量権の行使としてされた公務員に対する懲戒処分の適否を審査するに当たっては、懲戒権者と同一の立場に立って懲戒処分をすべきであったかどうか又はいかなる処分を選択すべきであったかについて判断し、その結果と当該処分とを比較してその軽重を論ずべきものではなく、懲戒権者の裁量権の行使に基づく処分が社会観念上著しく妥当を欠き、裁量権を濫用したと認められる場合に限り違法と判断すべきである。 国家専門職2021

○

04 原子炉施設の安全性に関する判断の適否が争われる原子炉設置許可処分においては、行政庁の判断が、原子炉委員会若しくは原子炉安全専門審査会の専門技術的な調査審議及び判断を基にしてなされたものである限り、当該行政庁の処分が、裁判所の審理、判断の対象となることはない。

特別区Ⅰ類2012

✕ 対象となることもあります。

第**4**章

行政計画・
行政指導・
行政契約

本節では、行政計画について学習します。
出題の対象となる知識が少なく問われることが決まっている分野なので、ポイントを押さえて効率よく学習しましょう。

1 行政計画とは

1 行政計画の意義

例えば地方自治体では、「都市計画マスタープラン」といった計画を策定し、まちづくりについての目標、それを達成するための手段などを提示しています。このような**行政が策定する各種の計画**のことを行政計画といいます。

行政計画とは、行政機関が一定の公の目的のために**目標を設定**し、その目標を達成するための**手段や方策を総合的に提示し、調整を図るもの**です。

その例としては、都市計画、土地区画整理事業計画、道路整備計画、子育て支援計画、防災計画、経済成長計画などがあります。

行政計画は、策定する行政機関および他の行政主体、国民に対し、目標に向かって誘導を図るという作用があります。

2 行政計画の種類

行政計画は、私人に対して**権利の制限や義務の発生という法的拘束力が生じるか否か**により拘束的計画と非拘束的計画に分類できます。

板書 拘束的計画と非拘束的計画

> 拘束的計画　：私人に対して**法的拘束力を持つ計画**
> （例：都市計画、土地区画整理事業計画）
>
> 非拘束的計画：私人に対して**法的拘束力を持たない計画**
> （例：子育て支援計画・経済成長計画）

01

2 行政計画の特徴

1 法律の根拠

　行政計画を策定する際に法律の根拠が必要か否かは、法律の留保の原則に照らして考える必要があります。

　侵害留保説を前提にすると、**私人に権利の制限や義務の発生が生じる拘束的計画の場合は、法律の根拠が必要**です（都市計画は都市計画法、土地区画整理事業計画は土地区画整理法がその根拠法です）。

　一方、指針を示すにとどまるような**非拘束的計画の場合、特に私人の権利や義務には影響を与えませんので、法律の根拠は不要**です。

板書 法律の根拠の有無

> 拘束的計画　：法律の根拠**必要**
>
> 非拘束的計画：法律の根拠**不要**

行政計画の策定は、**行政の広範な裁量に委ねられている**と考えられています。

 行政の広範な裁量を示している判例として、都市計画の決定または変更が扱われた小田急高架化訴訟（第3章第5節）が挙げられます。

そのため、手続的統制を図ることが重要なのですが、**行政手続に関する一般法である行政手続法には、行政計画の策定手続に関する規定は一切ありません。**あくまでも個別の法律において、公聴会の開催や意見書の提出などの計画策定手続に対する規律が置かれているに過ぎません。

02▷

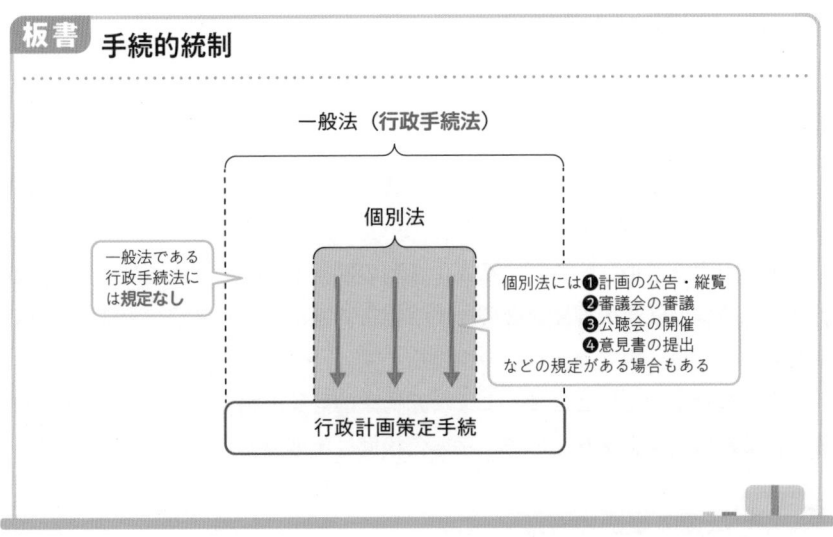

板書 手続的統制

一般法（行政手続法）

個別法

一般法である行政手続法には規定なし

個別法には❶計画の公告・縦覧
❷審議会の審議
❸公聴会の開催
❹意見書の提出
などの規定がある場合もある

行政計画策定手続

3 行政計画に対する救済

1 行政計画に対する取消訴訟

行政事件訴訟法3条
② この法律において「処分の取消しの訴え」とは、行政庁の処分その他公権力の行使に当たる行為（次項に規定する裁決、決定その他の行為を除く。以下単に「処分」という。）の取消しを求める訴訟をいう。

行政計画が決定された場合に、それに不満のある国民が取消しを求めて訴えを起こすことはできるのでしょうか？

取消しを求める訴えとは取消訴訟ですが、冒頭に示した行政事件訴訟法にあるとおり、この取消訴訟を起こすためには、取り消してほしいものが「（行政庁の）処分」である必要があります。そこで、行政計画が「処分」に含まれるのか否かが問題となります。

結論としては、**行政計画にも処分としての性格を有し、取消訴訟（抗告訴訟）の対象となるものがあります**。

 抗告訴訟は取消訴訟より広い訴訟類型を指す言葉です。詳しくは第2編で学習しますが、ここでは取消訴訟と区別せず理解しても支障ありません。

板書 行政計画と「処分」の関係

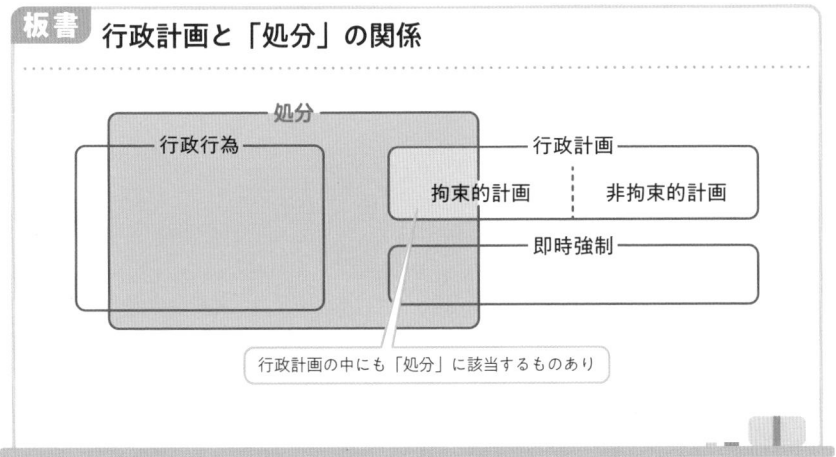

行政計画の中にも「処分」に該当するものあり

第3章において、行政行為が❶公権力性、❷直接性・具体性、❸法的効果、❹外部性という4つの構成要素を持つことを学習しました。行政計画が「処分」に該当するかは、これらの構成要素を有するかどうかによって個別に判断されます。このうち特に、「❷直接性・具体性」の有無によって判例の判断が分かれた事案を見ていきましょう。

❶ 取消訴訟の対象となる行政計画

> **ケース4-1** 土地区画整理事業計画の施行予定地内に土地を所有しているAは、当該計画が予定地内の土地所有者の一部を不利益に扱うものであって違法であるとして、取消訴訟を起こそうと考えている。

取消訴訟の対象となる行政計画の代表が、**土地区画整理事業計画**です。この計画は、予定地に土地を所有する者など**私人に強い権利の制限等を生じさせる**ものであることから、「処分」としての性格を有するものとして、取消訴訟の対象となるとされています。

したがって、**ケース4-1** のAは、土地区画整理事業計画の決定に対して、**取消訴訟を提起して争うことが可能**です。

> **語句** **土地区画整理事業**／道路、公園、河川等の公共施設を整備・改善し、土地の区画を整え宅地の利用の増進を図る事業です。区画を整えたり、事業費を捻出するために、所有地の移動や減少（減歩）が生じます（これを換地処分といいます）。

⚖ 最高裁 にきいてみよう！　　浜松市土地区画整理事業計画事件／2008.9.1

市町村による土地区画整理事業の事業計画の決定に対して、取消訴訟を提起できるかが争われた事件です。

Q 土地区画整理事業の事業計画の決定は、「処分」に該当しますか？

A 該当します。

市町村の施行に係る土地区画整理事業の事業計画の決定は、**施行地区内の宅地所有者等の法的地位に変動をもたらすものであって、抗告訴訟の対象とするに足りる法的効果を有するもの**ということができ、実効的な権利救済を図るという観点から見ても、これを対象とした抗告訴訟の提起を認めるのが合理的である。したがって、上記事業計画の決定は、行政事件訴訟法3条2項にいう「行政庁の処分その他公権力の行使に当たる行為」に当たると解するのが相当である。　　**よく出る！フレーズ** 03 ▶

❷ 取消訴訟の対象とならない行政計画

> **ケース4-2** 都市計画における用途地域が変更されたことで、所有地の用途が制限されたことから、Aは都市計画における用途地域の決定に対して取消訴訟を起こそうと考えている。

　私人の権利・義務に影響を生じさせない非拘束的計画は処分に該当せず、取消訴訟の対象となりません。

　一方、私人の権利・義務に影響を生じさせる拘束的計画だからといって、すべてが処分に該当するわけではありません。その例が都市計画による**用途地域の決定**です。用途地域の決定は当該地域内の土地所有者等に建築基準法上新たな制約を課すものではあるものの、それは当該地域内の**不特定多数の者に対する一般的抽象的な効果を生じさせるものに過ぎない**という理由で、処分には該当しないと判断されています。

　したがって、**ケース4-2** のAは、都市計画における用途地域の決定に対して、**取消訴訟を起こして争うことはできません。**

> 📖 **用途地域の決定**／都市計画の中で、一定の地域に対して土地の利用目的を行政が指定することをいいます。例えば工業地域に指定されると、その地域内では目的に沿わない建物の新築や増改築が制限されます。

⚖️ 最高裁にきいてみよう！　　盛岡用途地域指定事件／1982.4.22

　都市計画により（用途地域の1つである）工業地域として指定する決定がされた地域に土地を所有する者が、これを不満として取消しを求めて訴えを起こした事件です。

Q 都市計画によって工業地域として指定する決定は、処分として取消訴訟の対象になりますか？

A 処分には該当せず、取消訴訟の対象とはなりません。
　都市計画区域内において工業地域を指定する決定は、当該地域内の土地所有者等に建築基準法上新たな制約を課し、その限度で一定の法状態の変動を生ぜしめるものであることは否定できないが、かかる効果は、あたかも新たに右のような制約を課する法令が制定された場合におけると同様の当該地域内の**不特定多数の者に対する一般的抽象的なそれにすぎず**、このような効果を生ずるということだけから直ちに右地域内の個人に対する具体的な権利侵害を伴う処分があったものとして、これに対する抗告訴訟（取消訴訟）を肯定することはできない。

板書 「処分」への該当性の区別

事案	結論	理由
土地区画整理事業の事業計画の決定	○「処分」に該当	個別具体的な行為だから ⇒対象地域の住民に建築制限、および将来的に換地処分を受ける地位を生じさせるという直接的な影響が生じる
用途地域指定の決定	✕「処分」に該当せず	一般的抽象的な行為に過ぎないから ⇒当該地域内の不特定多数の者に対する制約

2 計画変更による損害に対する救済

　行政側が行政計画を変更したことによって私人が損失を被った場合に、私人は損害賠償の請求ができるのでしょうか？

　行政計画の変更は当然あり得ることから、それによって私人に損害が生じたとしても、**損失の補填や損害賠償を求めることは原則としてできない**と考えられています。しかし、例外的な判断がされたのが次の判例です。

　この事案で判例は、地方公共団体が積極的に企業の側に働きかけた経緯があったにもかかわらず、長の交代に伴い方針変更したことについて、**信頼関係を不当に破壊する**ものとして不法行為責任（損害賠償責任）が生じると判断しています。

⚖️ **最高裁** にきいてみよう！　　宜野座村工場誘致事件／1981.1.27

　A会社は、前村長の積極的な工場誘致策に応じて工場の建設を決定しましたが、村長選挙で村長が交代した結果、工場誘致の方針が変更されたことから工場の建設を断念せざるを得なくなりました。そこでA会社が、生じた損害の賠償を村に対して求めた事件です。

Q 地方公共団体は施策変更により損害を被った者に対して不法行為責任を負いますか？

A 場合によっては不法行為責任を負います。

　施策が変更されることにより、前記の勧告等に動機づけられて前記のような活動に入った者がその信頼に反して所期の活動を妨げられ、社会観念上看過することのできない程度の積極的損害を被る場合に、地方公共団体において右損害を補償するなどの代償的措置を講ずることなく施策を変更することは、それがやむをえない客観的事情によるのでない限り、当事者間に形成された信頼関係を不当に破壊するものとして違法性を帯び、地方公共団体の不法行為責任を生ぜしめるものといわなければならない。

よく出る！フレーズ　　04

第1節 行政計画

☐ 行政計画とは、**行政機関が定立する計画**であって、一定の公の目的のために**目標を設定**し、その目標を達成するための**手段**や**方策**を総合的に提示し、調整を図るものをいいます。

☐ 私人に権利の制限や義務の発生という法的拘束力を生じさせるものを**拘束的計画**といい、**土地区画整理事業計画**がその例です。

☐ 拘束的計画を策定する場合、**法律の根拠が必要**ですが、非拘束的計画を策定する場合、**法律の根拠は不要**です。

☐ 行政手続法には、**行政計画の策定手続についての規定はなく**、個別の法律により、公聴会の開催や意見書の提出などの計画策定の手続に対する規律が置かれています。

☐ **土地区画整理事業計画**は、取消訴訟の対象となる処分に該当しますが、都市計画による**用途地域の決定**は、取消訴訟の対象となる処分に該当しません。

○×スピードチェック

01 行政計画とは、行政機関が定立する計画であって、一定の行政目標を設定しその実現のための手段・方策の総合的調整を図るものであり、法的拘束力の有無により拘束的計画と非拘束的計画とに分類でき、非拘束的計画の例としては、都市計画や土地区画整理事業計画がある。

特別区Ⅰ類2009

✕ 都市計画や土地区画整理事業計画は拘束的計画の例です。

02 行政計画の策定において、計画策定権者に対して広範囲な裁量が認められるため、手続的統制が重要になることから、公聴会の開催や意見書の提出などの計画策定手続は、個別の法律のみならず行政手続法にも規定されている。 特別区Ⅰ類2016

✕ 行政手続法には計画策定手続についての規定がありません。

03 市町村の施行に係る土地区画整理事業の事業計画の決定は、施行地区内の宅地所有者等の法的地位に変動をもたらすものであって、抗告訴訟の対象とするに足りる法的効果を有するものということができ、実効的な権利救済を図るという観点から見ても、これを対象とした抗告訴訟の提起が認められる。 国家専門職2013

◯

04 最高裁判所の判例では、地方公共団体の工場誘致施策について、施策の変更があることは当然であるから、損害を補償するなどの代償的措置を講ずることなく施策を変更しても、当事者間に形成された信頼関係を不当に破壊するものとはいえず、地方公共団体に不法行為責任は一切生じないとした。 特別区Ⅰ類2016

✕ 不法行為責任が生じることがあります。

第2節 行政指導

START! 本節で学習すること

本節では、行政指導について学習します。
行政指導に関連して、行政手続法の規定が出題されます。行政手続法自体は第6章で学習しますが、そのうち行政指導に関わる部分は、ここで先行して扱います。
とにかく行政手続法の条文をしっかり覚えておくことが求められます。そのうえで、判例も押さえていきましょう。

1 行政指導とは

1 行政指導の意義

感染症の蔓延防止を目的として飲食店に営業停止を命じる前に、まずは営業の自粛を要請することがあります。この自粛要請のような行為を行政指導といいます。

行政指導は、行政機関が行政目的を実現するために国民に働きかけ、相手方の任意の協力を要請する行為です。

その性質は、あくまでも行政側からの"お願い"に過ぎず、強制力はありません。非権力的行為であり、法的効果の発生を伴わない事実行為に過ぎません。
行政手続法では、次のように行政指導の定義が明文化されています。

行政手続法2条
六　行政指導　行政機関がその任務又は所掌事務の範囲内において一定の行政目的を実現するため特定の者に一定の作為又は不作為を求める指導、勧告、助言その他の行為であって処分に該当しないものをいう。

ひと
こと
「所掌事務の範囲内」、「特定の者」、「処分に該当しないもの」という表現が明記されている点に注意しておきましょう。

2 行政指導の分類と法律上の根拠

行政指導にはさまざまなものがありますが、助成的行政指導、調整的行政指導、規制的行政指導に分類することができます。

板書 行政指導の分類

❶助成的行政指導：私人に対し行政が知識・情報を提供し、
　　　　　　　　　私人の活動を助成するもの
　　　　　　　　　⇒中小企業に対する経営指導、税務相談など

❷調整的行政指導：私人間の紛争を解決する機能を果たすもの
　　　　　　　　　⇒マンション建築主と周辺住民との紛争解決のための指導など

❸規制的行政指導：私人の活動を規制する機能を果たすもの
　　　　　　　　　⇒違法建築物の是正命令を発する前の警告
　　　　　　　　　　産廃業者に対する操業自粛を求める指導など

行政指導は法的な効力を生じさせず、国民の権利や義務に影響を与えるものではないので、法律による行政の原理（法律の留保の原則）から、**いずれの行政指導も法律による具体的な根拠は不要**と考えられています。 01

ひとこと　規制的行政指導は私人の活動を規制するものですが、これも法律の根拠なく行うことが可能です。

3 行政手続法による規律

法律の根拠が不要な行政指導は、行政行為（処分）に比べて迅速かつ柔軟に対応できる利点があります。また、いきなり強制力のある行政行為を行うことによる私人との摩擦を避け、円滑に行政目的の実現を図ることも可能です。こうした側面から行政実務において、行政指導は多用されてきました。

一方で、許認可権限を持つ監督官庁が行う行政指導は、本来、任意の協力を要請するはずのものでありながら、事実上の強制力が働いてしまっているケースがありました。

そこで**行政手続法に規定を設け、一定の規律が及ぶようにしています。**

ただし、**地方公共団体が行う行政指導**については、行政手続法は適用されません。また、**国の機関または地方公共団体に対する行政指導**についても、行政手続法の規定は原則として適用されません。

> プラスone 地方公共団体が行う行政指導に対して、行政手続法では、必要な措置を講ずるよう**努力義務を課す**にとどまっています。
> この後本節で扱う判例はいずれも地方公共団体による行政指導の違法性を問題にしています。これらの事案を背景に行政手続法が制定され、そこに規定された努力義務を受けて条例や指導要綱などによるルールづくりがされています。

2 行政指導の実体的規律（内容面における規律）

1 行政指導の一般原則

行政指導が権力化していくことを阻止するために、強制の禁止と不利益取扱いの禁止が一般原則として明文化されています。

❶ 強制の禁止

> **行政手続法32条**
> ①　行政指導にあっては、行政指導に携わる者は、いやしくも当該行政機関の任務又は所掌事務の範囲を逸脱してはならないこと及び行政指導の内容があくまでも相手方の任意の協力によってのみ実現されるものであることに留意しなければならない。

従来から行政法学上、行政指導の特徴とされていた「強制力がない」ことが「**相手方の任意の協力によってのみ実現されるものである**」という形で明文化されています。

また、本条から、**当該行政機関の任務や所掌事務の範囲を超えた行政指導を行うことは違法**となることが明確になりました。

❷ 不利益取扱いの禁止

> **行政手続法32条**
> ②　行政指導に携わる者は、その相手方が行政指導に従わなかったことを理由として、不利益な取扱いをしてはならない。

任意性を確保するために、**行政指導に従わなかったことを理由とする不利益な取扱いの禁止**が明文化されています。

行政手続法で明文化される前から不利益取扱いは禁止されていましたが、明文化することで違法となることが明確になり、行政機関に対して抑止力がより強く働く効果があります。

本条項が明文化されるきっかけになったとされる判例が次の事件です。

水道法という法律では、水道事業者が給水契約の申込みを受けた場合、正当の理由がなければ拒むことができないと規定されています（水道法15条1項）。ここでの水道事業者というのは市のことですが、判例では、市が指導要綱に基づく**行政指導に従わないことを理由に水道の給水契約の締結を拒否することは、原則として、正当な理由があるとはいえず、許されない**と判断されています。

 指導要綱／地方公共団体において行政指導をする際の指針を定めたものの名称です。

⚖ 最高裁にきいてみよう！　武蔵野市長給水拒否事件／1989.11.8

武蔵野市は、宅地開発等に関する指導要綱を制定して、これに基づきマンションの開発業者Aに対し、付近住民の同意を得るよう行政指導をしていました。ところがAがこの行政指導に従わず、市は要綱に基づきAと水道の給水契約を締結することを拒否しました。その結果、市長が水道法違反により起訴された事件です。

Q 市が、行政指導に従わないことを理由として水道の給水契約の締結を拒否すること、は「正当の理由」があるといえますか？

A **正当な理由があったとはいえず、給水契約の締結を拒否することは許されません。** 指導要綱を順守させるための圧力手段として、水道事業者が有している給水の権限を用い、指導要綱に従わないA建設らとの給水契約の締結を拒んだものであり、その給水契約を締結して給水することが公序良俗違反を助長することとなるような事情もなかったというのである。そうすると、原判決が、このような場合には、水道事業者としては、たとえ指導要綱に従わない事業主らからの給水契約の申込であっても、その締結を拒むことは許されないというべきであるから、被告人らには**本件給水契約の締結を拒む正当の理由がなかった**と判断した点も、是認することができる。　02▶

同じ武蔵野市を舞台とした類似の事件として次の判例もあります。

この判例では、地方公共団体が水道の給水契約の締結拒否等の制裁措置を背景として、教育負担金の納付などの指導要綱を遵守させようとすることは**違法な公権力の行使に当たる**と判断されています。

⚖ 最高裁にきいてみよう！

武蔵野市は、宅地開発に関する指導要綱において、マンション建設業者に教育施設負担金の寄付を求める行政指導を行い、指導に従わない者には水道の給水契約の締結を拒否することとしていました。マンション建設業者Aは指導を受けていったんは負担金を納付したものの、その後、本件行政指導は違法であるとして国家賠償請求を提起しました。

Q 水道の給水契約の締結の拒否等の制裁措置を背景として、指導要綱を遵守させようとすることは違法な公権力の行使に当たりますか？

A **違法な公権力の行使に当たります。**

マンション建築の目的の達成が事実上不可能となる水道の給水契約の締結の拒否等の制裁措置を背景として、指導要綱を遵守させようとしていたというべきである。…指導要綱所定の教育施設負担金を納付しなければ、水道の給水契約の締結及び下水道の使用を拒絶されると考えさせるに十分なものであって、マンションを建築しようとする以上**右行政指導に従うことを余儀なくさせるものであり、Aに教育施設負担金の納付を事実上強制しようとしたもの**ということができる。指導要綱に基づく行政指導が、武蔵野市民の生活環境をいわゆる乱開発から守ることを目的とするものであり、多くの武蔵野市民の支持を受けていたことなどを考慮しても、右行為は、**本来任意に寄付金の納付を求めるべき行政指導の限度を超えるものであり、違法な公権力の行使であるといわざるを得ない。**

2 申請に関連する行政指導

行政手続法33条
申請の取下げ又は内容の変更を求める行政指導にあっては、行政指導に携わる者は、申請者が当該行政指導に従う意思がない旨を表明したにもかかわらず当該行政指導を継続すること等により当該申請者の権利の行使を妨げるようなことをしてはならない。

本条も行政指導の権力化を阻止することを目的とする規定です。

申請の取下げや内容の変更を求める行政指導では、申請者が取り下げる意思がないことを表明しているにもかかわらず、取下げ等を求める行政指導が繰り

返されるとともに、行政指導が継続中であることを理由として手続をストップさせてしまうという対応が見られました。

そこで、**申請者が取下げ等をする意思がないことを表明した後は、行政指導を継続することを禁止する**規定が置かれました。

 申請の取下げや内容の変更を求めて行政指導を行うこと自体が禁止されているわけではなく、申請者に指導に従う意思がない場合に指導を継続してはならないという規定です。

この条文が明文化されるきっかけとなった事件が次の判例です。

この判例では、**行政指導の相手方が不協力・不服従の意思を表明している場合**には、特段の事情が存在しない限り、**行政指導が行われているとの理由だけで建築確認を留保（出さないこと）することは違法となる**と判断されています。

⚖️ 最高裁にきいてみよう！　　品川マンション事件／1985.7.16

Aはマンション建築確認申請を行ったものの、近隣住民が建築に反対していました。申請を受けた都の建築主事は、Aに対し、住民との話し合いによる解決を指導し、行政指導を継続中であることを理由に建築確認を出さずにいました。その結果、工事の着工が遅れ、損害を被ったとして、Aが都に対し損害賠償を求めた事件です。

Q 行政指導が継続中であることを理由として、建築確認を留保することは違法ですか？

A 相手方が行政指導に従わない意思を表明している場合、原則として違法です。

建築主において自己の申請に対する確認処分を留保されたままでの行政指導には応じられないとの意思を明確に表明している場合には、かかる建築主の明示の意思に反してその受忍を強いることは許されない筋合のものであるといわなければならず、建築主が右のような行政指導に不協力・不服従の意思を表明している場合には、当該建築主が受ける不利益と右行政指導の目的とする公益上の必要性とを比較衡量して、右行政指導に対する建築主の不協力が社会通念上正義の観念に反するものといえるような**特段の事情が存在しない限り、行政指導が行われているとの理由だけで確認処分を留保することは、違法である**。

語句　**建築主事**／都道府県・政令市などの地方公共団体に置かれる役職であり、建築基準法上、建築確認を出す権限を与えられている行政庁です。

3　許認可等の権限に関連する行政指導

行政手続法34条
　　許認可等をする権限又は許認可等に基づく処分をする権限を有する行政機関が、当該権限を行使することができない場合又は行使する意思がない場合においてする行政指導にあっては、行政指導に携わる者は、当該権限を行使し得る旨を殊更に示すことにより相手方に当該行政指導に従うことを余儀なくさせるようなことをしてはならない。

　本条は、**許認可権限をちらつかせて、行政指導に従わせようとするやり方を封じる**ために設けられた規定です。

　　「許認可等に基づく処分をする権限」とは、すでに与えている許可の取消処分や許可した営業の停止処分などを指します。

　例えば、行政指導に従わない業者に対して、「指導に従わないようであれば、新規店舗の出店については許可しない方向での対応も考えるがいいのか？」といった形で指導に従うように誘導・働きかけを行うことを禁止する規定です。

3 行政指導の手続的規律

1 行政指導の方式

❶ 行政指導の趣旨等の明示義務

行政手続法35条
① 行政指導に携わる者は、その相手方に対して、当該行政指導の趣旨及び内容並びに責任者を明確に示さなければならない。

　前提として、行政指導を行う方式が書面か口頭かについては特に規定がありませんので、**行政指導自体を、書面で行うことも口頭で行うことも可能**です。

　行政指導に携わる者は、相手方に対し次にあるように趣旨等を明示しなければならず、この義務は、行政指導を書面で行うか口頭で行うかにかかわらず生じます。

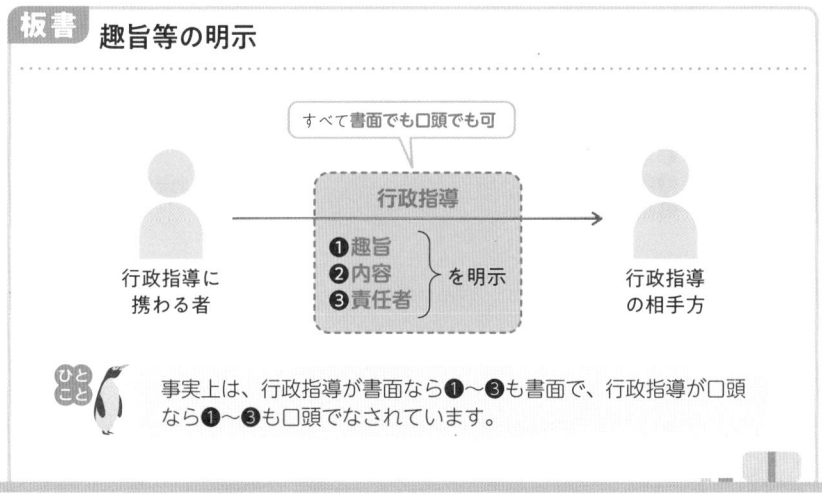

板書　趣旨等の明示

すべて書面でも口頭でも可

行政指導に携わる者 → 行政指導　❶趣旨 ❷内容 ❸責任者 を明示 → 行政指導の相手方

ひとこと　事実上は、行政指導が書面なら❶〜❸も書面で、行政指導が口頭なら❶〜❸も口頭でなされています。

> **行政手続法35条**
> ② 行政指導に携わる者は、当該行政指導をする際に、行政機関が許認可等をする権限又は許認可等に基づく処分をする権限を行使し得る旨を示すときは、その相手方に対して、次に掲げる事項を示さなければならない。
> 一 当該権限を行使し得る根拠となる法令の条項
> 二 前号の条項に規定する要件
> 三 当該権限の行使が前号の要件に適合する理由

　例えば、営業の停止処分を出すに際して、いきなり停止処分を出すのではなく、まずは行政指導で自らの行動を促し、行政指導に従わない場合に営業停止処分を出そうと行政側が考えることがあります。そこで、「**この指導に従わない場合は営業停止処分が行われる場合があります**」と示すような場合が、行政手続法35条2項が前提としているケースになります。

　このような場合には、**指導に際しての明示義務が以下のように拡大します**。

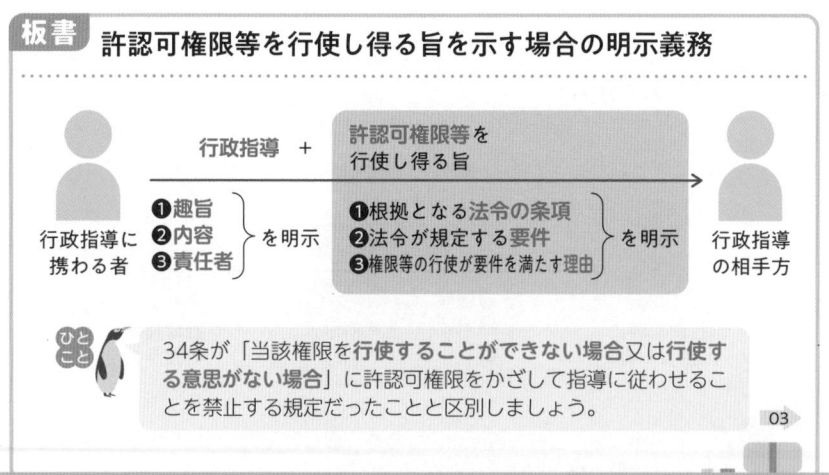

板書　許認可権限等を行使し得る旨を示す場合の明示義務

行政指導に携わる者　──　**行政指導** ＋ **許認可権限等を行使し得る旨**　──→　行政指導の相手方

❶趣旨
❷内容　を明示
❸責任者

❶根拠となる**法令の条項**
❷法令が規定する**要件**　を明示
❸権限等の行使が要件を満たす**理由**

ひとこと　34条が「当該権限を**行使することができない場合又は行使する意思がない場合**」に許認可権限をかざして指導に従わせることを禁止する規定だったことと区別しましょう。

03

❸ 書面の交付義務

> **行政手続法35条**
> ③　行政指導が口頭でされた場合において、その相手方から前2項に規定する事項を記載した書面の交付を求められたときは、当該行政指導に携わる者は、行政上特別の支障がない限り、これを交付しなければならない。

　口頭で行政指導が行われる場合、明示義務のある事項（行政手続法35条1項、2項）についても口頭で行われるのが通常でしょう。このとき相手方が、後々のトラブルを避けるために書面を手に入れておきたいと思う場合があります。

　そこで、**口頭で行政指導が行われた場合**は、35条1項、2項に規定する事項を記載した**書面の交付を求めることが**可能です。

　そして、求められた行政の側は、**行政上特別の支障がない限り、これを交付しなければなりません。**　04

「行政上特別の支障がある場合」という例外があるので、**必ず交付する必要があるわけではありません。**

2　行政指導指針

> **行政手続法36条**
> 　同一の行政目的を実現するため一定の条件に該当する複数の者に対し行政指導をしようとするときは、行政機関は、あらかじめ、事案に応じ、行政指導指針を定め、かつ、行政上特別の支障がない限り、これを公表しなければならない。

　繰り返し行われる可能性のある行政指導については、指導の際のルールや内容を統一化しておいたほうが効率的であり、かつ公平性を保つことができます。

　同一の行政目的を実現するため一定の条件に該当する複数の者に対し行政指導をしようとする場合に、あらかじめ事案ごとに、**指導の共通となる事項を定めたもの**が行政指導指針です。

　行政指導指針の制定も公表も法的義務です。ただし公表については、「行政上特別の支障がある場合」という例外があります。

行政指導指針は行政指導のマニュアルと考えておきましょう。

4 行政指導の救済

1 行政指導の中止等の求め

ケース4-3 Aは、違法な営業活動をしているとして是正を求める行政指導を県から受けた。しかしAは、何ら違法な営業活動をしていなかった。

　このような場合、次の条文に示される要件を満たせば、Aは県に対して、行政指導の中止を求めることが可能です。

> **行政手続法36条の2**
> ① 法令に違反する行為の是正を求める行政指導（その根拠となる規定が法律に置かれているものに限る。）の相手方は、当該行政指導が当該法律に規定する要件に適合しないと思料するときは、当該行政指導をした行政機関に対し、その旨を申し出て、当該行政指導の中止その他必要な措置をとることを求めることができる。ただし、当該行政指導がその相手方について弁明その他意見陳述のための手続を経てされたものであるときは、この限りでない。

　したがって、**ケース4-3** において、**行政指導の根拠となる規定が法律に置かれており**、行政指導をする際、**Aに弁明などの意見陳述のための手続が経由されていない場合は、行政指導の中止を求めることができます。**

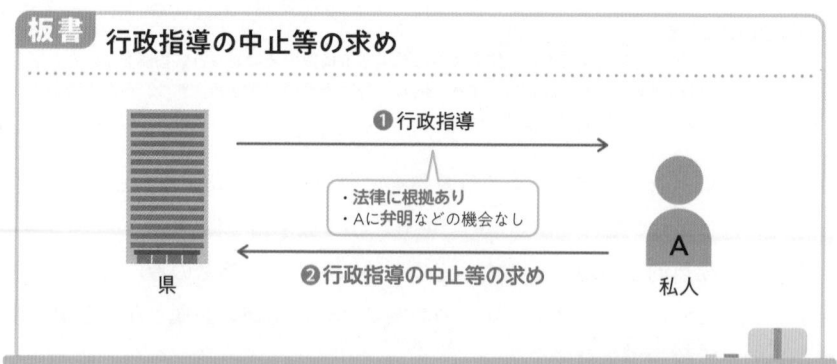

板書　行政指導の中止等の求め

❶行政指導

・法律に根拠あり
・Aに弁明などの機会なし

❷行政指導の中止等の求め

県　　　　　　　　　　　　　　　　私人　A

　この求めを受けた行政機関は必要な調査を行い、当該行政指導が当該法律に規定する要件に適合しないと認めるときは、当該行政指導の**中止その他必要な措置**を執らなければなりません。

ただし、中止等を求めた人に**個別に応答する義務まではありません**。

2 行政指導の求め

ケース4-4 Aは、違法な営業活動をしていたが、監督官庁である県はAに対する行政指導を何ら行っていなかった。Aと同業のBは、県が対応をしないことに不満を持っていた。

　このような場合、次の条文に示される要件を満たせば、Bは県に対して、Aに行政指導をするように求めることが可能です。

行政手続法36条の3
① 何人も、法令に違反する事実がある場合において、その是正のためにされるべき処分又は行政指導（その根拠となる規定が法律に置かれているものに限る。）がされていないと思料するときは、当該処分をする権限を有する行政庁又は当該行政指導をする権限を有する行政機関に対し、その旨を申し出て、当該処分又は行政指導をすることを求めることができる。

　したがって、ケース4-4において、是正のためにされるべき行政指導の**根拠となる規定が法律に置かれている場合**、Bは、行政指導をする権限を有する行政機関に対して、Aに対して**行政指導をするように求めることができます**。

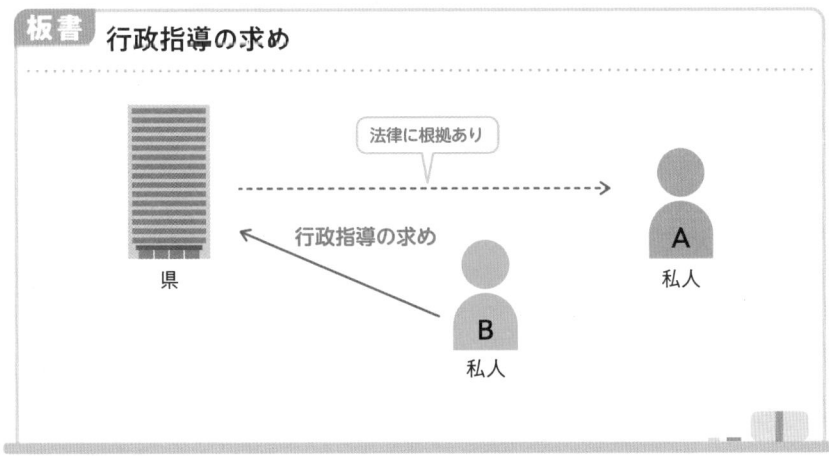

板書　行政指導の求め

法律に根拠あり

行政指導の求め

県　私人

A　私人

B　私人

第2節 行政指導

☐ 行政指導とは、行政機関がその任務または**所掌事務の範囲内**において一定の行政目的を実現するため**特定の者**に一定の作為または不作為を求める指導、勧告、助言その他の行為であって処分に該当しないものをいいます。

☐ 行政指導は、助成的行政指導、調整的行政指導、規制的行政指導に分類することができますが、いずれの行政指導も**法律による具体的な根拠は不要**と考えられています。

☐ 行政指導に携わる者は、その相手方が行政指導に従わなかったことを理由として、**不利益な取扱いをしてはなりません。**

☐ 地方公共団体が、水道の給水契約の締結拒否等の制裁措置を背景として、指導要綱を遵守させようとすることは**違法な公権力の行使**に当たります。

☐ 行政指導の相手方が**不協力・不服従の意思**を表明している場合には、特段の事情が存在しない限り、**行政指導が行われているとの理由だけで建築確認を留保することは違法**となると判断されています。

☐ 行政指導に携わる者は、その相手方に対して、行政指導の**趣旨、内容、責任者**を明確に示さなければなりません。

☐ 行政指導が口頭でされた場合、その相手方から行政指導の趣旨、内容、責任者を記載した書面の交付を求められたときは、当該行政指導に携わる者は、**行政上特別の支障がない限り、交付しなければなりません。**

☐ 行政指導指針は**必ず定める必要があります。**定められた行政指導指針は、原則として**公表しなければなりません。**

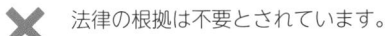

01 行政指導は事実行為であるが、行政目的達成のための手段として用いられているのであるから、法律による行政の原理との関係から、行政指導は、一般に法律の具体的根拠に基づく必要があるとするのが判例である。

国家専門職2014

✕ 法律の根拠は不要とされています。

02 市が、建設業者から受けた給水契約の申込みに対し、当該業者が指導要綱に基づく行政指導に従わないことを理由に当該契約の締結を拒否することは、それが公序良俗違反を助長することとなるような事情がない限り、水道法に基づき給水契約の締結を拒むことができる「正当の理由」があるといえるため、適法である。

国家専門職2018

✕ 「正当の理由」があるとはいえず、違法です。

03 行政指導に携わる者は、当該行政指導をする際に、行政機関が許認可等をする権限又は許認可等に基づく処分をする権限を行使し得る旨を示すときは、その相手方に対して、当該権限を行使し得る根拠となる法令の条項を示せばよく、当該条項に規定する要件まで示す必要はない。

国家一般職2017

✕ 当該条項に規定する要件まで示す必要があります。

04 行政手続法は、行政指導に携わる者は、その相手方に対し、書面で当該行政指導の趣旨、内容及び責任者を明確にしなければならない旨を定めており、口頭で行政指導を行うことは認められない。

国家専門職2014

✕ 書面で趣旨等を明確にしなければならない旨は定められていません。口頭で行政指導がされた際に、趣旨等について書面の交付を求められた場合のみ書面での交付が必要になります。また、口頭で行政指導を行うことも認められます。

本節では行政契約について学習します。
出題の少ないマイナー分野なので、行政契約の特徴とよく出る判例を押さえる程度でよいでしょう。

1 行政契約とは

1 行政契約の意義と性質

❶ 行政契約の意義

行政契約（ぎょうせいけいやく）とは、**行政主体が他の行政主体や私人と対等な立場で結ぶ契約**です。

例えば、地方公共団体が公共事業を行う場合、建設会社に公共工事の発注をすることになりますが、その際、地方公共団体と建設会社との間で請負契約が締結されます。これが行政契約の例です。

❷ 行政契約の性質

行政契約は、契約の締結により法的効力（権利・義務）が生じますが、当事者間（行政主体−私人間等）の同意により成立するものです。したがって、**一方的なものではなく、非権力的な行政活動**です。

01

私人の同意のもとで成立する非権力的な行政活動ですから、法律による行政の原理（法律の留保の原則）、例えば侵害留保説の観点からは、**法律の根拠がなくても行うことができる行政活動**です。

2 私法上の契約と公法上の契約

行政契約は、私法上の契約と公法上の契約に分類できます。また、それぞれ**トラブルが生じた際の争い方に違いがあります。**

板書 行政契約の分類

私法上の契約：行政主体が私人と同じ立場で締結する契約
⇒物品（役所の備品等）の購入契約、
公共事業の請負契約など

> 私法（民法）を適用
> 訴訟手続は民事訴訟による

公法上の契約：行政主体が公法上の手段として締結し、
公益の実現を目的とした契約
⇒地方公共団体間の教育事務委託契約など

> 行政法規を適用
> 訴訟手続は当事者訴訟
> （行政事件訴訟）による

01

　児童数の少ない地域などにおいて、ある市町村の児童が隣の市町村の公立学校に通うことがあります。このとき、一方の市町村はもう一方の市町村に、その児童に教育を行う事務を委託していることになります。これが例に挙げた「地方公共団体間の教育事務委託契約」に当たり、このような契約は行政主体でなければ締結できないことから公法上の契約に位置づけられます。なお、この場合は契約の両当事者が行政主体となっています。

02

個人や法人も締結し得るのが私法上の契約、国や地方公共団体でなければ締結できないのが公法上の契約、といった程度に捉えておきましょう。ここではむしろ争い方の違いが重要です。当事者訴訟については第2編で学習します。

2 授益的行政における行政契約

1 授益的行政における行政契約とは

　授益的行政、つまり、国民に対して一定の給付（サービス）を行う行政においては、市営バスの利用、水道水供給、公団住宅の賃貸借などの行政契約があります。授益的行政の多くは、行政契約の形態を採って行われます。

ただ、生活保護費の支給等の社会保障上の給付や補助金の交付が、給付決定、交付決定という行政行為（処分）の形態で行われるように、例外もあります。

03

2 民法上の契約との違い

　授益的行政における行政契約は、**公共性がある契約**です。したがって、**民法上の契約とは異なる特徴**を持っています。

　例えば、水道事業は地方公共団体が担っており、住民は居住する地方公共団体と給水契約を締結して、給水を受けることになります。この際、住民から給水契約の申込みを受けた地方公共団体の側には、基本的に、契約締結を拒否する自由がなく、拒否できるのは「正当の理由」（水道法15条1項）がある場合のみです。

　水道法上の給水を拒否できる正当な理由があるといえるか否かが問題になった事件としての次の判例があります。

⚖ 最高裁にきいてみよう！　　志免町給水拒否事件／1999.1.21

　慢性的な水不足に悩まされていたＸ町では、新規に建設される大規模なマンション等には給水しない旨を給水規則により事前に定めていました。開発業者Ａが大規模マンションの建設を計画し、Ｘ町に給水申込みをしたところ、拒否されたことからＡが訴えを提起した事件です。

Q 水不足が近い将来予測されることは、水道法に定められた給水契約を拒否できる「正当の理由」に当たりますか？

A 「正当の理由」に当たります。
　近い将来需要に応じきれなくなり深刻な水不足を生ずることが予測される状態にあるということができる。このようにひっ迫した状況の下においては、町が、新たな給水申込みのうち、需要量が特に大きく、住宅を供給する事業を営む者が住宅を分譲する目的であらかじめ申込みしたものについて契約の締結を拒むことにより、急激な水道水の需要の増加を抑制する施策を講ずることも、やむを得ない措置として許されるものというべきである。**町がこれを拒んだことには（水道）法15条1項にいう「正当の理由」があるものと認めるのが相当である。**

　前節でも市が給水契約を拒否した事案を紹介していましたが（武蔵野市長給水拒否事件）、「正当の理由」があると認められていなかったことと区別しましょう。

民法上の契約と異なる点としては他にも、平等原則や公平性の観点から、**契約内容が画一化されていること**、契約相手の選考を一般競争入札や抽選など**客観的に平等と考えられる方法で行うべきこと**などがあります。

3 侵害的行政における行政契約

1 侵害的行政における行政契約とは

　侵害的行政、つまり、国民の権利や自由を制限する行政の多くは、行政行為（処分）の形態で行われます。

　法律による行政の原理から、行政行為を行うには、その根拠となる法が必要です。また、法律は一般的・抽象的な内容なので、実情に応じた個別の規制をしていくのが困難です。

　そこで、法の不備を補い、法律による行政を補完するため、**侵害的行政の分野でも行政契約が利用される場合があります**。

　行政契約の形態で行われる侵害的行政として、**公害防止協定**、建築協定、緑地協定などが挙げられます。

2 行政契約としての効力を有する協定

❶ 公害防止協定

　公害防止協定とは、自治体が公害を発生させるおそれのある事業者と公害防止措置について結ぶ契約ですが、その法的拘束力が問題になります。

　以前は、その法的拘束力を否定して紳士協定に過ぎないとする立場もありましたが、現在は、**契約としての効力を認める立場が通説**です。

　判例も公害防止協定に契約としての法的拘束力を認めています。

　町と産廃業者Aが公害防止協定を締結し、産廃処理場の使用期限を取り決めました。しかしこれに先立ち、協定に定められたよりも長い期間の使用許可を県知事から与えられていたこともあり、協定で定めた使用期限を過ぎてもAは産廃処理場の使用を継続しました。このことから、協定に基づく義務の履行として、町が処理場の使用差止めを求めて出訴した事件です。

Q 公害防止協定には法的拘束力がありますか？

A 法的拘束力があります。

　処分業者が、公害防止協定において、協定の相手方に対し、その事業や処理施設を将来廃止する旨を約束することは、処分業者自身の自由な判断で行えることであり、その結果、許可が効力を有する期間内に事業や処理施設が廃止されることがあったとしても、（廃棄物処理）法に何ら抵触するものではない。…**本件期限条項の法的拘束力を否定することはできない。**

04 ▶

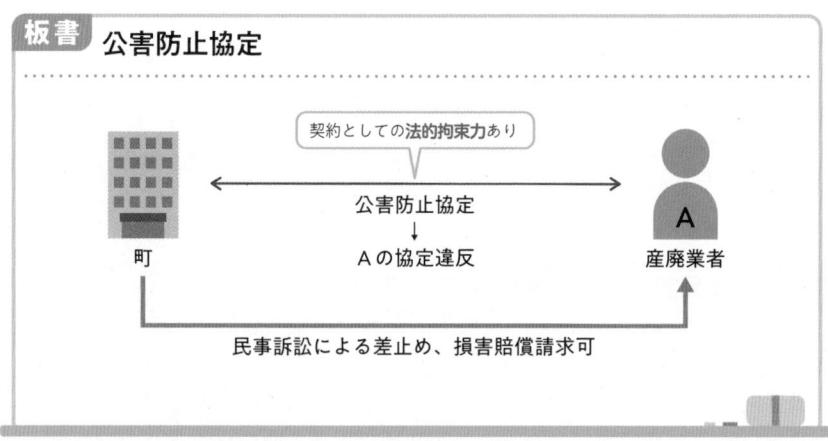

板書 公害防止協定

契約としての**法的拘束力**あり

公害防止協定
↓
Aの協定違反

町　　　　　　　　　　　　　　　　　　　　A　産廃業者

民事訴訟による差止め、損害賠償請求可

ひとこと　あくまでも契約なので、契約違反に対して**罰則**を設けたり、違反行為があった場合に行政が**強制的な調査**を行ったり（立入検査権の行使など）することは認められていません。

❷ 第三者に効力が及ぶ行政契約

　行政契約は当事者の合意によって成立するものですから、原則として当事者間においてのみ効力が生じます。

　しかし、法律に根拠があって第三者に効力が及ぶ協定（行政契約）が多数存

在しています。例えば、建築協定、緑地協定、景観協定などです。

　これらの協定は、行政庁から認可を受けることにより、当事者以外の**第三者に対しても効力を及ぼすことが可能**です。

 例えば、協定締結後に対象区域内の土地の所有者となった者などが、行政契約の効力が及ぶ第三者といえます。

ここが重要！ 　第3節 行政契約

☐ 行政契約は、私人の同意のもとで行われる非権力的な行政活動なので、法律による行政の原理の観点からは、**法律の根拠がなくても行うことができる行政活動**です。

☐ 公法上の契約についての紛争は、民事訴訟や取消訴訟で争うのではなく、**当事者訴訟**と呼ばれる訴訟を提起して争うことになります。

☐ 授益的行政における行政契約とは、**国民に対して一定の給付を行うこと**を目的とする行政契約のことであり、市営バスの利用契約、水道水供給契約などがその例です。

☐ 授益的行政の分野では、契約の形態を採ることが一般的ですが、生活保護費の支給等の社会保障上の給付や補助金の交付は、給付決定・交付決定のように**行政行為（処分）**の形態で行われることが多いです。

☐ 自治体が**水不足**を理由に大規模マンションへの給水契約の締結を拒否することは、水道法上の**「正当の理由」**があると判例は判断しています。

☐ 公害防止協定は、自治体が公害を発生させるおそれのある事業者と公害防止措置について結ぶ契約ですが、単なる紳士協定ではなく、**契約としての効力を認められます**。

01　行政契約は、行政作用の一形態であるため、行政事件訴訟法上の「行政庁の公権力の行使」に当たると一般に解されている。このことから、行政契約に対して不服のある者は、民事訴訟ではなく、抗告訴訟で争うこととなる。　　　　　　　　　　　　　　　　　　　　　　国家一般職2015

✕　行政契約は非権力的な行政活動であるため「行政庁の公権力の行使」に当たりません。また、私法上の契約は民事訴訟、公法上の契約は当事者訴訟で争うこととなります。

....

02　地方公共団体は、協議により規約を定め、その事務の一部を他の地方公共団体に委託することができるが、これは行政主体間において契約方式を採っている一例である。　　　　　　　　　　　　　　　　　　　国家一般職2011

◯

....

03　給付行政については、特別の規定がない限り契約方式を採ることとされており、国による補助金の交付や社会保障の給付は、いずれも給付を受ける相手方との契約に基づいて行われている。　　　　　　国家一般職2011

✕　補助金の交付や社会保障の給付は、行政契約ではなく行政行為の形式で行われることが多いです。

....

04　産業廃棄物処分業者が、公害防止協定において、協定の相手方に対し、その事業や処理施設を将来廃止する旨を約束することは、処分業者自身の自由な判断で行えることであり、その結果、知事の許可が効力を有する期間内に事業や処理施設が廃止されることがあっても、廃棄物処理法に何ら抵触するものではなく、当該協定中の期限条項の法的拘束力を否定することはできないとした。　　　　　　　　　　　　特別区Ⅰ類2021

◯

....

第**5**章

行政上の強制手段

行政上の強制執行

第5章では、行政上の強制手段について学習します。最初の節では行政上の強制執行を扱いますが、まず、行政上の強制手段の全体像を押さえておきましょう。

混同しやすい用語が多く出てきますので、正確に区別して把握しましょう。

行政代執行法の条文からの出題もあるため、条文もきちんと覚えておきましょう。

1 行政上の強制執行とは

1 行政上の強制手段

　行政庁が、行政目的実現のために**国民に対して強制的な行為**に出ることがあります。このとき用いられる手段を行政上の強制手段と総称します。

　行政上の強制手段は、❶行政上の強制執行、❷即時強制、❸行政罰に分類することができます。

板書 行政上の強制手段の分類

```
                          ┌ 将来に向かって義務の    …行政上の強制執行
              義務の不履行を │ 内容を実現する
              前提とする    │
行政上の     ─┤            └ 過去の義務違反に      …行政罰
強制手段                     対する制裁

              義務の不履行を                        …即時強制
              前提としない
```

2　行政上の強制執行の全体像

❶ 行政上の強制執行とは

　行政行為によって義務を課せられた私人がその**義務を履行しない場合**に、**強制的手段でその義務が履行されたのと同じ状態を実現**するのが行政上の強制執行です。

　行政上の強制執行には、行政代執行、強制徴収、直接強制、執行罰の４つがあります。

> **板書** 行政上の強制執行の分類
>
> 行政上の
> 強制執行
> - 行政代執行 ：行政が代わりにやってしまう
> - 強制徴収 ：お金を払わない人から強制的に徴収する
> - 直接強制 ：無理やりにやらせる
> - 執行罰 ：やらないとお金を支払わせる

❷ 行政上の強制執行の特徴

　第3章第1節において行政行為の効力を学習しましたが、行政上の強制執行は、このとき扱った**自力執行力の表れ**です。

　したがって、行政行為により私人に義務を課した行政庁は、**裁判所の手を借りることなく、自ら執行手続を実行していくことが可能**です。

　しかし、法律による行政の原理（法律の留保の原則）から、強制的な手段を執るための**法律の根拠が必要**と考えられています。

　法律の留保の原則における「法律」とは、地方レベルでは「条例」も含まれますが、行政上の強制執行については、行政代執行法1条、2条の規定との関係で、「法律」であることが要求されます。

❸ 義務の種類

　行政上の強制執行は、国民が行政から課された義務を履行しなかった場合に行われます。このとき、履行されなかった義務の種類によってどのような強制執行が行われるかが異なります。行政上の強制執行を類型ごとに見ていく前に、義務の種類について見ておきましょう。

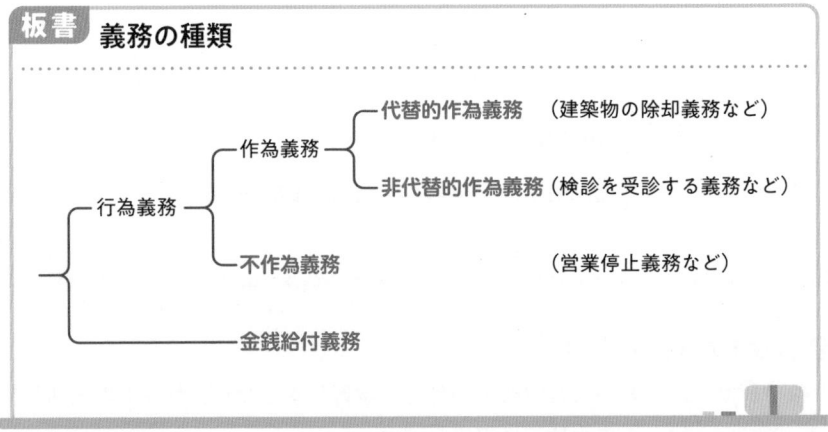

板書　義務の種類

- 行為義務
  - 作為義務
    - 代替的作為義務　（建築物の除却義務など）
    - 非代替的作為義務（検診を受診する義務など）
  - 不作為義務　　　　　　　　（営業停止義務など）
- 金銭給付義務

　作為義務とは何らかの行為を行う義務をいいます。❶でAが課された建築物の除却（建物の取り壊し）のように、**他人が代わって行っても支障のない作為義務**を代替的作為義務といい、❷でBが課された検診を受診する義務のように、**義務を課された本人が行わないと意味のない作為義務**を非代替的作為義務といいます。

　不作為義務とは**何らかの行為を行わない義務**をいい、❸でCが課された営業しない義務などがこれに当たります。

　金銭給付義務とは**金銭を支払う義務**をいい、❹でDが課された税金を納める義務がこれに当たります。

2 — 行政代執行

1 行政代執行とは

　行政代執行（代執行）とは、**代替的作為義務が履行されない場合**に、行政庁が自ら（あるいは第三者に命じて）、**義務者本人になり代わって義務を履行すること**をいいます。

2 行政代執行の根拠法

❶ 行政代執行法

> **行政代執行法1条**
> 　行政上の義務の履行確保に関しては、別に法律で定めるものを除いては、この法律の定めるところによる。

　行政代執行の根拠法として、行政代執行法という一般法が存在しています。したがって、**行政代執行を認める個別法がなくても**、**行政代執行法を根拠に行政代執行が可能**です。

　1条の表現は、**一般法であることを宣言する条文のテンプレート的表現**です。これと類似の表現が出てきたら、一般法であることを宣言したものだと思ってください。

　条文を見ると、「行政上の義務の履行確保」に関する一般法であることを宣言しているように読めます。しかし、実際には行政代執行についてしか規定を置いていないので、**実質的には行政代執行の一般法に過ぎない**ということになります。

01 ▶

　「行政上の義務の履行確保」とは、義務の不履行があった場合にその履行を確保する（履行を実現する）ということなので、**行政上の強制執行**のことを指しています。

❷「法律で定めるもの」

行政代執行法1条は、「行政上の義務の履行確保」、つまり行政代執行を含む行政上の強制執行を行うためには、法律が必要であることを示しています。

この「法律」に、**条例は含まれません**。なぜなら、2条において条例が対象に含まれるときには「条例を含む」と明記されており、明記のない1条は条例を含めないものと考えざるを得ないからです。

 条例を含まず法律のみが根拠となる点は、行政代執行のみでなく**行政上の強制執行の4類型**に共通します。

3 行政代執行の要件

> **行政代執行法2条**
> 　法律（法律の委任に基く命令、規則及び条例を含む。以下同じ。）により直接に命ぜられ、又は法律に基き行政庁により命ぜられた行為（他人が代つてなすことのできる行為に限る。）について義務者がこれを履行しない場合、他の手段によつてその履行を確保することが困難であり、且つその不履行を放置することが著しく公益に反すると認められるときは、当該行政庁は、自ら義務者のなすべき行為をなし、又は第三者をしてこれをなさしめ、その費用を義務者から徴収することができる。

❶ 行政代執行の対象

行政代執行の対象となるのはどのような義務か、についての条文の構造を整理すると次のようになります。

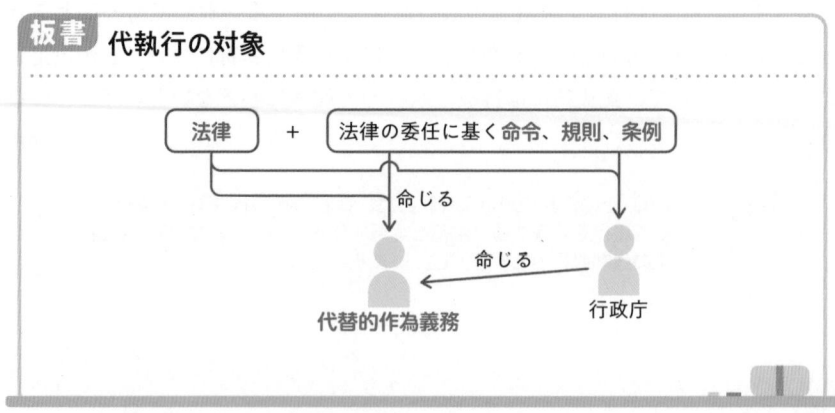

板書 代執行の対象

法律 ＋ 法律の委任に基く命令、規則、条例

命じる

命じる

代替的作為義務　　行政庁

前述のとおり、行政代執行は義務が履行されないときに行われる措置です。板書が示すとおり、この前提となる義務は法律によって課されるものだけでなく、命令、規則、**条例によって課されるものも含みます。条例によって課される義務が対象になること**と、**条例の規定を根拠に行政代執行を行うことができないことの違い**を区別しましょう。

いずれにしても、行政代執行の対象は建築物の除却義務などの**代替的作為義務に限られ**、非代替的作為義務や不作為義務は含まれません。 02▶

プラスone🔍 営業停止処分を考えてもわかるように、不作為義務は「その人自身がやらない」ことに意味があり、他人が代わっても無意味です。このように、不作為義務は本来的に非代替的な義務であるため、行政代執行の対象外とされます。

❷ 実体的要件

内容面での要件として、次の2つを両方とも満たす必要があります。

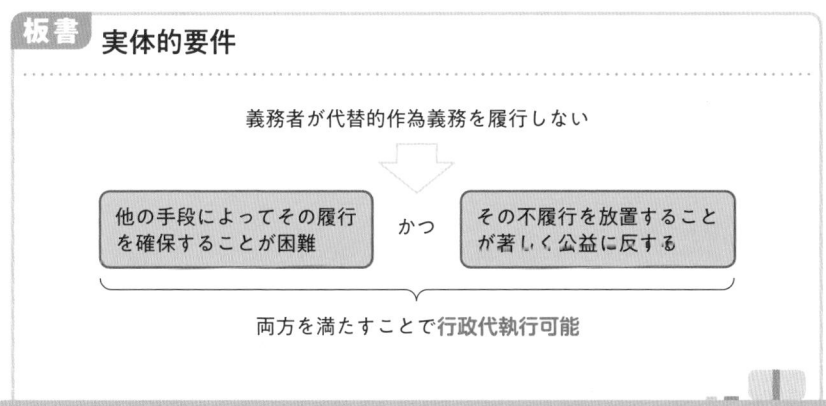

板書　実体的要件

義務者が代替的作為義務を履行しない

⬇

他の手段によってその履行を確保することが困難

かつ

その不履行を放置することが著しく公益に反する

両方を満たすことで行政代執行可能

❸ 第三者による代執行

行政庁は、自ら義務者のなすべき行為をなすことも、**第三者（例えば業者等）に代わりにさせることも可能**です。そして、第三者にさせた場合には、そのかかった**費用を義務者から徴収**することができます。

　行政代執行法2条に規定された要件を満たすと、行政代執行が可能となりますが、実施のために踏むべき手続があります。

　行政代執行の手続の流れは次のとおりです。

板書 　**行政代執行の手続**

行政代執行の要件を満たす

⬇

文書による戒告
行政庁は義務の履行期限を定め、その期限までに履行されないときは行政代執行を行う旨を、あらかじめ文書で義務者に対し戒告しなければならない

> ただし、「非常の場合又は危険切迫の場合において、当該行為の急速な実施について緊急の必要があり、これらの手続をとる暇がないとき」は、この2つの手続は省略可能 03

⬇

代執行令書による通知
戒告で示した履行期限までに履行がない場合、行政庁は代執行令書を発し、行政代執行の時期、責任者、費用の概算を通知する

⬇

行政代執行の実施
行政代執行の責任者は、行政代執行を行う際、自らが執行責任者であることを示す証票を携帯する義務があり、相手方の要求があれば、これを呈示しなければならない

> 呈示義務は、要求があった場合のみ 04

⬇

費用の徴収
行政代執行に要した費用は、国税滞納処分についての国税徴収法の規定に基づき、義務者から徴収する
行政庁は、費用につき国税および地方税に次ぐ順位の先取特権（優先的に回収ができる権利）を取得する

> 費用を義務者から徴収する手続は次の強制徴収でも同じ

3 強制徴収

1 強制徴収とは

　私人が行政上の**金銭給付義務を任意に履行しない場合**に、行政庁が**強制手段によってその義務内容を実現する**ことを強制徴収（きょうせいちょうしゅう）といいます。

　例えば、税金の滞納者に対して、行政庁は銀行口座を差し押さえて、そこから徴収することができます。

> 私人であれば裁判所に申立てをして差押えをしてもらいます。しかし行政庁には**自力執行力**があるため自ら差押命令書を作成し、滞納者の預金口座がある銀行に送付して差押えを実行できます。

2 強制徴収の根拠法

　強制徴収についての一般法は存在しませんので、強制徴収を行うためには、個別の法律における根拠規定が必要です。

　しかし、多くの強制徴収のケースでは、国税徴収法に定められた国税滞納処分についての手続が準用されており、国税徴収法が一般法的な機能を果たしています。例えば、行政代執行法では、国税徴収法の定める手続を「国税滞納処分の例による」といった形で使えるようにしています。

> 事実上、一般法的な機能を果たしているだけで、国税徴収法が強制徴収についての一般法であるわけではありません。

3 民事上の強制徴収の手続との関係

　法律で行政上の強制執行（強制徴収）が認められている場合に、それを使わずに民事上の強制執行手続を選択することはできるのかという問題があります。

　判例は、法律が農業共済組合に独自の（行政上の）強制徴収の手段を与えていた場合に、その手段によることなく、民事執行の手段によって債権の実現を図ることは、**法律が独自の強制徴収の手段を与えた趣旨に反するので許されない**としています（茨城県農業共済組合事件）。

強制徴収は次のような流れで行われます。

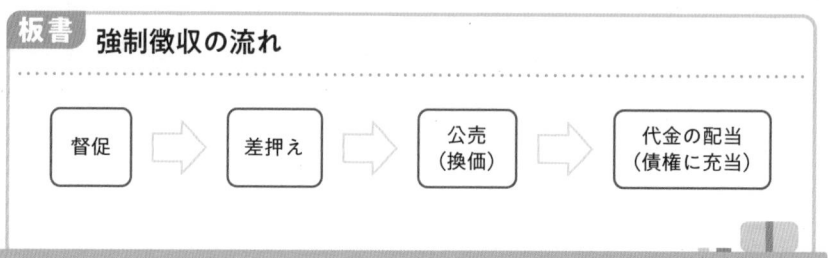

4 直接強制

1 直接強制とは

義務の不履行に対し、**直接、義務者の身体または財産に実力を加え、義務の履行があったのと同一の状態を実現**する行為を直接強制といいます。

例えば、不法入国者の退去強制などがその例です。

2 直接強制の対象と根拠法

例えば不作為義務や非代替的作為義務が履行されない場合、行政代執行や強制徴収の対象にはなりません。仮に、履行を実現させようとするならば、この直接強制のような方法が必要です。

直接強制についての一般法は存在しませんので、個別の法律における根拠規定が必要です。しかし、その**人権侵害の度合いの強**さから、現在その**根拠となる個別法はごく少数しかない**状況です。

5 執行罰

1 執行罰とは

義務の不履行に対し、**過料を科すことを予告**して義務者に心理的圧迫を加え、**間接的に義務の履行を強制**することを**執行罰**（間接強制）といいます。**非代替的作為義務や不作為義務**の義務者に履行を促す方法として効果的な手段です。

過料とは、金銭を支払わせる措置のことです。

> 「過料」は、第3節で学習する行政刑罰の1つである「科料」とは別物です。読み方が同じなので、区別するために「あやまちりょう」、「とがりょう」とあえて呼ぶ場合もあります。

例えば、検診を受けるべき義務に従わない者に対して期限を設定し、期限までに履行をしない場合は過料として1万円を納付させると予告することで、間接的に受診を促す使い方ができます。

2 執行罰の特徴と根拠法

❶ 執行罰の根拠法

執行罰に関する一般法は存在しませんので、個別の法律における根拠規定が必要です。

しかし、執行罰は現在ほとんど使われておらず、その根拠となる個別法は砂防法36条のみになっています。

❷ 執行罰の特徴

執行「罰」という名称であるものの、刑罰ではありません。したがって、繰り返し科したとしても、憲法39条が禁止する「二重処罰」には該当しません。**義務が実現されるまで何度でも科すことが可能**です。

第1節 行政上の強制執行

☐ 行政上の強制執行には、**行政代執行、強制徴収、直接強制、執行罰**の4つがあります。

☐ 行政代執行とは、**代替的作為義務**が履行されない場合に、行政庁が自ら（あるいは第三者に命じて）、**義務者本人になり代わって義務を履行する**ことをいいます。

☐ 行政代執行法は行政代執行の一般法であり、行政代執行は**個別の法律がなくても実施することが可能**です。

☐ 行政代執行や直接強制などの行政上の強制執行をするためには法律の根拠が必要であり、**条例をその根拠とすることはできません**。

☐ 行政代執行の対象となるのは**代替的作為義務**に限られ、非代替的作為義務や不作為義務は対象になりません。

☐ 行政代執行をするためには、**他の手段によってその履行を確保することが困難**であり、かつ、その**不履行を放置することが著しく公益に反する**と認められる場合である必要があります。

☐ 強制徴収についての一般法は存在せず、強制徴収を行うためには個別の法律の規定が必要ですが、**国税滞納処分についての国税徴収法の手続が準用される**形が採られることが多いです。

☐ 義務の不履行に対し、直接、義務者の身体または財産に実力を加え、義務の履行があったのと同一の状態を実現する行為を**直接強制**といいます。

☐ 義務の不履行に対し、過料を科すことを予告して義務者に心理的圧迫を加え、間接的に義務の履行を強制することを**執行罰**といいます。

○×スピードチェック

01 行政代執行法は行政上の強制執行に関する一般法であり、行政庁が自ら義務者のなすべき行為を行う場合には、個別法に特別な代執行の定めがなければならない。　　　　　　　　　　　特別区Ⅰ類2012

✕ 「行政庁が自ら義務者のなすべき行為を行う」は行政代執行を指しており、行政代執行法は行政代執行の一般法なので、個別法に定めがなくても行うことができます。

02 法律により直接に命ぜられ、又は法律に基づき行政庁により命ぜられた代替的作為義務又は不作為義務を義務者が履行しない場合、行政庁は、自ら義務者のなすべき行為をなし、又は第三者にこれをなさしめることができる。　　　　　　　　　　　特別区Ⅰ類2012

✕ 不作為義務は行政代執行の対象になりません。

03 代執行を実施する場合、緊急の必要があるときは、義務者に対する戒告を省略することができるが、義務者に対する代執行令書による通知は、代執行の時期や執行責任者の氏名が記載されるので省略することができない。　　　　　　　　　　　特別区Ⅰ類2012

✕ 代執行令書による通知も緊急時には省略できます。

04 代執行のために現場に派遣される執行責任者は、その者が執行責任者たる本人であることを示すべき証票を携帯する必要はなく、要求があったときは、事後にこれを呈示すればよい。　　　　　　特別区Ⅰ類2009

✕ 携帯する必要があり、要求があったときは呈示しなければなりません。

第**2**節 即時強制

START! 本節で学習すること

本節では、即時強制について学習します。

単独で出題されることは少なく、多くの場合、ほかの行政上の強制手段と併せて出題されます。

即時強制と行政上の強制執行の違いはしっかり理解しておきましょう。

1 即時強制とは

1 即時強制とは

ケース5-2 火災が発生したため、周辺にあり延焼の危険があるＡの家を消防官が破壊した。

第1節で学習した行政上の強制執行は、義務が課されたものの不履行があった場合に行政が強制的に履行があったのと同様の状態を実現するものでした。

ところが、このケースのような緊急時には、例えばＡに建物を除却する義務を課している余裕がありません。

緊急時のように**義務を命じる暇のない**場合や、泥酔者保護のように**義務を命じることによって目的を達しがたい**場合に、相手方の義務の存在を前提とせずに、行政機関が**直接に身体または財産に実力を行使**して、行政上の**望ましい状態を実現**する作用を即時強制（即時執行）といいます。 01 02

2 行政上の強制執行（直接強制）との違い

行政上の強制執行のうち直接強制は、直接に身体または財産に実力を行使するという点で即時強制と何ら違いがありません。

即時強制と、直接強制を含む行政上の強制執行の違いは、**事前に行政行為による義務づけがなされているか否か**です。 01 02

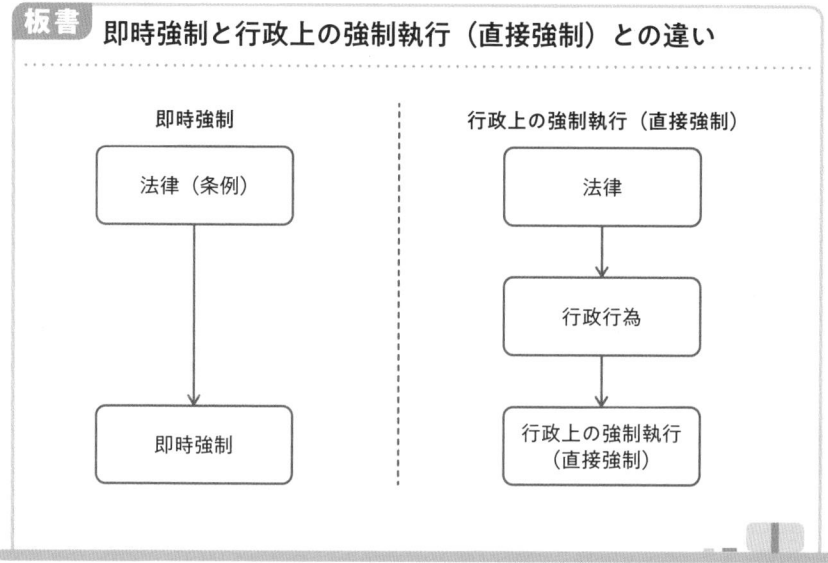

板書 即時強制と行政上の強制執行（直接強制）との違い

即時強制

法律（条例）

↓

即時強制

行政上の強制執行（直接強制）

法律

↓

行政行為

↓

行政上の強制執行
（直接強制）

2 法律上の根拠と救済方法

1 法律上の根拠

　即時強制は国民に不利益を強制するものですから、法律の留保の原則から法律の根拠が必要です。では、即時強制を条例で規定することはできないのでしょうか？

　前節で見たように、行政代執行法1条は「行政上の義務の履行確保に関しては、別に法律で定めるものを除いては、この法律の定めるところによる」と規定しています。「行政上の義務の履行確保」、すなわち行政上の強制執行には法律の根拠が必要であり、条例を根拠とすることは認められていませんでした。

　しかし、即時強制は義務の不履行を前提としておらず、「行政上の義務の履行確保」のための手段ではありません。したがって、即時強制には行政代執行法1条は適用されないことから、**条例を根拠とすることもできる**と考えられています。

03

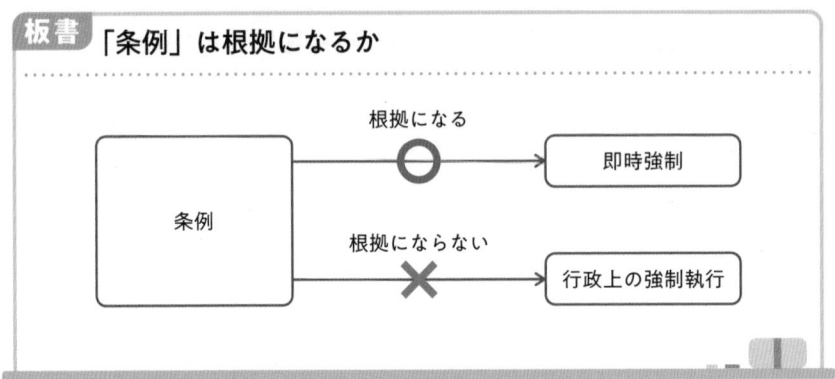

板書 「条例」は根拠になるか

条例 → 根拠になる ○ → 即時強制

条例 → 根拠にならない ✕ → 行政上の強制執行

2 即時強制の救済方法

違法な即時強制によって損害を被った私人は、国家賠償請求を提起することが可能です。では、同様に即時強制に不満のある私人が、取消しを求めて行政不服申立てや取消訴訟を起こすことはできるのでしょうか？

金銭的な給付を得られる国家賠償と異なり、取消しは瑕疵のある効力を失わせることで国民を救済しようとするものです。すると、**継続性のない一回的な行為**、例えば火災時に延焼を防ぐためになされた除却行為などは、たとえそれが間違いだったとしても、あとから**取消しをする意味がありません**。取り消しても壊された物がもとに戻るわけではなく、救済にならないからです。

一方、即時強制により人の収容や物の留置が継続している場合は、その状態を解消するために取消しを求める手段を認める必要があります。

そこで、人の収容や物の留置など**継続性のある即時強制**の場合は、処分としての性質が認められ、**行政不服申立てや取消訴訟の対象になる**とされています。

04 ▶

 ひとこと　この点についての考え方は、直接強制などにおいても共通です。

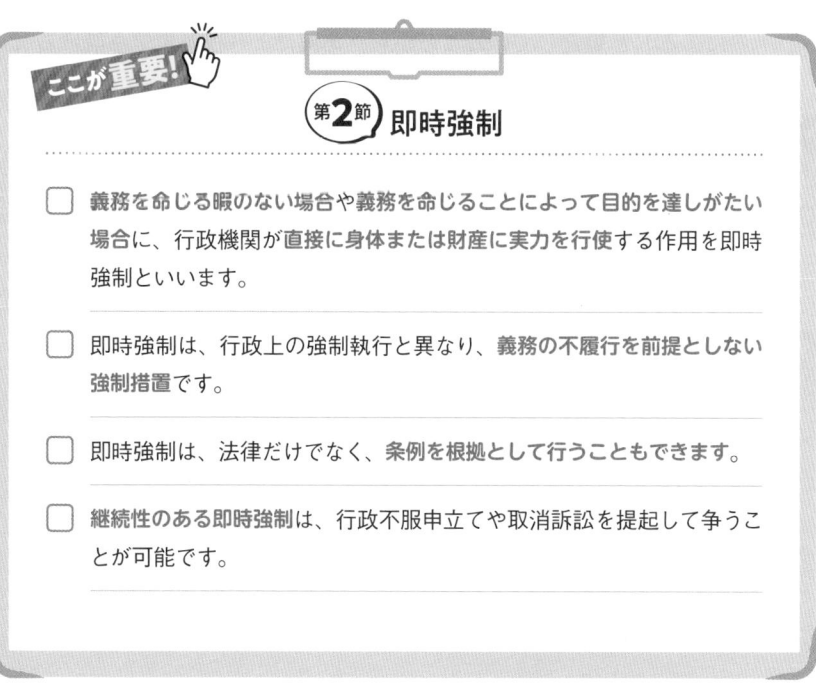

人の収容、物の留置など継続的性質を有する即時強制は「処分」に該当し、取消訴訟等の対象になります

ここが重要！

第2節 即時強制

☐ **義務を命じる暇のない場合**や**義務を命じることによって目的を達しがたい場合**に、行政機関が**直接に身体または財産に実力を行使する作用**を即時強制といいます。

☐ 即時強制は、行政上の強制執行と異なり、**義務の不履行を前提としない**強制措置です。

☐ 即時強制は、法律だけでなく、**条例を根拠として行うこともできます**。

☐ **継続性のある即時強制**は、行政不服申立てや取消訴訟を提起して争うことが可能です。

01 即時強制は、義務者の身体又は財産に直接実力を加え、義務の履行を確保する手続であり、即効的に義務を実現することができるが、その反面、人権侵害の危険が大きい。 特別区Ⅰ類2011

✕ 即時強制ではなく直接強制についての説明になっています。即時強制は義務の不履行を前提としないので、義務の履行を確保する手続とはいえません。

----

02 行政上の即時強制は、国民の身体又は財産に対する重大な侵害行為であるので、行政庁があらかじめ国民に対して行政上の義務を命じていなければ、行うことはできない。 特別区Ⅰ類2007

✕ 即時強制は義務の不履行を前提としていないので、行政庁があらかじめ国民に対して行政上の義務を命じていなくても行うことができます。

----

03 即時強制については、行政代執行法第1条が「行政上の義務の履行確保に関しては、別に法律で定めるものを除いては、この法律の定めるところによる」と規定していることから、条例により根拠規定を設けることはできないと一般に解されている。 国家専門職2017

✕ 即時強制は条例により根拠規定を設けることができると一般に解されています。

----

04 身柄の収容や物の領置などの即時強制が実施され、継続して不利益状態におかれている者は、行政不服申立て又は取消訴訟によって不利益状態の排除を求めることができる。 特別区Ⅰ類2011

○

START! 本節で学習すること

本節では、行政罰について学習します。

行政罰は行政刑罰と秩序罰から成りますので、まずこれらの違いを理解する必要があります。さらに、第1節で扱った執行罰のような類似の用語との違いもきちんと識別できるようにしましょう。

1 行政罰とは

ケース5-3

❶本来は建築確認を受けてから着工しなければならない建物について、Aは建築確認を受けずに建てたため、罰金刑に処せられた。

❷古物商の営業許可を受けてリサイクルショップを経営していたXが亡くなった後、Xの相続人Bが営業許可証を返納しなかったことから、過料が科された。

　行政罰は、**過去の行政上の義務違反に対する制裁として科される罰**のことです。行政罰は、行政刑罰と秩序罰に区別されます。

　両者は、**義務違反の重大性の度合い**によって区別されています。行政刑罰は重大な行政法上の義務違反に対して科されるものであり、一方、秩序罰は比較的軽微な行政上の義務違反を対象とするものです。 01▶

 ❶の罰金は行政刑罰、❷の過料は秩序罰に該当します。

板書 行政刑罰と秩序罰

行政罰 {
行政刑罰：重大な行政法上の義務違反

秩序罰 ：軽微な行政法上の義務違反
}

プラスone 第1節で学習した**執行罰**は、「罰」と付く名称であったものの刑罰ではない点で行政刑罰とは異なります。また、将来の義務履行確保を目的とする点で行政刑罰と秩序罰の両方と異なります。

01▶

1　行政刑罰

行政刑罰（ぎょうせいけいばつ）は、**重大な行政上の義務違反に対して、刑法に刑として定められている刑罰**（懲役（ちょうえき）、禁錮（きんこ）、罰金（ばっきん）、拘留（こうりゅう）、科料（かりょう）、没収（ぼっしゅう））**を科すものです。**　02

ケース5-3 の❶で挙げた以外にも、道路交通法違反により懲役刑や罰金刑などの刑罰が規定されているのは行政刑罰の例です。

板書　行政刑罰

主刑
- 懲役：30日以上の身柄拘束、労務作業あり
- 禁錮：30日以上の身柄拘束、労務作業なし
- 拘留：30日未満の身柄拘束
- 罰金：1万円以上の金銭支払い
- 科料：1万円未満の金銭支払い

付加刑—没収：物の所有権を奪って国庫に収納する

> ひとこと
> 刑罰の種類がたくさん出てきましたが、刑法に定められるうち死刑以外は行政刑罰でも科されることを押さえ、行政刑罰の「科料」を「過料」と間違えないようにしましょう。なお、法改正により懲役刑、禁錮刑は廃止され、拘禁刑に一本化される予定です。

行政刑罰は、その名のとおり刑罰なので、**刑法（総則）が適用され、裁判所が刑事訴訟法の手続に従って科します。**

2 秩序罰

<small>ちつじょばつ</small>
秩序罰（行政上の秩序罰）は、届出義務違反などの**比較的軽微な義務違反が**
された場合に、過料を科すものです。

ケース5-3 の❷で挙げた以外にも、戸籍法や住民基本台帳法に基づく各種
の届出をしなかった場合などに過料が科される場合がありますが、これが秩序
罰の例です。

過料を科す秩序罰は刑罰ではないとされているため、**刑法（総則）は適用さ**
れません。過科を科す際の手続は、国の法令を根拠とするか、条例、規則を根
拠とするかで変わります。**国の法令を根拠**とする秩序罰は、**裁判所が非訟事件**
手続法に従って科します。一方、**条例や規則を根拠**とする秩序罰は、**地方公共**
団体の長が行政行為（処分）の形で科します。　　　　　　　　　　　03

板書 **行政刑罰と秩序罰の比較**

	行政刑罰	秩序罰	
処罰対象行為	重大な行政法上の義務違反	軽微な行政法上の義務違反	
罰の種類	刑法に刑名のある刑罰（懲役、禁錮、罰金、拘留、科料、没収）	過料	
手続	裁判所が刑事訴訟法に従って科す	法令違反	裁判所が非訟事件手続法に従って科す
		条例・規則違反	長が行政行為（処分）の形で科す
刑法（総則）の適用	適用される	適用されない	

3 その他の特徴

1 両罰規定

ケース5-4 Aに雇われているBは、許可が必要な営業を、店長として無許可で行っていた。

　行政罰においては、無許可営業の違反行為者だけでなく、営業主（オーナーや法人）も処罰の対象となります。この場合、違反行為者はBですが、Bだけを処罰して終わりにしてしまったのでは、無許可営業行為の抑止になりません。そこで、営業主であるA（Aが法人の場合も含む）も処罰されます。

　このように**義務違反者だけでなく営業主（個人・法人）も処罰する規定**のことを両罰規定と呼んでいます。

04

2 併科の可否

　行政刑罰はまさに刑罰ですから、1つの行為に対して行政刑罰を複数回科すことは、**二重処罰の禁止（憲法39条）に違反するので、許されません**。

　しかし、行政刑罰と秩序罰、行政刑罰と執行罰などの行政上の強制執行、行政刑罰と懲戒罰、行政刑罰と重加算税などを**併科する（併せて科す）ことは、二重処罰の禁止に違反せず、許されます**。これらの場合には、刑罰に当たるものが二重に科されているわけではないからです。

> **語句**
> **懲戒罰**／公務員に対して行われる制裁であり、最も重いものから、免職、停職、減給、戒告があります。
> **重加算税**／悪質な申告がされた場合に課される経済的負担であり、追徴課税の一種です（以前は追徴税と表現されることもありました）。

　判例においても、納税義務違反者に対して税法違反として課される（当時の）追徴税について、刑罰ではなく、納税義務違反の発生を防止するための行政上の措置であるから、追徴税と罰金刑の併科は、二重処罰の禁止に違反しないとする判断がされています。

05

第3節 行政罰

- [ ] 行政罰には、**重大な**行政法上の義務違反に対して科される**行政刑罰**と、**比較的軽微な**行政上の義務違反に科される**秩序罰**があります。

- [ ] 行政刑罰は、**刑法に刑として定められている刑罰**（懲役、禁錮、罰金、拘留、科料、没収）を科すものであり、秩序罰は、**過料**を科すものです。

- [ ] 行政刑罰は、裁判所が**刑事訴訟法**の規定に従って科します。法令に根拠のある秩序罰は、裁判所が**非訟事件手続法**に従って科します。

- [ ] 行政罰においては、違反行為者を罰するだけでなく、営業主をも罰することが可能な**両罰規定**が置かれている場合もあります。

01 行政上の秩序罰は、行政上の義務が履行されない場合に、一定の期限を示して過料を科すことを予告することで義務者に心理的圧迫を加え、その履行を将来に対して間接的に強制するものである。　　特別区Ⅰ類2013

✕ 秩序罰ではなく執行罰についての説明になっています。秩序罰は、過去の義務違反に対する制裁です。

....

02 行政罰は行政刑罰と行政上の秩序罰との2種類に分けられ、行政刑罰として禁錮、罰金、拘留、科料、没収を科すことはできるが、懲役を科すことはできない。　　　　　　　　　　　　　　　　　　特別区Ⅰ類2013

✕ 行政刑罰として科すことのできる刑罰に懲役も含まれます。

....

03 行政上の秩序罰には刑法総則が適用され、裁判所が刑事訴訟法の手続に従って科刑する。　　　　　　　　　　　　　　　　　特別区Ⅰ類2013

✕ 秩序罰には刑法総則が適用されません。また、裁判所が刑事訴訟法の手続に従って科刑することもありません。

....

04 行政刑罰は、刑事罰とは異なり、違反行為者だけでなく、その使用者や事業主にも科刑されることがある。　　　　　　　　　特別区Ⅰ類2013

◯

....

05 法人税法に基づく追徴税（当時）は、納税義務違反の発生を防止し、納税の実を挙げる趣旨に出た行政上の措置であって、刑罰としてこれを課す趣旨でないことは明らかであり、同法に基づく追徴税と罰金の併科は憲法第39条に反するものではないとするのが判例である。

国家専門職2017

◯

....

第**6**章

行政手続

申請に対する処分

START! 本節で学習すること

第6章では、行政手続法という法律に定められた行政手続を学習します。
はじめに行政手続法の全体像を確認し、規律の対象や目的について押さえておき
ましょう。行政手続法全体にいえることですが、とにかく条文の規定内容を覚えて
いくことが大切です。
続いて本節で扱う申請に対する処分についても、条文をきちんと覚えていきましょ
う。

1 行政手続法の全体像

1 行政手続法の目的と対象

❶ 行政手続法とは

行政手続法は、**行政行為（処分）等が行われる際の事前の手続保障**について
規定する法律です。

第3章で学習したように、行政行為（処分）はいったん行われると公定力が
生じ、たとえ違法なものであっても裁判等で取り消されるまでは有効となりま
す。したがって、公正性と透明性を向上させ、違法な行政行為（処分）がされ
ないように事前の手続をきちんと決めておく必要があります。そして、そのた
めの一般法として制定されたのが行政手続法です。

> 第3章で扱ったときと同様、ここでも行政行為（学問上の用語）
> と処分（実定法上の表現）は同じものと考えて差し支えありませ
> ん。

❷ 行政手続法の目的

> **行政手続法1条**
> ① この法律は、処分、行政指導及び届出に関する手続並びに命令等を定める手続に関し、共通する事項を定めることによって、行政運営における公正の確保と透明性（行政上の意思決定について、その内容及び過程が国民にとって明らかであることをいう。第46条において同じ。）の向上を図り、もって国民の権利利益の保護に資することを目的とする。

行政手続法1条1項には、**行政手続法の目的**が挙げられています。

その目的とは、❶**行政運営における公正の確保と透明性の向上**を図り、❷**国民の権利利益の保護に資する**ことです。

❸ 行政手続法の対象

行政手続法は行政手続に関する一般法ですが、実際には次の4つの手続を規律の対象にしています。

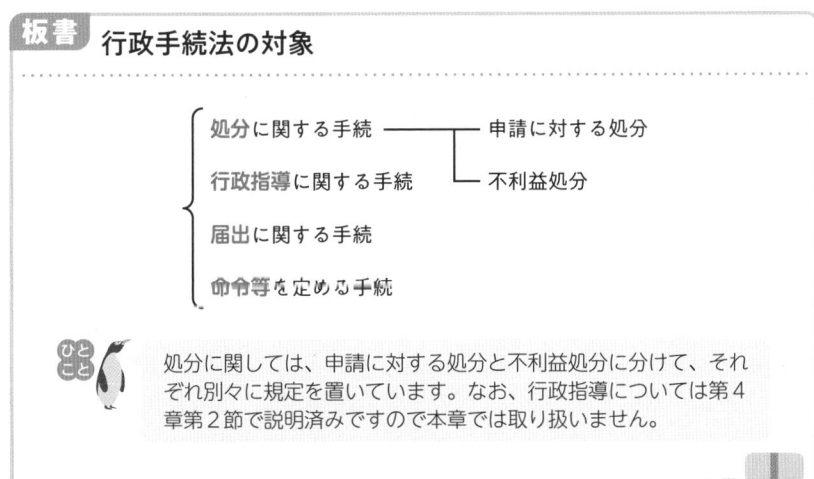

板書 行政手続法の対象

処分に関する手続 ―― 申請に対する処分
行政指導に関する手続 ―― 不利益処分
届出に関する手続
命令等を定める手続

ひとこと 処分に関しては、申請に対する処分と不利益処分に分けて、それぞれ別々に規定を置いています。なお、行政指導については第4章第2節で説明済みですので本章では取り扱いません。

上記4つ以外の手続については一切規定を置いておらず、**行政計画や行政契約についての規定は行政手続法には存在しません**。

> **行政手続法46条**
> 　地方公共団体は、第3条第3項において第2章から前章までの規定を適用しないこととされた処分、行政指導及び届出並びに命令等を定める行為に関する手続について、この法律の規定の趣旨にのっとり、行政運営における公正の確保と透明性の向上を図るため必要な措置を講ずるよう努めなければならない。

　地方公共団体に対しては、**地方自治の尊重の観点から、行政手続法の適用はかなり制限**されています。

板書 **地方公共団体への適用**

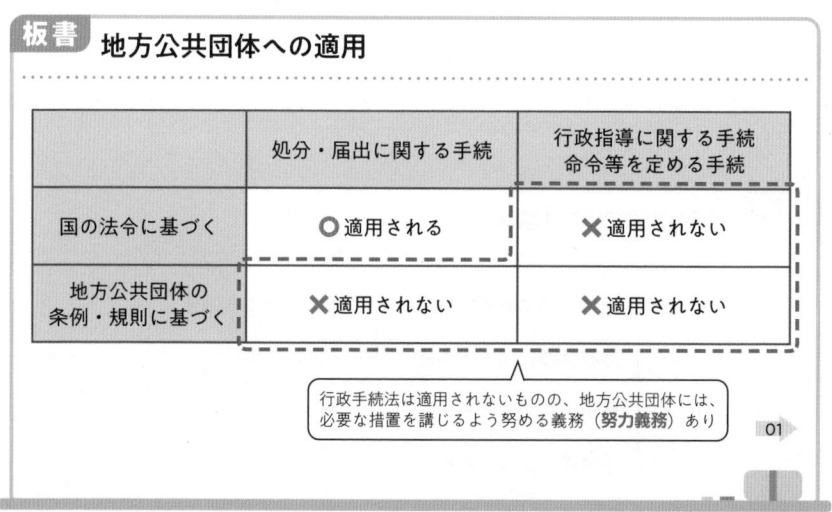

	処分・届出に関する手続	行政指導に関する手続 命令等を定める手続
国の法令に基づく	〇 適用される	✕ 適用されない
地方公共団体の 条例・規則に基づく	✕ 適用されない	✕ 適用されない

行政手続法は適用されないものの、地方公共団体には、
必要な措置を講じるよう努める義務（**努力義務**）あり

01

　行政手続法が適用されるのは、国の法令を根拠として地方公共団体が行う処分に関する手続および国の法令を根拠として地方公共団体に出す届出に関する手続です。

　国の法令を根拠とする処分・届出に行政手続法が適用されるのは、国の法令で例えば知事等に任された処分についての手続が、東京都と神奈川県で異なると公平性が損なわれるからです。

　ただし、適用外とされる部分についても、地方公共団体には、行政運営における公正の確保と透明性の向上を図るため必要な措置を講じる**努力義務が課されています。**

2 申請に対する処分

> **ケース6-1** 不動産業を営もうと思っていたAは、不動産業を営むためには宅建業の免許が必要であることを知り、知事に対して免許の付与を申請したが、知事は免許の付与を拒否した。

1 申請に対する処分とは

行政手続法2条
二 処分 行政庁の処分その他公権力の行使に当たる行為をいう。
三 申請 法令に基づき、行政庁の許可、認可、免許その他の自己に対し何らかの利益を付与する処分（以下「許認可等」という。）を求める行為であって、当該行為に対して行政庁が諾否の応答をすべきこととされているものをいう。

行政手続法において申請とは、「法令に基づき、行政庁の許可、認可、免許その他の**自己に対し何らかの利益を付与する処分**…**を求める行為**であって、当該行為に対して**行政庁が諾否の応答をすべきこととされているもの**」をいいます。そして、これに対して、**行政庁が許可や不許可等の判断を下すこと**を申請に対する処分といいます。

ケース6-1 で知事がAに対して免許の付与を拒否したことは、申請に対する処分に該当します。

2 審査基準の設定・公表

行政手続法5条
① 行政庁は、審査基準を定めるものとする。
② 行政庁は、審査基準を定めるに当たっては、許認可等の性質に照らしてできる限り具体的なものとしなければならない。
③ 行政庁は、行政上特別の支障があるときを除き、法令により申請の提出先とされている機関の事務所における備付けその他の適当な方法により審査基準を公にしておかなければならない。

申請により求められた許認可等をするかどうかをその法令の定めに従って判断するための基準を審査基準といいます。**ケース6-1** を例にすると、どのような場合に免許を付与したり拒否したりするかについての具体的な基準のこと

です。

　行政庁にはこの審査基準を**定める法的義務**があります。さらに、定めた審査基準を原則として**公にしておく法的義務**もあります。設定して公表しておくことで、行政庁が特定の人にだけ有利・不利な扱いをすることを防止でき、国民も自分の申請に行政庁がどのような処分をするか予測し得るからです。ただし、**行政上特別の支障があるときは例外的に公にしておく必要がありません。**

> プラスone　「公にしておく」とは、申請者等から問い合わせ等があれば、提示したり、自由に閲覧させたりすることができる状態においておくことをいいます。積極的に広く一般に周知させることまでは求められていません。

3　標準処理期間

行政手続法6条
　　行政庁は、申請がその事務所に到達してから当該申請に対する処分をするまでに通常要すべき標準的な期間（法令により当該行政庁と異なる機関が当該申請の提出先とされている場合は、併せて、当該申請が当該提出先とされている機関の事務所に到達してから当該行政庁の事務所に到達するまでに通常要すべき標準的な期間）を定めるよう努めるとともに、これを定めたときは、これらの当該申請の提出先とされている機関の事務所における備付けその他の適当な方法により公にしておかなければならない。

<ruby>標<rt>ひょう</rt>準<rt>じゅん</rt>処<rt>しょ</rt>理<rt>り</rt>期<rt>き</rt>間<rt>かん</rt></ruby>とは、申請がその事務所に到達してから当該申請に対する処分をするまでに**通常要すべき標準的な期間**をいいます。

　行政庁には、この標準処理期間を**定める努力義務**があります。また、標準処理期間を定めた場合、その**公表は法的義務**になります。行政庁が恣意的に申請を放置することがないよう、標準的な処理期間がきちんと定められることが望ましいですが、性質上困難なものもあるため設定は努力義務にとどめられています。

02

> つまり設定しなくてもよいけれど、設定したなら必ず公表、ということです。設定と公表で義務のあり方が異なっていることから問題のひっかけに使われやすいところです。

> **行政手続法7条**
> 　行政庁は、申請がその事務所に到達したときは遅滞なく当該申請の審査を開始しなければならず、かつ、申請書の記載事項に不備がないこと、申請書に必要な書類が添付されていること、申請をすることができる期間内にされたものであることその他の法令に定められた申請の形式上の要件に適合しない申請については、速やかに、申請をした者（以下「申請者」という。）に対し相当の期間を定めて当該申請の補正を求め、又は当該申請により求められた許認可等を拒否しなければならない。

❶ 審査開始義務

　申請がその事務所に到達したときは、行政庁は、**遅滞なく当該申請の審査を開始しなければなりません**。

> これは当然のことを規定しているだけなのですが、行政手続法制定前の実務において、行政庁が申請を受理しなかったり、受理をしても応答を留保するなどして、審査を開始しようとしないケースがしばしば見られたことから明文で規定されたものです。

❷ 補　正

　補正とは、申請に**形式上の不備**（記載ミスや書類の添付忘れ等）がある場合に、**申請者がそれを補完して形式上の不備を是正すること**をいいます。

　形式上の不備がある申請がされた場合、行政庁は、**❶補正を求めるか**、**❷申請者より求められた許認可等を拒否するか**、いずれかを選択できます。　03▶

> ❶❷のどちらかを選択すればよいので、「補正を求めなければならない」、もしくは「申請を拒否しなければならない」、というように、**一方のみを挙げて法的義務があるとする記述は誤りとなり**ます。

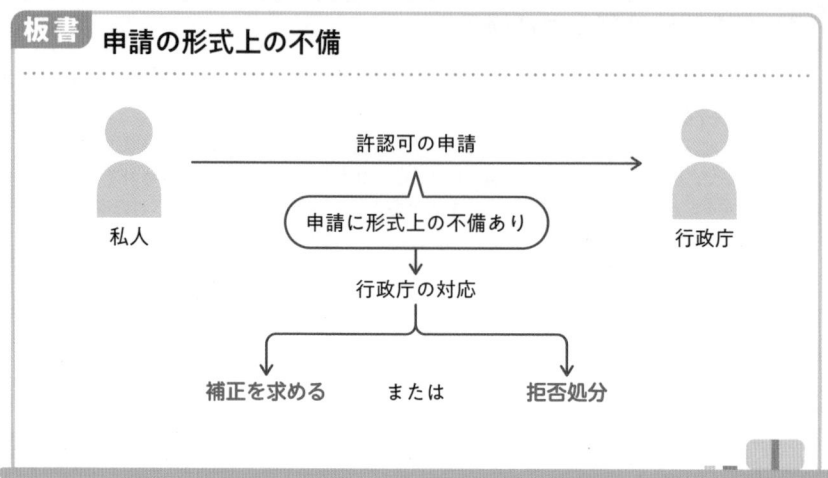

5 理由の提示

> **行政手続法8条**
> ① 行政庁は、申請により求められた許認可等を拒否する処分をする場合は、申請者に対し、同時に、当該処分の理由を示さなければならない。ただし、法令に定められた許認可等の要件又は公にされた審査基準が数量的指標その他の客観的指標により明確に定められている場合であって、当該申請がこれらに適合しないことが申請書の記載又は添付書類その他の申請の内容から明らかであるときは、申請者の求めがあったときにこれを示せば足りる。
> ② 前項本文に規定する処分を書面でするときは、同項の理由は、書面により示さなければならない。

　行政庁は、申請により求められた許認可等を**拒否する処分をする場合**は、原則として、申請者に対し、**同時に当該処分の理由を示さなければなりません**。その**処分を書面でする場合は、理由の提示も書面でする必要があります**。

04▶

　理由の提示が義務づけられているのは、**拒否処分**（不許可処分等）**をする場合のみ**で、許可・認可の処分をする場合に理由の提示は不要です。自分の申請が通ったなら、特段理由を知りたいとは思わないですよね。申請者が理由を知りたく思い、かつ、知らせる必要があるのは、拒否された場合です。

> プラスone Q 理由の提示の程度については、原則として**処分の根拠条文を示す**
> **だけでは足りず**、いかなる事実関係についていかなる法規を適用
> して拒否処分に至ったか、理由の記載自体から知ることができる
> 程度の記載が必要とされています（判例）。

6 情報提供

行政手続法9条
① 行政庁は、申請者の求めに応じ、当該申請に係る審査の進行状況及び当該申請に対する処分
の時期の見通しを示すよう努めなければならない。

　行政庁は、申請者の求めがあれば、審査の進行状況および処分の時期の見通しを示す**努力義務**があります。

05

7 公聴会

行政手続法10条
　行政庁は、申請に対する処分であって、申請者以外の者の利害を考慮すべきことが当該法令
において許認可等の要件とされているものを行う場合には、必要に応じ、公聴会の開催その他
の適当な方法により当該申請者以外の者の意見を聴く機会を設けるよう努めなければならない。

　行政庁には、**申請者以外の者の利害**を考慮すべきことが当該法令において許認可等の要件とされている処分を行う場合には、**申請者以外の者の意見を聴く**
機会を設けるために公聴会等を開催する**努力義務**があります。

　例えば、電力会社が原子力発電所の設置許可を求める申請をしたとします。原発で事故などが起こった際、申請者以外の者である付近住民にも重大な不利益を生じさせます。このため、その利害を考慮すべきことが許可の要件になっています。したがって、許可する際、行政庁は、付近住民の意見を聴くために公聴会の開催をするように努める必要があります。

第1節 申請に対する処分

- [ ] 行政手続法の目的は、行政運営における公正の確保と透明性の向上を図り、もって国民の権利利益の保護に資することです。

- [ ] 行政手続法は、処分、行政指導、届出に関する手続、命令等を定める手続に関し共通する事項を定めている、事前の手続保障のための一般法です。

- [ ] 地方公共団体についても、国の法令を根拠とする処分・届出に関しては、行政手続法が適用されます。

- [ ] 申請とは、法令に基づき、許認可等を求める行為であって、当該行為に対して行政庁が諾否の応答をすべきこととされているものをいいます。

- [ ] 申請により求められた許認可等をするかどうかをその法令の定めに従って判断するために必要とされる基準を審査基準といいます。

- [ ] 行政庁には審査基準を定める法的義務があり、さらに、定めた審査基準を原則として公にしておく法的義務があります。

- [ ] 行政庁には標準処理期間を定める努力義務があり、標準処理期間を定めた場合にそれを公表する法的義務があります。

- [ ] 行政庁は、申請により求められた許認可等を拒否する処分をする場合は、原則として、申請者に対し、同時に当該処分の理由を示さなければなりません。その処分を書面でする場合は、理由も書面で示す必要があります。

- [ ] 行政庁には、申請者以外の者の利害を考慮すべきことが当該法令において許認可等の要件とされている処分を行う場合には、申請者以外の者の意見を聴く機会を設けるために公聴会等を開催する努力義務があります。

○×スピードチェック

01 地方公共団体の機関が行う処分のうち、その根拠となる規定が条例又は地方公共団体の規則に置かれているものについては、行政手続法に定める手続は適用されない。

◯

02 行政庁は、申請が事務所に到達してから処分をするまでに通常要すべき標準的な期間を設定し、これを公にするよう努めなければならない。

✕ 標準処理期間の設定は努力義務ですが、設定した場合の公表は法的義務です。

03 行政庁は、事務所に到達した申請が、申請書に必要な書類が添付されていないなど、申請の形式上の要件に適合しないものであるときは、申請を受理せず、申請書を申請者に返戻することとされている。

✕ 補正を求めるか、申請により求められた許認可等を拒否しなければなりません。

04 行政庁は、申請により求められた許認可等を拒否する処分をする場合は、原則として、申請者に対して、同時に、その処分の理由を示さなければならず、その処分を書面でするときは、理由の提示も書面によらなければならない。

◯

05 行政庁は、申請者の求めがあったときは、その申請に係る審査の進行状況及びその申請に対する処分の時期の見通しを書面で示さなければならない。

✕ 情報提供については努力義務にとどまり、また書面によるべき規定もありません。

第2節 不利益処分

本節では、行政手続法に規定された不利益処分について学習します。
やはり条文の規定を押さえることが必要ですが、第1節に比べて条文の数がかなり
多くなります。全部を覚えるのは効率が悪いので、重要条文に的を絞って覚えましょう。

1 不利益処分に共通のルール

1 不利益処分とは

> **ケース6-2** 宅建業の免許を付与され不動産業を営んでいたAに対して、違法行為をしたと判断した知事が、営業免許の取消処分をした。

行政手続法2条
四 不利益処分 行政庁が、法令に基づき、特定の者を名あて人として、直接に、これに義務を課し、又はその権利を制限する処分をいう。

行政庁が、法令に基づき、特定の者を名あて人（相手方）として、**直接に、これに義務を課し、またはその権利を制限する処分**を不利益処分といいます。**ケース6-2** のような営業許可の取消処分や営業停止処分が該当します。

ただし、「申請により求められた許認可等を拒否する処分その他申請に基づき当該申請をした者を名あて人としてされる処分」は、**不利益処分から除外されています。**

> つまり、前節で学習した「申請に対する処分」のうち、**申請を拒否する処分が不利益処分から除かれている**ことがわかります。定義に照らすと不利益処分に含まれてしまいますが、申請を拒否する処分に2つの規定が適用されてしまう混乱を避けるため、不利益処分からは除外しているのです。

> **行政手続法12条**
> ① 行政庁は、処分基準を定め、かつ、これを公にしておくよう努めなければならない。
> ② 行政庁は、処分基準を定めるに当たっては、不利益処分の性質に照らしてできる限り具体的なものとしなければならない。

　不利益処分をするかどうか、またはどのような不利益処分とするかについてその法令の定めに従って**判断するための基準**を処分基準（しょぶんきじゅん）といいます。

　ケース6-2 を例にすると、どのような場合に営業免許の取消処分をするかについて、具体的に定めた基準をいいます。

　処分基準については、前節で学習した審査基準と異なり、**設定も公表も努力義務**となっています。すべての不利益処分にあらかじめ基準を設けることは困難ですし、処分基準が公表されると脱法的行為が横行するおそれがあるためです。

01▶

板書　行政手続法に定められた義務の整理

	設定	公表
処分基準	努力義務	
審査基準	法的義務	原則法的義務
申請に対する処分の標準処理期間	努力義務	法的義務
行政指導指針	法的義務	原則法的義務

行政上特別の支障がある場合は公表の義務なし

ひとこと　第4章第2節で出てきた行政指導指針についても合わせて表に入れました。行政指導指針の設定・公表に関する義務については、審査基準と同じと覚えておきましょう。

> **行政手続法13条**
> ①　行政庁は、不利益処分をしようとする場合には、次の各号の区分に従い、この章の定めるところにより、当該不利益処分の名あて人となるべき者について、当該各号に定める意見陳述のための手続を執らなければならない。
> 一　次のいずれかに該当するとき　聴聞
> 　イ　許認可等を取り消す不利益処分をしようとするとき。

❶ 意見陳述のための手続とは

　行政庁が不利益処分をしようとするときは、不利益処分の名あて人（相手方）となる者に対して、**意見陳述のための手続を執る必要があります**。国民に義務を課したり国民の権利を制限したりする前に、告知を行い、弁解、防御の機会を与えるべきだからです。

❷ 意見陳述のための手続の種類

　許認可の取消処分のように**重大な不利益処分**については、厳格な手続である聴聞手続を経る必要があります。一方、営業停止処分のように**比較的軽微な不利益処分**については、簡易な手続である弁明の機会の付与を経ればよいことになります。

02

板書　**意見陳述のための手続の区別**

意見陳述のための手続 ┤
　　聴聞手続　　　　　：許認可の取消処分など重大な不利益処分の場合
　　弁明の機会の付与：営業停止処分など比較的軽微な不利益処分の場合

　それぞれの手続については、この後項を改めて詳しく説明します。

許可の取消処分以外に「**名あて人の資格又は地位を直接にはく奪する不利益処分**」も聴聞の手続の対象とされています。これは、日本国籍を喪失する宣告処分や法人に対する解散命令等を指しています。

ただし、公益上、**緊急に不利益処分をする必要**があり、意見陳述のための手続を執ることができない場合もあるでしょう。行政手続法はこれ以外にも複数のケースで例外を設けており、**意見陳述のための手続を執らなくてもよい場合があります**。

03 ▶

4 理由の提示

> **行政手続法14条**
> ① 行政庁は、不利益処分をする場合には、その名あて人に対し、同時に、当該不利益処分の理由を示さなければならない。ただし、当該理由を示さないで処分をすべき差し迫った必要がある場合は、この限りでない。
> ② 行政庁は、前項ただし書の場合においては、当該名あて人の所在が判明しなくなったときその他処分後において理由を示すことが困難な事情があるときを除き、処分後相当の期間内に、同項の理由を示さなければならない。
> ③ 不利益処分を書面でするときは、前2項の理由は、書面により示さなければならない。

行政庁は、**不利益処分をする場合**には、原則として、その名あて人（相手方）に対し、**同時に不利益処分の理由を示す必要があります**。

> ただし、**差し迫った必要がある場合は、処分後相当の期間内に理由を示す**こととされています。

この不利益処分を**書面でする場合**には、**理由の提示も書面でする必要があります**。

04 ▶

2 聴聞と弁明の手続

1 聴聞の手続

❶ 聴聞の通知

> **行政手続法15条**
> ① 行政庁は、聴聞を行うに当たっては、聴聞を行うべき期日までに相当な期間をおいて、不利益処分の名あて人となるべき者に対し、次に掲げる事項を書面により通知しなければならない。
> 一 予定される不利益処分の内容及び根拠となる法令の条項
> 二 不利益処分の原因となる事実
> 三 聴聞の期日及び場所
> 四 聴聞に関する事務を所掌する組織の名称及び所在地

行政庁は、事前に、不利益処分の名あて人（相手方）となるべき者に、**聴聞を行う旨の通知を書面でしなければなりません**。

> 通知には、予定される不利益処分の内容だけでなく、根拠となる**法令の条項**や**不利益処分の原因となる事実**なども含まれることが必要です。また、**書面で行う必要がある点**も忘れないようにしましょう。

この通知によって聴聞手続はスタートし、その後の流れは以下のようになります。

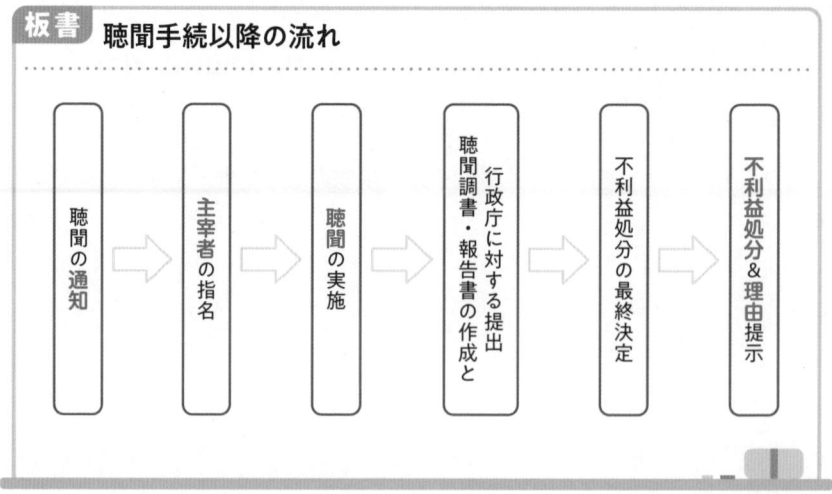

板書 聴聞手続以降の流れ

聴聞の通知 → 主宰者の指名 → 聴聞の実施 → 聴聞調書・報告書の作成と行政庁に対する提出 → 不利益処分の最終決定 → 不利益処分＆理由提示

❷ 主宰者の指名

　行政庁は、職員その他政令で定める者の中から主宰者を指名し、この主宰者
が聴聞の手続において**司会進行役**を担います。また、聴聞終了時には、**聴聞の
審理の経過**を記載した聴聞調書や**自己の意見**を記載した報告書を作成し、行政
庁に提出します。

 処分を担当する職員が主宰者となることも可能です。第2編で学習する行政不服審査では、処分を担当した職員が進行役を務めることはできません。

❸ 聴聞の実施

　聴聞は、行政機関の建物内の会議室などに関係者（主宰者、行政庁もしくは
その職員、処分の名あて人となるべき者等）が集まって**口頭でやり取りをする**
ものです。

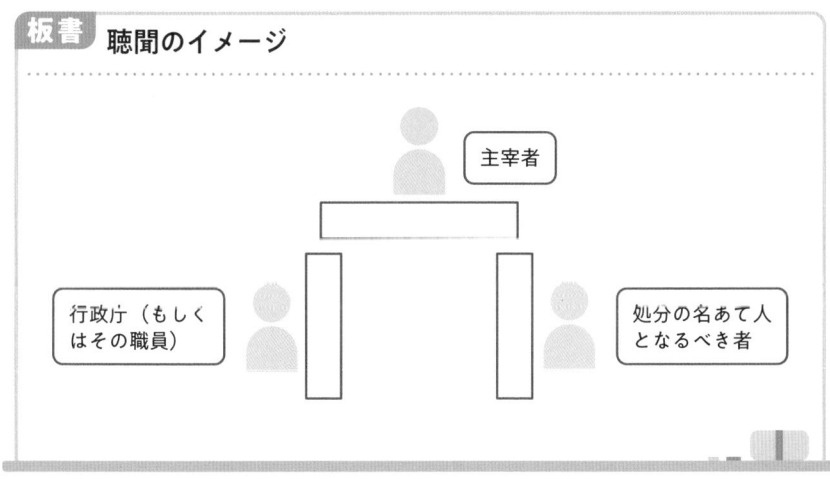

板書　聴聞のイメージ

主宰者

行政庁（もしくはその職員）

処分の名あて人となるべき者

　聴聞当日、処分の名あて人となるべき者は、**意見を述べたり、証拠書類を提
出したり**することができます。また、主宰者の許可を得て**行政庁もしくはその
職員に質問をする**こともできます。

　また、処分の名あて人となるべき者は、聴聞の通知があった時から聴聞が終
結する時までの間、行政庁に対して、不利益処分の原因となる事実を証する**資
料の閲覧請求権**が認められています。そして、当該請求がされた場合、行政庁

は、正当な理由があるときでなければ、請求を拒むことはできません。

❹ 聴聞の終了

行政手続法24条
① 主宰者は、聴聞の審理の経過を記載した調書を作成し、当該調書において、不利益処分の原因となる事実に対する当事者及び参加人の陳述の要旨を明らかにしておかなければならない。
③ 主宰者は、聴聞の終結後速やかに、不利益処分の原因となる事実に対する当事者等の主張に理由があるかどうかについての意見を記載した報告書を作成し、第1項の調書とともに行政庁に提出しなければならない。

　聴聞が終結すると、主宰者は、**聴聞の審理の経過を記載した聴聞調書および自己の意見を記載した報告書を作成し、行政庁に提出**します。

　行政庁が、不利益処分を行うか否かの最終決定をする際には、この聴聞調書および報告書に記載された**主宰者の意見を十分に参酌して行う**必要があります。

2　弁明の手続

❶ 書面審理

> **行政手続法29条**
> ①　弁明は、行政庁が口頭ですることを認めたときを除き、弁明を記載した書面（以下「弁明書」
> という。）を提出してするものとする。
> ②　弁明をするときは、証拠書類等を提出することができる。

　弁明の機会の付与は、営業停止処分等の比較的軽微な不利益処分の際に実施される意見陳述のための手続であり、聴聞の手続に比べて簡略化された手続となっています。

　行政庁が口頭ですることを認めたときを除き、（つまり原則として）**書面審理**で行われます。

❷ 弁明の機会の付与の通知

> **行政手続法30条**
> 　行政庁は、弁明書の提出期限（口頭による弁明の機会の付与を行う場合には、その日時）までに相当な期間をおいて、不利益処分の名あて人となるべき者に対し、次に掲げる事項を書面により通知しなければならない。
> 一　予定される不利益処分の内容及び根拠となる法令の条項
> 二　不利益処分の原因となる事実
> 三　弁明書の提出先及び提出期限（口頭による弁明の機会の付与を行う場合には、その旨並びに出頭すべき日時及び場所）

　弁明の機会の付与を行う場合には、行政庁は、不利益処分の名あて人となるべき者に対して、**弁明の機会を付与する旨の通知を書面でしなければなりません。**

> ひとこと　通知すべき内容は聴聞の通知とほぼ同様ですが、弁明の手続は書面審理であり、聴聞のように場所を設定して行われるものではないので、「聴聞の期日及び場所」に該当する記載事項がありません。

第2節 不利益処分

- [ ] 申請に対する拒否処分は、「不利益処分」には含まれません。

- [ ] 不利益処分をするかどうか、またはどのような不利益処分とするかについてその法令の定めに従って判断するために必要とされる基準を処分基準といい、その設定・公表は努力義務となっています。

- [ ] 許認可等を取り消す不利益処分をしようとするときは、意見陳述のための手続として、聴聞手続を執る必要があります。

- [ ] 行政庁は、不利益処分をする場合には、原則として、その名あて人（相手方）に対し、同時に不利益処分の理由を示す必要があります。そして、この不利益処分を書面でする場合には、理由の提示も書面でする必要があります。

- [ ] 行政庁は、事前に、不利益処分の名あて人（相手方）となるべき者に、聴聞を行う旨の通知を書面でしなければなりません。

- [ ] 聴聞が終結すると、主宰者は、聴聞の審理の経過を記載した聴聞調書および自己の意見を記載した報告書を作成し、行政庁に提出します。

- [ ] 行政庁が、不利益処分を行うか否かの最終決定をする際には、聴聞調書および報告書に記載された主宰者の意見を十分に参酌して行う必要がありますが、必ず主宰者の意見に従わなければならないわけではありません。

01 行政庁は、不利益処分をするかどうかについて法令の定めに従って判断するために必要とされる基準を定め、かつ、必ずこれを公にしておかなければならず、その基準を定めるに当たっては、不利益処分の性質に照らしてできる限り具体的なものとするよう努めなければならない。

特別区Ⅰ類2016

✗ 処分基準の設定・公表は努力義務です。

02 不利益処分をする行政庁は、処分をする前に処分予定者の意見を聴かなければならず、許認可の取消しなど重大な不利益処分をする場合は「弁明の機会の付与」を、それ以外の不利益処分をする場合は「聴聞」を経ることとされている。

国家一般職2011

✗ 「弁明の機会の付与」と「聴聞」が逆になっています。

03 行政庁は、名あて人の資格又は地位を直接にはく奪する不利益処分をしようとするときは、当該不利益処分の名あて人となるべき者について、聴聞の手続を執らなければならないが、公益上、緊急に不利益処分をする必要があるため、当該手続を執ることができないときは、意見陳述手続の適用が除外されている。

特別区Ⅰ類2016

○

04 行政庁は、不利益処分をする場合には、その名あて人に対し、処分後相当の期間内に、当該不利益処分の理由を示さなければならないが、不利益処分を書面でするときであっても、その理由は口頭によることができる。

特別区Ⅰ類2016

✗ 処分後相当の期間内ではなく処分と同時に理由を示さなければならず、処分を書面でする場合には、理由も書面で提示する必要があります。

本節では、届出と命令等制定手続について学習します。
重要度は低い単元で、届出も命令等制定手続も単独で細かく出題されることは滅多にありませんので、概要を知っていれば十分でしょう。

1 届出に関する手続

行政手続法2条
七 届出 行政庁に対し一定の事項の通知をする行為（申請に該当するものを除く。）であって、法令により直接に当該通知が義務付けられているもの（自己の期待する一定の法律上の効果を発生させるためには当該通知をすべきこととされているものを含む。）をいう。

行政手続法37条
　届出が届出書の記載事項に不備がないこと、届出書に必要な書類が添付されていることその他の法令に定められた届出の形式上の要件に適合している場合は、当該届出が法令により当該届出の提出先とされている機関の事務所に到達したときに、当該届出をすべき手続上の義務が履行されたものとする。

届出とは、**行政庁に対し一定の事項の通知をする行為**であって、**法令により直接に当該通知が義務づけられているもの**をいいます。また、**申請に該当するものは届出から除かれます**。転居する際の転出届や転入届などが届出の例です。

　行政庁の応答を予定しているものは「申請」に該当しますので、届出は行政庁側の応答が予定されておらず、国民の側はただ提出をすればよいものを指します。

　この届出につき、行政手続法ではただ1つの条文だけを置いており、この条文は、**行政庁側の「受理」という観念を否定**するために置かれた規定とされています。

　つまり、国民が形式上の要件に適合している届出をしたら、行政庁が受理したか否かに関係なく、届出の提出先とされている機関の事務所に到達したときに届出義務が果たされたことになります。

2 ▶ 命令等制定手続

1 命令等とは

ここで命令等とは次のものを指します。

板書 命令等とは

内閣・行政機関が
定める
- ❶法律に基づく命令または規則
- ❷審査基準
- ❸処分基準
- ❹行政指導指針

2 命令等を定める場合の一般原則

命令等を定める機関（命令等制定機関）は、命令等を定める際に、命令等がそれを定める根拠となる法令の趣旨に適合するものとなるようにしなければなりません。

3 意見公募手続

行政手続法39条
① 命令等制定機関は、命令等を定めようとする場合には、当該命令等の案（命令等で定めようとする内容を示すものをいう。以下同じ。）及びこれに関連する資料をあらかじめ公示し、意見（情報を含む。以下同じ。）の提出先及び意見の提出のための期間（以下「意見提出期間」という。）を定めて広く一般の意見を求めなければならない。
③ 第1項の規定により定める意見提出期間は、同項の公示の日から起算して30日以上でなければならない。

「命令等」を制定する場合には、**意見公募手続を実施する必要があります。**
意見公募手続とは、**命令等の案を国民に示して、広く一般の意見を求めるこ**

とです。いわゆるパブリック・コメントと呼ばれる制度です。

なお、公示の方法については、**電子情報処理組織を使用する方法その他の情報通信の技術を利用する方法**により行うことになっており、官報に掲載して行われるわけではありません。

01▶

　意見提出期間は、原則として命令等の案の**公示の日から30日以上**とする必要があります。

　ただし、命令等の制定をする場合においても、**公益上、緊急に命令等を定める必要がある**など一定の場合は、意見公募手続を実施する必要はありません。

　命令等制定機関は、意見公募手続を実施して命令等を定める場合には、**提出意見を十分に考慮しなければなりません。**

02▶

ここが重要！

第3節 届出・命令等制定手続

☐ 届出とは、行政庁に対し一定の事項の通知をする行為であって、**法令により直接に当該通知が義務づけられているもの**であり、**申請に該当するもの以外**をいいます。

☐ 命令等制定機関は、命令等を定めようとする場合には、当該命令等の案をあらかじめ公示し、**広く一般の意見を求めなければなりません。**

☐ 意見公募手続における意見提出期間は、原則として命令等の案の公示の日から**30日以上**とする必要があります。

☐ 命令等制定機関は、意見公募手続を実施して命令等を定める場合には、**提出意見を十分に考慮しなければなりません。**

01 法律に基づく命令等を定めようとする場合には、当該命令等の案及びこれに関連する資料をあらかじめ公示して、広く一般の意見を求めなければならず、その公示は、官報に掲載して行わなければならない。

特別区Ⅰ類2022

✗ 前半は正しいですが、官報に掲載して行わなければならないわけではありません。

02 意見公募手続を実施して法律に基づく命令等を定める場合には、意見提出期間内に提出された当該命令等の案についての意見を考慮する義務はない。　特別区Ⅰ類2022

✗ 提出意見は十分に考慮しなければなりません。

第**1**章

行政事件訴訟

第2編の第1章〜第3章では行政救済法という大きなテーマを学習します。これに先立ち、ここでは行政救済法全体の概観と、第1章で扱う行政事件訴訟法の導入を行います。試験で直接問われることはないものの、これからの学習において前提となる知識です。

1 行政救済法の全体像

1 行政争訟と国家補償

　行政の活動によって不利益を受けた国民の救済を図るための法制度を行政救済法（ぎょうせいきゅうさいほう）と呼びます。ここからしばらく、第2編の大半を割いてこの行政救済法という分野を学習していきます。

　行政救済法は大きく、❶違法な処分が行われた場合にその取消しを求める制度である行政争訟（ぎょうせいそうしょう）と、❷損失等の金銭的な支払いを求める制度である国家補償（こっかほしょう）に分かれます。

2 行政争訟

　第1編第3章で学習したとおり、処分（行政行為）には原則として公定力が生じるため、たとえ違法な処分だったとしても、権限ある機関や裁判所が取消しをするまでは有効・適法なものとして扱われます。したがって、処分の効力を失わせたい国民の側は積極的に動いて、権限ある機関や裁判所に取消しをしてもらう必要があります。

　そのために用意されたのが行政争訟の仕組みです。行政争訟には、❶行政庁に取消しを求める行政不服申立て（ぎょうせいふふくもうしたて）と、❷裁判所に取消しを求める取消訴訟（とりけしそしょう）があります。❶は行政不服審査法に、❷は行政事件訴訟法に規定されています。

第1編第3章で、行政行為の取消しが2種類あるうち「職権による取消し」を扱っていました。この行政争訟で争う取消しがもう一方に当たる「**争訟による取消し**」です。本書では、試験において重要度の高い❷の行政事件訴訟法を第1章で先に学習し、その後、第2章で❶の行政不服審査法を学習します。

板書 行政争訟の2つの仕組み

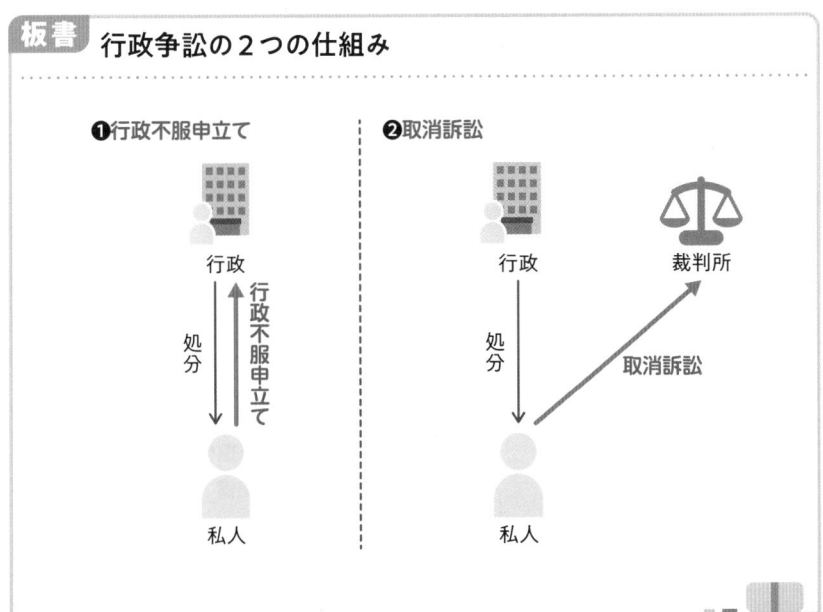

3 　国家補償

　金銭の支払いを求める国家補償には、❶国・公共団体の**違法な行政活動**により生じた国民の損害に対し、金銭的な賠償をさせる仕組みである国家賠償と、❷国・公共団体の**適法な行政活動**により生じた国民の損失に対し、金銭的補填を行う仕組みである損失補償があります。

 本書では、国家賠償→損失補償の順に第3章で学習します。

板書 行政救済法の全体像

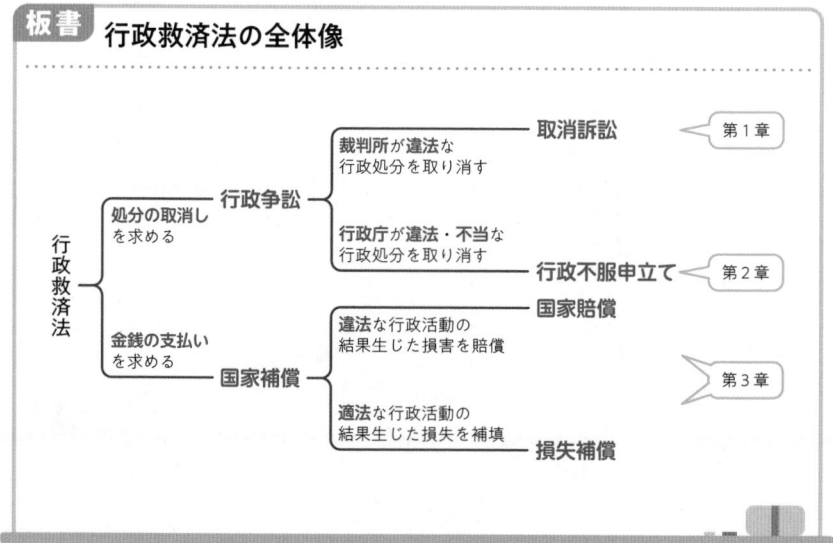

2 行政事件訴訟法の全体像

1 行政事件訴訟法の全体像

　行政事件訴訟法には、取消しを求める訴訟以外の訴訟類型についても規定されています。

　行政事件訴訟法に規定されている訴訟は、❶抗告訴訟、❷当事者訴訟、❸民衆訴訟、❹機関訴訟の4つに大きく分けることができます。

 ❶の抗告訴訟が学習の中心になります。❷❸❹の訴訟については第7節で学習します。

板書　行政事件訴訟法の全体像

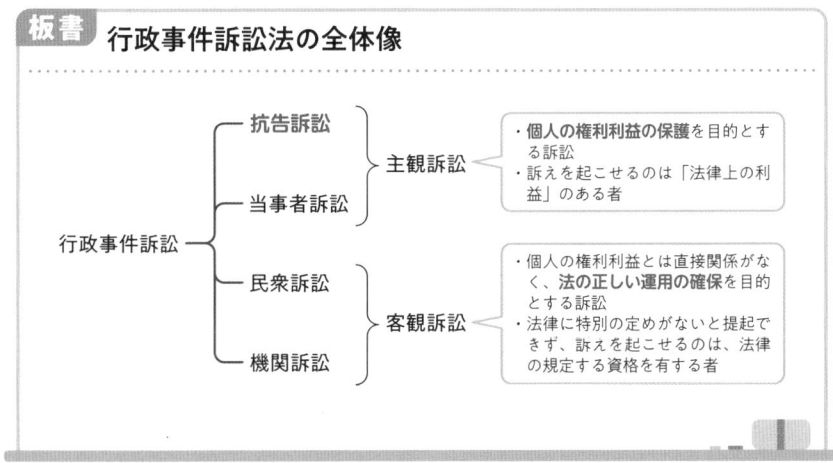

> **行政事件訴訟法3条**
> ① この法律において「抗告訴訟」とは、行政庁の公権力の行使に関する不服の訴訟をいう。

　抗告訴訟とは、**一方的・命令的に行われる行政庁の行為に対して国民の側が不服を申し立てる訴訟**の総称です。

　具体的には、次の板書にあるように6つの訴訟が含まれています。

　この中で、処分取消訴訟と裁決取消訴訟を合わせて取消訴訟と呼んでいます。

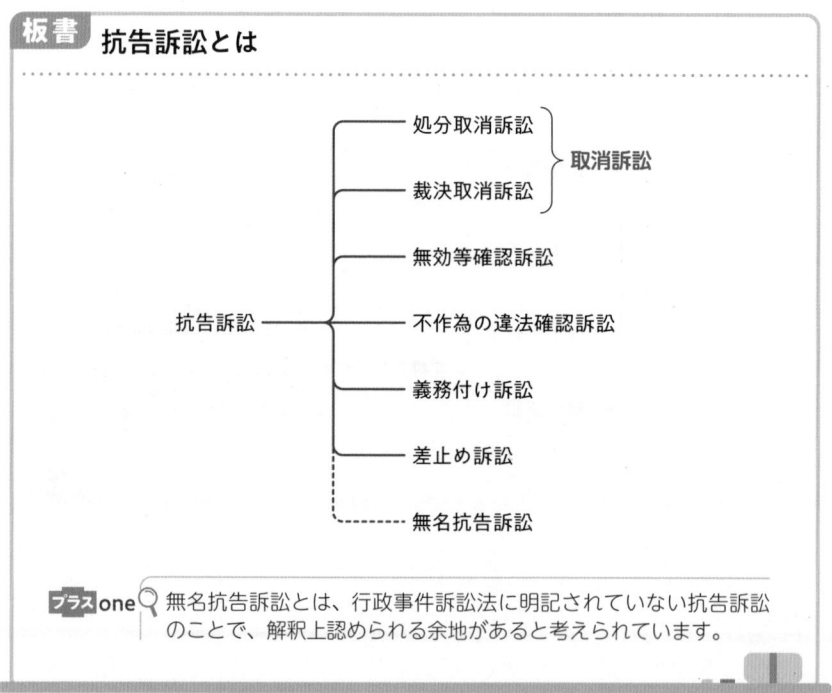

板書 抗告訴訟とは

```
                        ┌── 処分取消訴訟 ┐
                        │               ├ 取消訴訟
                        ├── 裁決取消訴訟 ┘
                        │
                        ├── 無効等確認訴訟
   抗告訴訟 ─────────────┤
                        ├── 不作為の違法確認訴訟
                        │
                        ├── 義務付け訴訟
                        │
                        ├── 差止め訴訟
                        │
                        └---- 無名抗告訴訟
```

　プラスone 🔍 無名抗告訴訟とは、行政事件訴訟法に明記されていない抗告訴訟のことで、解釈上認められる余地があると考えられています。

　行政事件訴訟法における学習の中心は取消訴訟です。取消訴訟以外の抗告訴訟は、第6節でまとめて説明します。

取消訴訟の訴訟要件Ⅰ

START! 本節で学習すること

ここからしばらく、取引訴訟の訴訟要件について学習します。本節では、このうち処分性と呼ばれる要件を扱います。

いくつもある訴訟要件の中で、重要度が高いのが本節で学習する処分性と次節で学習する原告適格、訴えの利益です。

とにかく判例が重要ですので、まずは各事案における処分性の有無について判断できるように結論を覚えましょう。重要な判例については判決文の中でどのようなことを述べたかも押さえる必要があります。

1 取消訴訟の訴訟要件

1 訴訟要件とは

　訴訟として成立するための要件を訴訟要件（そしょうようけん）といいます。つまりそもそも訴訟として成立し、裁判所に内容的な判断をしてもらうための要件のことです。

　この訴訟要件が満たされていなければ、裁判所は、**訴えに関する内容的な判断はせずに訴訟を終了させる判断**（却下判決（きゃっか））を出します。

> 却下判決は、訴えの内容自体は見てくれない判断なので、**"門前払い"** の判決と説明されます。

　したがって、まずは訴訟要件を満たしているか否かがチェックされるわけですが、この審理のことを要件審理（ようけんしんり）と呼んでいます。要件審理の結果、訴訟要件が満たされていると判断されると、訴えの内容についての審理がされます。これを**本案審理**（ほんあん）と呼びます。

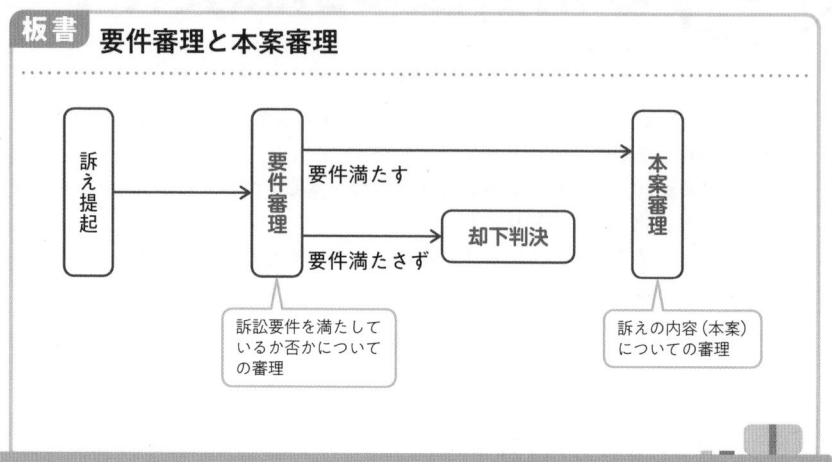

板書　要件審理と本案審理

訴え提起 → 要件審理 →（要件満たす）→ 本案審理

要件審理 →（要件満たさず）→ 却下判決

訴訟要件を満たしているか否かについての審理

訴えの内容（本案）についての審理

2　訴訟要件の内容

取消訴訟の訴訟要件を一覧で挙げると次のようになります。

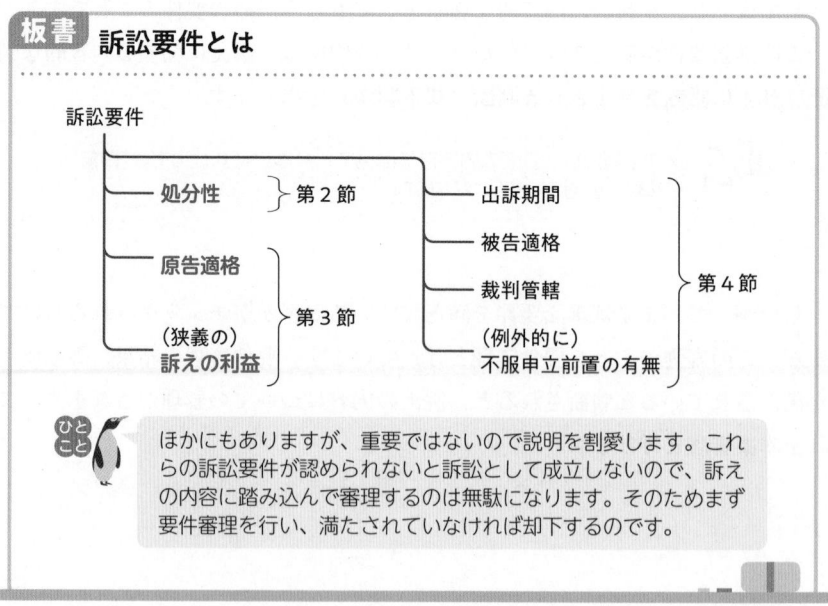

板書　訴訟要件とは

訴訟要件

- 処分性 ┐第2節
- 原告適格 ┐
- （狭義の）訴えの利益 ┘第3節

- 出訴期間
- 被告適格
- 裁判管轄
- （例外的に）不服申立前置の有無
┐第4節

ひとこと　ほかにもありますが、重要ではないので説明を割愛します。これらの訴訟要件が認められないと訴訟として成立しないので、訴えの内容に踏み込んで審理するのは無駄になります。そのためまず要件審理を行い、満たされていなければ却下するのです。

1 処分性とは

　行政事件訴訟法は、処分取消訴訟（処分の取消しの訴え）について次のように定義しています。

> **行政事件訴訟法3条**
> ②　この法律において「処分の取消しの訴え」とは、行政庁の処分その他公権力の行使に当たる行為（次項に規定する裁決、決定その他の行為を除く。以下単に「処分」という。）の取消しを求める訴訟をいう。

　この条文は直接的には取消訴訟のうちの一方である処分取消訴訟に言及したものですが、裁決も確認という準法律行為的行政行為、つまり処分に該当します。したがって、取消訴訟の対象となるのは**処分（行政庁の処分その他公権力の行使に当たる行為）**である必要があります。

　では、**処分**とはどのようなものを指すのでしょうか？

　判例は、処分の意義について、「**公権力の主体たる国または公共団体が行う行為**のうち、その行為によって、**直接国民の権利義務を形成**し、またはその**範囲を確定**することが法律上認められているもの」としています。

　この判例の内容を定式化すると、処分とは、❶**公権力性**、❷**直接性・具体性**、❸**法的効果**、❹**外部性**、という特徴を有するものということになります。

> 処分としての性質を有していることを指して、「**処分性がある**」と表現します。「処分性がある＝**取消訴訟の対象となる**」という意味であると理解しておきましょう。

2　処分性の４つの構成要素

❶ 公権力性

　処分庁（処分を行った行政庁）が法律に基づいて**国民の権利義務を一方的に変動させる行為**であることが必要です。したがって、契約締結行為などの私法上の行為には処分性がありません。

❷ 直接性・具体性

　その行為自体が**直接的に国民に権利や義務の変動を生じさせる具体性**が必要です。したがって、一般的・抽象的な法規範を定立するものである行政立法（政令・省令の制定行為）や条例の制定行為には原則として処分性がありません。

❸ 法的効果

　相手方たる**私人に権利や義務の発生など法的効果が生じるものである**必要があります。したがって、事実行為としての行政指導には原則として処分性がありません。

❹ 外部性

　行政から見て**外部に存在する国民に向けられた行為である**必要があります。行政内部についてのみ法的効力を有するとされる通達などの行政規則や、行政機関どうしの間で行われる内部的な行為には処分性がありません。

　第1編で何度か触れたように、「行政行為」と「処分」はほぼ重なる概念であり、**行政行為は処分性が認められる典型的な行政の活動**です。ただし、これから詳しく検討するように、行政行為に分類されるものの中にも処分性がないとされるものが一部存在します。他の行政の活動についても、前述の4つの構成要素の強弱によって個別に判定されます。

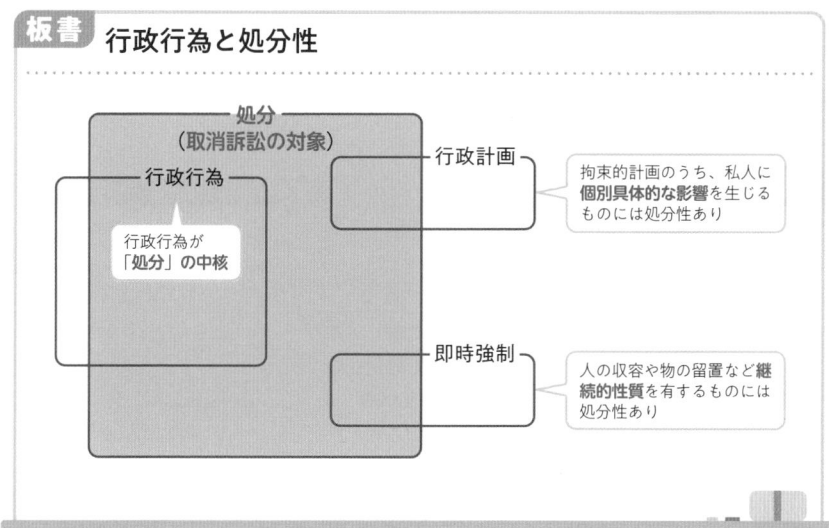

板書　行政行為と処分性

処分
（取消訴訟の対象）

行政行為

行政行為が
「処分」の中核

行政計画　──　拘束的計画のうち、私人に**個別具体的な影響**を生じるものには処分性あり

即時強制　──　人の収容や物の留置など**継続的性質**を有するものには処分性あり

第2編

第1章

行政事件訴訟

1 「公権力性」に関わる事例

❶ 国有財産の払下げ

　契約締結行為などは当事者の意思によって行われるものなので、行政庁が一方的に私人の権利・義務に変動を生じさせる権力的な行為ではありません。したがって、処分性が認められず、取消訴訟の対象となりません。

　国有財産の払下げについて、それが**許可という形を採って行われたとしても私法上の売買であって、処分性はない**と判断されています。

⚖️ **最高裁**にきいてみよう！

国有財産払下げ事件／1960.7.12

　大蔵大臣（当時）が、納税のため物納され国有財産となっていた土地の払下げを行ったところ、その土地の借地人と称する者が払下げ許可の取消しを求めた事件です。

Q 国有財産の払下げは、取消訴訟の対象となりますか？
A 私法上の売買であり、処分性がないので取消訴訟の対象となりません。
　国有普通財産の払下を私法上の売買と解すべきであって、払下げが売渡申請書の提出、これに対する払下許可の形式をとっているからと言って、払下行為の法律上の性質に影響を及ぼすものではない（処分性なし）。
　　　　　　　　　　　　　　　　　　　　　　　　　　　　01▶

❷ 公共施設の設置

　地方公共団体がごみ焼却場を設置する際に、建設業者と請負契約等を締結することがあります。このように**契約によってごみ焼却場を設置する行為**に処分性が認められるかが争われた事件もあります。

　この事件では、ごみ焼却場設置に絡む東京都の側の一連の行為に処分性が認められるかが争点になりましたが、ごみ焼却場の設置計画および計画案を都議会に提出した行為は**都の内部的手続に過ぎない**ことを理由に**処分性が否定**されています。また、**設置行為（建設企業との請負契約）は私法上の契約に過ぎない**ことを理由として、**処分性が否定**されています（東京都ごみ焼却場設置事件）。

　労働災害で亡くなった人の遺族が受給する遺族補償年金という制度があり、これに付随した労働福祉事業として、遺族の進学等を支援するため、学費の一部を支給する労災就学援護費という給付があります。

　第1編第4章で学習したように、授益的行政である労災就学援護費の支給は本質的には贈与契約であるため、この**労災就学援護費を不支給とする決定**に対し、取消訴訟を提起することができるかが問題となりました。

　労災就学援護費は、労働基準監督署長に申請し、支給要件を満たしていることの確認がされて、労働基準監督署長の決定により支給されます。このような事情を考慮すると、**不支給の決定は公権力性を帯びており、処分性がある**と判断されました。

⚖ 最 高 裁 にきいてみよう！

労災就学援護費不支給事件 ／ 2003.9.4

　労働者災害補償保険法に基づく遺族補償年金を受給していた者が子どもの就学費用を得ようと労災就学援護費の申請をしていました。その後、子どもが外国の大学に進学したことで、支給要件を満たさなくなったとして、労災就学援護費の不支給決定を受けたので、その取消しを求めて提訴した事件です。

Q 労災就学援護費の不支給の決定には処分性が認められますか？

A 認められます。

　具体的に支給を受けるためには、労働基準監督署長に申請し、所定の支給要件を具備していることの確認を受けなければならず、労働基準監督署長の支給決定によって初めて具体的な労災就学援護費の支給請求権を取得するものといわなければならない。そうすると、労働基準監督署長の行う**労災就学援護費の支給又は不支給の決定は、法を根拠とする優越的地位に基づいて一方的に行う公権力の行使であり、被災労働者又はその遺族の上記権利に直接影響を及ぼす法的効果を有するものであるから、抗告訴訟の対象となる行政処分に当たる**ものと解するのが相当である（処分性あり）。

よく出る！ フレーズ

02 ▶

ひとこと　取消訴訟は抗告訴訟の一種であり、抗告訴訟全体が「処分」を前提とした訴訟になっているので、「取消訴訟の対象となる」と表現する代わりに「抗告訴訟の対象となる」という表現が使われることもあります。

❶ 条例等の規範定立行為

条例制定等の規範定立行為は、一般的抽象的な規範を制定するものであり、その行為自体で直接的に特定の個人に対して具体的効果を発生させるものではありません。したがって、原則として処分性は有していないとされます。

その具体例として、地方公共団体が営む水道事業における**水道料金を改定する条例の制定行為**について、**処分性がない**とした判例があります（高根町別荘地事件）。

一方、条例の制定行為でありながら**例外的に処分性を認めたのが、特定の保育所を廃止するための条例の制定行為**です。

⚖ 最高裁にきいてみよう！　横浜市保育所廃止条例事件／2009.11.26

横浜市が設置運営する公営の保育所の一部を民営化することとし、対象となる4つの保育所を廃止する旨を条例で規定しました。これに反対する保護者らが、条例の取消しを求めて提訴した事件です。

Q 特定の保育所を廃止する条例の制定行為には処分性が認められますか？

A 認められます。

本件改正条例は、本件各保育所の廃止のみを内容とするものであって、他に行政庁の処分を待つことなく、その施行により各保育所廃止の効果を発生させ、当該保育所に現に入所中の児童及びその保護者という限られた特定の者らに対して、直接、当該保育所において保育を受けることを期待し得る上記の法的地位を奪う結果を生じさせるものであるから、その**制定行為は、行政庁の処分と実質的に同視し得るものということができる。…以上によれば、本件改正条例の制定行為は、抗告訴訟の対象となる行政処分に当たる**と解するのが相当である（処分性あり）。　**よく出る！フレーズ** 03

ひとこと 本件条例の制定行為に例外的に処分性が認められたのは、**その内容から直接性・具体性を有している**と判断されたからといえます。

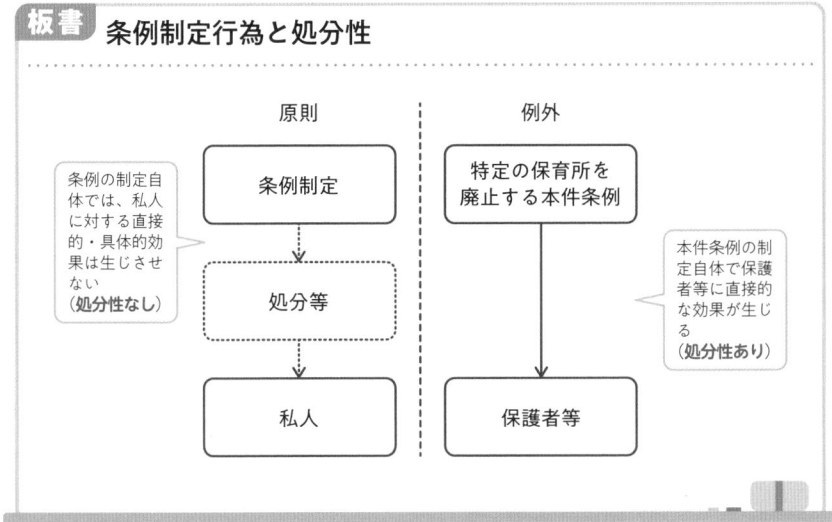

板書 条例制定行為と処分性

原則

条例の制定自体では、私人に対する直接的・具体的効果は生じさせない（処分性なし）

条例制定
↓
処分等
↓
私人

例外

特定の保育所を廃止する本件条例

本件条例の制定自体で保護者等に直接的な効果が生じる（処分性あり）

↓

保護者等

❷ 告　示

　行政規則の1つである告示の処分性が問題となったケースもあります。

　土地に隣接している道が狭いと、災害時の避難や緊急車両の走行に困難を生じるため、建築基準法では4m以上の幅を持った道路に接するよう義務づけています。ところが、この規制ができた当時は幅の狭い道も、その道に隣接した土地も多くありました。

　この場合、幅4m未満の道のうち、行政庁が指定したものを幅4mの道路とみなすことで、道路の中心線から2mの部分に建物の建築制限が行われることがあります。土地の所有者にとっては、自分の土地のうち自由に建物を建てられる部分が目減りする不利益があります。このような道路は建築基準法42条2項に規定されていることから「2項道路（みなし道路）」と呼ばれますが、この**2項道路を告示の形式で一括指定したことの処分性**が問題になりました。

　告示による2項道路の一括指定は**具体的な私権の制限をもたらしており、個人の権利義務に対して直接影響を与えることから、処分性が認められています**（御所町2項道路指定事件）。

❸ 行政計画

　行政計画の処分性については第1編第4章でも少し扱いました。まず非拘束的計画には処分性が認められず、拘束的計画についても一様には判断できません。

　私人に個別具体的な影響を生じるとされた**市町村が施行する土地区画整理事業計画の決定については、処分性が認められています**（浜松市土地区画整理事業計画事件）。同様に、**第二種市街地再開発事業の事業計画の決定**についても**処分性が認められています**。

> **プラスone**🔍 ここで例に挙げたような土地区画整理事業を民間主体で行う場合があり、この場合、「土地区画整理組合」という組合を設立する認可を得ることが事業の端緒となります。この認可は行政計画の決定と同様の位置づけであり、**土地区画整理法に基づく土地区画整理組合の設立認可についても処分性が認められています**（土地区画整理組合設立認可事件）。

　一方、一般的抽象的な行為に過ぎないとされた**都市計画として行われる用途地域の指定については、処分性が認められません**（盛岡用途地域指定事件）。

3 「法的効果」に関わる判例

❶ 行政指導

相手方たる私人に権利や義務の発生など法的効果が生じるものが処分なので、法的な効果を生じさせない行政指導には原則として処分性が認められません。

しかし、例外的に、行政指導でありながら処分性が認められたものが、**医療法に基づく病院開設中止の勧告**です。

病院を開設したい私人が、行政の開設中止勧告を無視することは可能ですが、結果として保険医療機関として指定を受けられない可能性が高くなります。すると医療保険の適用されない病院を受診しようとする患者はほとんどいませんので、事実上病院開設を断念せざるを得なくなります。これらを考慮して、判例は**病院開設中止の勧告に処分性を認めています**。

⚖ 最高裁にきいてみよう！   病院開設中止勧告事件／2005.7.15

医療法に基づき病院開設許可の申請をした者に対して、知事は、すでに当該地域では病床数が足りていることを理由に病院開設を中止するよう勧告をしつつ、病院の開設許可をしました。この勧告を無視して病院を開設すると、保険医療機関の指定が受けられない可能性が高いことから、申請者が勧告に対する取消しを求めて提訴した事件です。

Q 病院開設を中止するよう求める勧告には処分性が認められますか？

A 認められます。

医療法30条の7の規定に基づく病院開設中止の勧告は、医療法上は当該勧告を受けた者が任意にこれに従うことを期待してされる行政指導として定められているけれども、当該勧告を受けた者に対し、これに従わない場合には、**相当程度の確実さをもって、病院を開設しても保険医療機関の指定を受けることができなくなるという結果をもたらすもの**ということができる。そして、いわゆる国民皆保険制度が採用されている我が国においては、健康保険、国民健康保険等を利用しないで病院で受診する者はほとんどなく、保険医療機関の指定を受けずに診療行為を行う病院がほとんど存在しないことは公知の事実であるから、保険医療機関の指定を受けることができない場合には、実際上病院の開設自体を断念せざるを得ないことになる。このような医療法30条の7の規定に基づく病院開設中止の勧告の保険医療機関の指定に及ぼす効果及び病院経営における保険医療機関の指定の持つ意義を併せ考えると、この**勧告は、行政事件訴訟法3条2項にいう「行政庁の処分その他公権力の行使に当たる行為」に当たる**と解するのが相当である。

04 ▶

❷ 行政上の強制措置

行政代執行の戒告や代執行令書による通知など、**行政代執行を行うための事前の手続として行われる行為については、一般に処分性が認められる**とされています。

また、即時強制や直接強制などの行政上の強制手段の中で、人の収容や物の留置など**継続的性質を有するものについては処分性があり**、取消訴訟の対象となるとされています。

> これらの行為は、行政事件訴訟法3条の「その他公権力の行使に当たる行為」に該当するので取消訴訟の対象になると説明されることもあります。

❸ 通　知

関税定率法に基づき**税関長が行った輸入禁制品に該当する旨の通知**には、該当の物品を適法に輸入することができなくなるという効果を生じさせることを理由に、**処分性が認められています**（横浜税関事件）。

同様に、**空港検疫所の所長が行った食品衛生法違反の通知**についても、輸入の許可を受けられなくなることを理由に、**処分性が認められています**（冷凍スモークマグロ事件）。

> 「通知」はそもそも行政行為の1つですが、行政行為だから当然に処分性があるとするのではなく、それぞれ輸入ができなくなる**という法的効果が生じていることに着目し、処分性を認めている**ことに注意しましょう。

❹ 交通反則金の納付の通告

軽微な交通違反に対して「反則切符」が切られることがあります。違反者は反則金を納付することで起訴を免れることができる制度ですが、**交通反則金の納付通告**に対しては、判例は次のように述べて、**処分性を認めていません**。

⚖ 最高裁にきいてみよう！　　　　　　　　`交通反則金納付通告事件　1982.7.15`

違法駐車を理由に交通反則金の納付の通告を県警察本部長から受けた者が、違法駐車をしたのは自分ではないとして、この通告の取消訴訟を提起した事件です。

Q 交通反則金の納付の通告には処分性が認められますか？

A 認められません。

道路交通法は、通告を受けた者が、その自由意思により、通告に係る反則金を納付し、これによる事案の終結の途を選んだときは、もはや当該通告の理由となった反則行為の不成立等を主張して通告自体の適否を争い、これに対する抗告訴訟によってその効果の覆滅を図ることはこれを許さず、右のような主張をしようとするのであれば、**反則金を納付せず、後に公訴が提起されたときにこれによって開始された刑事手続の中でこれを争い**、これについて裁判所の審判を求める途を選ぶべきであるとしているものと解するのが相当である。

右の次第であるから、**通告に対する行政事件訴訟法による取消訴訟は不適法**というべきであり、これと趣旨を同じくする原審の判断は正当である（**処分性なし**）。

> 交通反則金制度は刑事裁判を免れたい人が任意に選択する制度であって、納付の義務を課しているわけではありません。義務を課したわけではないから処分性はなく、このケースのように違反行為の存在自体を争いたいのであれば、納付せずに原則的手続である刑事裁判で争えばよいと最高裁は考えているということです。

---

4 「外部性」に関する判例

❶ 通　達

通達というのは第1編第2章で扱った行政規則の形式の1つであり、行政機関内部においてのみ効力を有するものとされています。したがって、**行政の外部に存在する国民に向けられた行為ではないので、処分性は認められません**。

具体例として、異教徒であることは墓地埋葬を拒否できる「正当の理由」に該当しないとする通達について、処分性が認められないとした判例があります（墓地埋葬通達事件）。

行政機関の間で行われる**内部行為**も、**行政の外部の国民に向けられた行為ではないので、処分性は認められません。**

運輸大臣（当時）が鉄道建設公団（当時）に対して新幹線建設に関する工事実施計画を認可した行為は、上級機関である大臣の下級機関である公団に対する監督的行為であって行政機関内部の行為と同視すべきであるとして、処分性を認めなかった判例があります（成田新幹線訴訟）。

同じく、建築許可の際に消防長の同意が必要とされる建築許可申請をした者が、消防長が不同意としたために建築許可が得られなかった事例においても、消防長の不同意は、行政機関の相互の内部行為に過ぎないとして、処分性が認められていません。

板書 処分性なしと判断した判例

内容	理由
国有財産の払下げ	許可の形式を採るものの、私法上の売買に過ぎず公権力性を欠くため
ごみ焼却場の設置	設置計画の提出は内部手続に過ぎず、設置行為である建設企業との請負契約も私法上の契約であり公権力性を欠くため
水道料金を改定する条例の制定	条例の制定行為は特定の個人に対して**直接的に具体的効果を発生させないため**
用途地域の指定	**一般的抽象的な行為に過ぎないため**
交通反則金の納付通告	納付は任意の選択であり、法的義務を課したわけではないため
墓地埋葬に関する通達	通達は**行政機関内部でのみ効力を有するものであるため**
鉄道建設公団に対する工事実施計画の認可	上級機関（大臣）が下級機関（公団）に対して行った行政機関の内部行為に過ぎないため
建築許可に際しての消防長の不同意	消防長と知事という**行政機関の内部行為に過ぎないため**

板書 処分性ありと判断した判例

内容	理由
労災就学援護費の不支給決定	給付の実質は贈与契約であるものの、**労働基準監督署長の決定により支給されることから公権力性があるため**
特定の保育所を廃止する条例の制定	条例の内容自体が、特定の個人に**直接的に具体的効果を発生させるものであるため**
告示による2項道路の一括指定	特定の個人に私権の制限という**具体的な権利義務の影響を直接与えるものであるため**
土地区画整理事業計画の決定	私人に**個別具体的な影響を生じるため**
第二種市街地再開発事業計画の決定	私人に**個別具体的な影響を生じるため**
土地区画整理組合の設立の認可	私人に**個別具体的な影響を生じるため**
病院開設中止の勧告	勧告を無視することで**事実上病院開設を断念せざるを得ない**という結果を考慮すべきであるため
輸入禁制品に該当する旨の通知	該当の物品を**輸入できなくなるという法的効果を有する**ため
食品衛生法違反の通知	該当の物品を**輸入できなくなるという法的効果を有する**ため

第2節 取消訴訟の訴訟要件Ⅰ

☐ 訴訟として成立するか否かについての要件を**訴訟要件**といいます。まず、訴訟要件を満たしているか否かの要件審理を行い、訴訟要件が満たされていなければ、裁判所は、訴えに関する内容的な判断はせずに却下判決を出します。

☐ 判例上「処分」とは、「**公権力の主体**たる国または公共団体が行う行為のうち、その行為によって、**直接国民の権利義務を形成し**、またはその**範囲を確定する**ことが**法律上認められているもの**」をいいます。

☐ 都がごみ焼却場の設置を計画し計画案を議会に提出した行為は**都の内部的手続**に過ぎず、建設企業との請負契約に基づく設置行為は私法上の契約に過ぎないことから、ごみ焼却場の設置に絡む一連の行為は**処分性が否定**されています。

☐ **労災就学援護費の不支給決定**には**処分性があり**、取消訴訟の対象となります。

☐ 条例の制定行為は一般に処分性が否定されますが、市が行った**特定の保育所を廃止する条例の制定行為**については、**処分性が認められたもの**があります。

☐ 土地区画整理法に基づく**土地区画整理組合の設立の認可**については、**処分性が認められています**。

☐ 医療法に基づく**病院開設中止の勧告**は、行政指導であっても、保険医療機関の指定を受けられず、事実上病院開設を断念させる効果があるので、**処分性が認められています**。

☐ **交通反則金の納付の通告**は、**処分性がないので**取消訴訟の対象となりません。

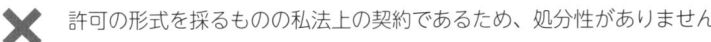

○×スピードチェック

---

01 国有普通財産の払下げは、売渡申請書の提出及びこれに対する払下許可
の形式が採られており、国が優越的地位に立って私人との間の法律関係
を定めるものであるから、抗告訴訟の対象となる行政処分に当たる。

国家専門職2014

 許可の形式を採るものの私法上の契約であるため、処分性がありません。

---

02 労働基準監督署長が行う労災就学援護費の支給又は不支給の決定は、労
働者災害補償保険法を根拠とする優越的地位に基づいて一方的に行う公
権力の行使であり、被災労働者又はその遺族の労災就学援護費の支給請
求権に直接影響を及ぼす法的効果を有するものであるから、抗告訴訟の
対象となる行政処分に当たる。 国家専門職2014

○

---

03 市の設置する特定の保育所を廃止する条例の制定行為は、普通地方公共
団体の議会が行う立法作用に属するものであり、その施行により各保育
所を廃止する効果を発生させ、当該保育所に現に入所中の児童及びその
保護者に対し、当該保育所において保育の実施期間が満了するまで保育
を受けることを期待し得る法的地位を奪う結果を生じさせるとしても、
行政庁の処分と実質的に同視し得るものということはできず、処分性は
認められない。 国家一般職2012

 私人に対する法的効果をもたらしており、処分性があります。

---

04 医療法に基づき都道府県知事が行う病院開設中止の勧告は、勧告を受け
た者がこれに従わない場合に、相当程度の確実さをもって健康保険法上
の保険医療機関指定を受けられないという結果をもたらすとしても、そ
れは単なる事実上の可能性にすぎず、当該勧告自体は、法的拘束力を何
ら持たない行政指導であるから、直接国民の権利義務を形成し又はその
範囲を確定する行為とはいえず、処分性は認められない。国家一般職2012

 事実上法的効果をもたらしており、処分性があります。

第3節 取消訴訟の訴訟要件 II

START! 本節で学習すること

本節では、訴訟要件のうち原告適格と訴えの利益と呼ばれる要件について学習します。

前節同様、判例が重要になりますので、原告適格の有無、訴えの利益の有無についての結論をしっかり覚えることが大切です。

1 原告適格

1 原告適格とは

げんこくてきかく
原告適格とは、**処分の取消しを求めて出訴することのできる資格**を指します。この原告適格を有しない者は取消訴訟を起こすことができません。

では、原告適格はどのような者に認められるのでしょうか？

行政事件訴訟法3条
① 処分の取消しの訴え及び裁決の取消しの訴え（以下「取消訴訟」という。）は、当該処分又は裁決の取消しを求めるにつき法律上の利益を有する者…に限り、提起することができる。

つまり、**処分に対して取消しを求める「法律上の利益を有する者」**は原告適格を有しているということになります。

「法律上の利益を有する者」をどのように解釈するかについては争いがありますが、処分の相手方に原告適格があることに争いはありません。問題になり得るのは、処分の相手方以外の第三者に原告適格が認められるか否かです。

　判例上、「法律上の利益を有する者」とは、「当該処分により**自己の権利若し
くは法律上保護された利益を侵害され又は必然的に侵害されるおそれのある者**」
をいうと定義されています（新潟空港訴訟）。

　「法律上保護された利益」は、その**法規が誰のどのような利益を保護しよう
としたものか**、ということと関係します。

　仮に、処分の根拠となる法令が、原告として訴えた者の主張する利益を保護
するために許認可等の処分の仕組みを作ったとすれば、その原告には「法律上
の利益」があり、原告適格が認められるということになります。

　一方、根拠法令が保護しようとしたわけではなく、結果的に利益
を享受するに過ぎない場合、それを**反射的な利益**、ないし**事実上
の利益**と呼び、そのような利益を受けているに過ぎない者は、原
告適格を有しないと判断されます。

原告適格の有無が問題となるのは処分の相手方以外の第三者ですが、その第三者とは、処分等に基づき設置・利用される施設の周辺住民であることが多いので、周辺住民とその他に分けて判例の判断を見ていくことにしましょう。

1 周辺住民に関する判例

❶ 保安林の指定解除

水源の維持や、土砂災害の防止などの目的で指定される「保安林」という森林があり、この保安林は森林法という法律に規定されています。保安林の指定が違法に解除されたとき、その周辺住民に取消訴訟の原告適格が認められるでしょうか。

⚖ 最 高 裁 にきいてみよう！　　　　　　長沼ナイキ基地訴訟／1982.9.9

農林水産大臣が、自衛隊の基地用地にするとの理由で保安林の指定解除を行ったことから、基地の建設に反対する住民が指定解除の取消しを求めて出訴した事件です。

Q 保安林の周辺住民に、その指定解除に対する取消訴訟の原告適格がありますか？

A 周辺住民には原告適格があります。

法は、森林の存続によって不特定多数者の受ける生活利益のうち一定範囲のものを公益と並んで保護すべき個人の個別的利益としてとらえ、かかる利益の帰属者に対し保安林の指定につき「直接の利害関係を有する者」としてその利益主張をすることができる地位を法律上付与しているものと解するのが相当である。

そうすると、かかる「直接の利害関係を有する者」は、保安林の指定が違法に解除され、それによって自己の利益を害された場合には、右解除処分に対する取消しの訴えを提起する原告適格を有する者ということができる（原告適格あり）。**よく出る！ フレーズ**

森林法は保安林の存在によって**周辺住民が得られる一定範囲の利益を保護の対象としている**ため、指定解除により洪水緩和、渇水予防上直接の影響を被る一定範囲の地域に居住する住民には原告適格が認められるとしています。

❷ 航空事業免許

航空会社は、定期便を新たに就航・増便などさせる際、国に対して申請をして免許を得ます。一方、発着する便数が増えると、空港の周辺住民は騒音により健康や生活上の利益を害されることがあります。

空港の周辺住民には、航空会社に与えられた免許に対する取消訴訟の原告適格が認められるでしょうか。

⚖️ 最高裁 にきいてみよう！　　　　　　　　新潟空港訴訟／1989.2.17

運輸大臣（当時）が航空会社に与えた新潟・ソウル間の定期航空運送事業免許に対して、新潟空港周辺の住民が、騒音により健康ないし生活上の利益が害されたと主張し、取消しを求めて出訴した事件です。

Q 空港の周辺住民に、航空運送事業免許に対する取消訴訟の原告適格がありますか？

A 周辺住民には原告適格があります。

単に飛行場周辺の環境上の利益を一般的公益として保護しようとするにとどまらず、飛行場周辺に居住する者が航空機の騒音によって著しい障害を受けないという利益をこれら個々人の個別的利益としても保護すべきとする趣旨を含むものと解することができるのである。したがって、新たに付与された定期航空運送事業免許に係る路線の使用飛行場の周辺に居住していて、当該免許に係る事業が行われる結果、当該飛行場を使用する各種航空機の騒音の程度、当該飛行場の1日の離着陸回数、離着陸の時間帯等からして、当該免許に係る路線を航行する航空機の騒音によって社会通念上著しい障害を受けることとなる者は、当該免許の取消しを求めるにつき法律上の利益を有する者として、その取消訴訟における原告適格を有すると解するのが相当である（**原告適格あり**）。

よく出る！
フレーズ

プラス one 航空会社への免許は航空法という法律に基づいてなされていますが、この航空法は周辺住民の健康や生活環境を保護するものではありません。しかし判例は**原告の救済のため、航空法の関連法規である航空機騒音防止法にも考慮対象を拡大し**、周辺住民の利益を保護の対象としました。この判例を踏まえて2004年に行政事件訴訟法が改正され、当該法令の趣旨・目的を考慮するだけでなく、**関連法令の趣旨・目的も参酌すること**等が解釈指針として明記されています。

❸ 原子炉の設置許可

　原子炉が設置され稼働を始めると、事故等の際に周辺住民に甚大な被害が及ぶことが考えられます。このような施設の周辺住民には、原子炉の設置許可処分に対する抗告訴訟の原告適格が認められるでしょうか。

> この事案は、直接的には無効等確認訴訟についての原告適格が争われたものですが、法律上の利益（原告適格）があるか否かの判定については、取消訴訟と同様に判断されるものと考えて問題ありません。

⚖ 最高裁にきいてみよう！　　もんじゅ訴訟／1992.9.22

　内閣総理大臣が動力炉・核燃料開発事業団に与えた原子炉の設置許可処分に対して、設置場所の周辺住民が、無効確認を求めて出訴した事件です。

Q 原子炉設置地の周辺住民には、原子炉設置許可に対する抗告訴訟の原告適格がありますか？

A **事故がもたらす災害により直接かつ重大な被害を受けることが想定される範囲の住民には原告適格があります。**

　原子炉施設の近くに居住する者はその生命、身体等に直接的かつ重大な被害を受けるものと想定されるのであり、（原子炉等規制法の）右各号は、単に公衆の生命、身体の安全、環境上の利益を一般的公益として保護しようとするにとどまらず、**原子炉施設周辺に居住し、右事故等がもたらす災害により直接的かつ重大な被害を受けることが想定される範囲の住民の生命、身体の安全等を個々人の個別的利益としても保護すべきものとする趣旨を含む**と解するのが相当である（原告適格あり）。

> よく出る！フレーズ

　そして、当該住民の居住する地域が、前記の原子炉事故等による災害により直接的かつ重大な被害を受けるものと想定される地域であるか否かについては、当該原子炉の種類、構造、規模等の当該原子炉に関する具体的な諸条件を考慮に入れた上で、**当該住民の居住する地域と原子炉の位置との距離関係を中心として、社会通念に照らし、合理的に判断すべきものである。**

> **プラスone** 具体的には、原子炉から約29kmおよび約58kmの範囲内の地域に居住している住民に「法律上の利益がある」としています。

　踏切が存在することによる渋滞や事故を避けるため、鉄道の路線を高架化または地下化して、幹線通路と立体的に交差させることがあります。このような都市計画事業は都市計画法に基づき、国の認可を得て行われます。

　一方、高架化が選択されると沿線住民に騒音被害が生じ、住環境が損なわれるという不利益も生じます。

　これまで、対象の事業地内に不動産を所有する者には原告適格が認められたケースがありましたが、一定範囲の周辺住民にとどまる者にも原告適格が認められるでしょうか。

⚖ 最 高 裁 にきいてみよう！　小田急高架化訴訟／2005.12.7

　建設大臣（当時）が都知事に対して行った都市計画事業の認可について、その内容に反対する事業地内に不動産を所有する者や鉄道線路の周辺住民が取消しを求めた訴訟です。

Q 鉄道に関する都市計画事業の認可について、線路の周辺住民には原告適格が認められますか？

A 騒音、振動等による健康または生活環境に係る著しい被害を直接的に受けるおそれのある周辺住民には、原告適格が認められます。

　都市計画事業の認可に関する都市計画法の規定の趣旨及び目的、これらの規定が都市計画事業の認可の制度を通して保護しようとしている利益の内容及び性質等を考慮すれば、同法は、これらの規定を通じて、都市の健全な発展と秩序ある整備を図るなどの公益的見地から都市計画施設の整備に関する事業を規制するとともに、騒音、振動等によって健康又は生活環境に係る著しい被害を直接的に受けるおそれのある個々の住民に対して、そのような被害を受けないという利益を個々人の個別的利益としても保護すべきものとする趣旨を含むと解するのが相当である。

　したがって、都市計画事業の事業地の周辺に居住する住民のうち当該事業が実施されることにより騒音、振動等による健康又は生活環境に係る著しい被害を直接的に受けるおそれのある者は、当該事業の認可の取消しを求めるにつき法律上の利益を有する者として、その取消訴訟における原告適格を有するものといわなければならない（原告適格あり）。

よく出る！フレーズ

ひとこと　本判例は、第1編第3章で登場した小田急高架化訴訟（2006.11.2）と同じ事件に関する判断ですが、原告適格についてだけ判断した中間的な判決部分になります。

❺ 競輪の場外車券発売施設の設置許可

公営ギャンブルの1つである競輪は経済産業省が管轄していますが、競輪場とは別に車券の販売のみを行う施設（場外車券売場）が設置されることがあります。この設置は自転車競技法の規定により、一定の位置基準のもと経済産業大臣の許可により行われます。

こうした施設が置かれることにより、生活環境が悪化したり、周辺に享楽的な雰囲気がもたらされたりといった変化が考えられますが、この許可処分について取消訴訟の原告適格を有するのはどのような者でしょうか。判例の判断は分かれています（サテライト大阪事件）。

板書 **競輪の場外車券発売施設の設置許可取消訴訟の原告適格**

> 周辺住民 ：原告適格なし
> ⇒周辺住民は、位置基準が保護する利益のうち、健康な青少年の育成や公衆衛生の向上などの**公益に属する不特定多数者の利益を持つに過ぎない**から
>
> 医療施設の開設者：原告適格あり
> ⇒医療施設の開設者には業務上の支障が**具体的に生じる**おそれがあり、健全で静謐な環境のもとで円滑に業務を行うことも**個別的利益として保護**すべきだから

❻ パチンコ店の営業許可

パチンコ店を営業するには、風俗営業法に基づいて都道府県の公安委員会からの許可を得る必要があります。また、営業を規制する地域があり、具体的には条例で定められています。この風俗営業規制地域であるにもかかわらず営業の許可が出ている場合に、当該規制地域に居住する周辺住民には許可処分に対する取消訴訟の原告適格が認められるでしょうか。

判例は、風俗営業法による営業規制区域の規定は、**当該地域の良好な風俗環境を保全することを目的**としたものであって、居住する住民の個別的利益を保護することを目的としていないため、**周辺住民の原告適格を否定**しています（国分寺市パチンコ店営業許可事件）。

2 その他の判例

❶ 競業者の原告適格

近所に同じ業種の新規開業がなされることで、競業（ライバル）関係が生じることがあります。ライバルに新規開業してほしくないからといって、新規参入業者に対する営業許可処分を既存業者が取り消す、または無効確認を求める訴えが起こせるのでしょうか。

公衆浴場の経営許可については、公衆浴場間の過当競争から既存業者を守ることが公衆浴場法の趣旨に含まれているとして、既存業者は許可処分の無効を求める**原告適格を有する**と判断されています（京都府公衆浴場事件）。 01

一方、**質屋の営業許可**については、質屋を通じた盗品取引などの発生を未然に防ぎ社会の秩序を維持するのが質屋営業法の趣旨であり、既存業者の保護はこれに含まれていないとして、既存業者は**原告適格を有しない**と判断されています。

> このように競業者に原告適格が認められるか否かは、**許可制度が競業者を保護するためのものであるか否か**によります。

❷ 文化財研究者の原告適格

史跡としての指定を解除する処分に対して、その史跡を研究対象としてきた学術研究者に取消しを求める原告適格があるかが争われた訴訟があります。

この訴訟において、判例は、文化財保護法や県条例に文化財の学術研究者の学問研究上の利益の保護について特段の配慮をしている規定がないことを理由として、その**史跡を研究対象としてきた学術研究者は原告適格を有しない**と判断しています（伊場遺跡訴訟）。 02

❸ 特急電車利用者の原告適格

鉄道事業者が受けた**特急料金改定の認可処分**について、当該特急電車の利用者に取消しを求める原告適格があるかが争われた訴訟があります。

この訴訟においては、判例は、路線の周辺に居住し通勤定期券を購入するなどしてその**特急列車を利用している者であっても、取消訴訟の原告適格を有しない**と判断しています（近鉄特急訴訟）。

対象	原告適格の有無	理由
保安林の周辺住民	◯原告適格あり	森林の存続により周辺住民が受ける一定範囲の利益は森林法の保護対象だから
空港の周辺住民	◯原告適格あり	周辺住民の健康や生活環境は、航空法の関連法規である航空機騒音防止法の保護対象だから
原子炉の周辺住民	◯原告適格あり（一定範囲居住者）	一般的公益のみならず周辺住民の個別的利益も原子炉等規制法の保護対象だから
都市計画事業の影響を受ける鉄道周辺住民	◯原告適格あり	周辺住民の健康、生活環境の被害防止も都市計画法の保護対象だから
場外車券場の周辺住民	✕原告適格なし	自転車競技法に規定する位置基準が保護する利益のうち、周辺住民が有するのは公益に関する不特定多数者の利益に過ぎないから
場外車券場周辺の医療施設開設者	◯原告適格あり	自転車競技法に規定する位置基準が保護する利益のうち、医療施設開設者が有するのは業務上の支障を生じさせないという個別的利益だから
パチンコ店周辺住民	✕原告適格なし	風俗営業法の規定は良好な風俗環境の保全という公益を目的としたものに過ぎないから
公衆浴場の既存業者	◯原告適格あり	公衆浴場法の規定は既存業者を過当競争から守る趣旨を含むから
質屋の既存業者	✕原告適格なし	質屋営業法の規定は治安維持という公益を目的としたものに過ぎないから
史跡の学術研究者	✕原告適格なし	文化財保護法や条例には学問研究上の利益を保護する規定はないから
特急列車の利用者	✕原告適格なし	地方鉄道法の規定は鉄道利用者の個別の利益を保護する趣旨ではないから

3 訴えの利益

1 「訴えの利益」とは

原告適格がある者による訴えが提起されたとしても、時の経過によってある時点から取消しという判決を出してもらうことに実益がなくなってしまうことがあります。

訴えの利益とは、**処分の取消しによって原告が現実に利益を受けられる可能性**が必要である、とする訴訟要件です。

 原告適格も広い意味では訴えの利益に含まれるので、ここで扱う訴えの利益のことを**狭義の訴えの利益**と呼んで区別する場合があります。

この訴えの利益が消滅してしまえば、もはや裁判を続ける実益がないので、訴訟要件を満たさなくなったことを理由に**却下判決が出され、訴訟は終了**します。なぜなら、いまさら取消しという判決が出ても、法的な観点からは何の変化も生じない、特に原告にとってプラスに働く面がないのであれば、それでも審理を続けることは裁判制度の無駄づかいだからです。

2 回復すべき法律上の利益とは

行政事件訴訟法9条
① 処分の取消しの訴え及び裁決の取消しの訴え（以下「取消訴訟」という。）は、当該処分又は裁決の取消しを求めるにつき法律上の利益を有する者（処分又は裁決の効果が期間の経過その他の理由によりなくなつた後においてもなお処分又は裁決の取消しによつて回復すべき法律上の利益を有する者を含む。）に限り、提起することができる。

処分の効果が期間の経過などによって消滅した場合、原則として訴えの利益は消滅します。ただし、それでもなお**「処分の取消しによって回復すべき法律上の利益」**がある場合は、**訴えの利益は消滅しません**。

このことを明文化したのが上掲の条文のかっこ書き部分です。

いかなる場合に訴えの利益が消滅するのか、判例の事例ごとに見ていきましょう。

4 訴えの利益に関する判例

1 工事完了と訴えの利益

❶ 建築確認

　建築物の着工前に、建物等が法律や条例に適合しているか行政がチェックすることを**建築確認**といいますが、その建物ができることを不服とする人が建築確認の取消しを求めることがあります。

　この訴えの利益は、建築工事が完了してしまったら失われるでしょうか。

⚖ 最 高 裁 にきいてみよう！ 　　　仙台市建築確認事件／1984.10.26

　建築主事が、建築基準法に基づいて共同住宅の建築計画に対して確認処分をしました。これを不服として隣地に住む者が当該確認処分の取消訴訟を提起したものの、訴訟の係属中に建築工事が終了してしまいました。

Q 建築工事の完了によって建築確認に対して取消しを求める訴えの利益は失われますか？

A **失われます。**

　違反是正命令を発するかどうかは、特定行政庁の裁量にゆだねられているから、建築確認の存在は、検査済証の交付を拒否し又は違反是正命令を発する上において法的障害となるものではなく、また、たとえ建築確認が違法であるとして判決で取り消されたとしても、検査済証の交付を拒否し又は違反是正命令を発すべき法的拘束力が生ずるものではない。

　したがって、建築確認は、それを受けなければ右工事をすることができないという法的効果を付与されているにすぎないものというべきであるから、当該工事が完了した場合においては、建築確認の取消しを求める訴えの利益は失われるものといわざるを得ない（訴えの利益なし）。　　　　　よく出る！　フレーズ　　　03

❷ 工事完了により原状回復が不可能になった場合

　特定の地域の農業生産基盤を整備する事業を**土地改良事業**といいます。事業の施行が認可されると、事業予定地内の土地所有者に大きな影響が生じるため、これを不服とする人が取消訴訟を起こすことがあります。このとき、すでに**工事が完了し、たとえ取消判決が出ても原状回復が難しくなっていたら**、訴えの利益が残っているといえるでしょうか。

⚖️ **最高裁** にきいてみよう！　　　　　　八鹿町土地改良事業事件／1992.1.24

　知事が町営土地改良事業に対して施行認可処分を出したところ、事業予定地内の土地所有者が取消訴訟を起こしました。しかし裁判中に工事が進み、工事が完了してしまいました。

Q **工事の完了により原状回復が困難になった場合、事業の認可処分に対して取消しを求める訴えの利益は失われますか？**

A **失われません。**
本件認可処分が取り消された場合に、本件事業施行地域を本件事業施行以前の**原状に回復すること**が、本件訴訟係属中に本件事業計画に係る工事及び換地処分がすべて完了したため、社会的、経済的損失の観点からみて、**社会通念上、不可能である**としても、右のような事情は、行政事件訴訟法31条（事情判決）の適用に関して考慮されるべき事柄であって、**本件認可処分の取消しを求める上告人の法律上の利益を消滅させるものではないと解するのが相当である（訴えの利益あり）。**　　　04

　　　　工事を適法化する効力しか持たない建築確認については、工事の完了時に訴えの利益が失われるのと異なり、認可処分が違法として取り消されると、**続いて行われた工事や換地処分も違法となる**ため、原状回復が困難でも**訴えの利益は残る**としています。事情判決を得ることが補償につながるからです。

プラスone 　事情判決については第5節で扱いますが、処分が違法である場合でも、これを取り消すと公益に著しい障害が生じると認められる場合、一切の事情を考慮して取消しの判決を出さず、訴えを棄却する判決です。
　原告の望む取消しという結果ではないものの、判決の主文で処分が違法であったことが宣言されるため、**国家賠償による補償を得やすくなります。**

　代替施設の完成によって訴えの利益が失われるかが争われた事件もあります。

　前節で扱った長沼ナイキ基地訴訟では、保安林は洪水等を防ぐ目的も有するため周辺住民の原告適格が認められましたが、その代替を果たす施設が完成したらどう判断されるでしょうか。

⚖ 最高裁にきいてみよう！

長沼ナイキ基地訴訟／1982.9.9

　保安林の指定解除処分を取り消すよう求める訴訟の係属中に、国が保安林の代替として洪水等を防止する施設（ダム）を完成させました。

Q 代替施設の完成によって訴えの利益が失われますか？

A 失われます。

　上告人らの原告適格の基礎は、本件保安林指定解除処分に基づく立木竹の伐採に伴う理水機能の低下の影響を直接受ける点において右保安林の存在による洪水や渇水の防止上の利益を侵害されているところにあるのであるから、本件におけるいわゆる**代替施設の設置によって右の洪水や渇水の危険が解消され、その防止上からは本件保安林の存続の必要性がなくなったと認められるに至ったときは、もはや右指定解除処分の取消しを求める訴えの利益は失われる**に至ったものといわざるをえないのである（訴えの利益なし）。

　前記のように洪水の危険性が社会通念上なくなったと認められるだけでは足りず、あらゆる科学的検証の結果に照らしてかかる危険がないと確実に断定することができる場合にのみ訴えの利益の消滅を肯定すべきであるというが、右（この見解）は独自の見解であって採用することができない。

よく出る！フレーズ

3　回復すべき法律上の利益

❶ 懲戒免職処分

　公務員が選挙に立候補すると、公職選挙法の規定により公務員としての地位を失うことになります（自動失職規定）。**懲戒免職処分を受けた公務員**が、その処分に対する取消訴訟の係属中に地方議会選挙に立候補すると、この自動失職規定により当該処分がなくても法律上その職を辞したものとみなされ、免職処分が取り消されてももはや公務員に戻ることはできません。このことから、訴えの利益があるのかが争われた事件があります。

判例は、たとえ公務員に復職することができないとしても、懲戒免職処分が取り消されることにより、受領できなかった給料請求権など**回復すべき権利、利益があるので、処分の取消しを求める訴えの利益は消滅しない**としています（名古屋郵便局員懲戒免職事件）。

❷ 運転免許停止処分

　運転免許停止処分の効力は、免許停止期間および処分から1年間は不利に作用するため訴えの利益がありますが、**その期間を経過すると法律上の効果は一切消滅します。**そうすると、処分の取消しを求める訴えの利益も失われるのでしょうか。

⚖️ 最高裁にきいてみよう！　　　運転免許停止処分事件 / 1980.11.25

　30日間の免許停止処分を受けた者が、これを不服として取消訴訟を提起したものの、裁判中に無事故無違反のまま処分から1年間が経過しました。

Q 免許停止期間および処分から1年間が経過すれば、一切の法律上の効果が消滅することから訴えの利益は失われますか？

A 回復すべき法律上の利益はなく、訴えの利益は失われます。

　処分の効果は期間の経過によりなくなったものであり、また、本件原処分の日から1年を経過した日の翌日以降、被上告人が**本件原処分を理由に道路交通法上不利益を受ける虞がなくなったことはもとより、**他に本件原処分を理由に被上告人を不利益に取り扱いうることを認めた法令の規定はないから、行政事件訴訟法9条の規定の適用上、被上告人は、**本件原処分及び本件裁決の取消によって回復すべき法律上の利益を有しない**というべきである（訴えの利益なし）。

Q 免許停止処分の記載のある免許証を所持することにより警察官に本件原処分の存した事実を覚知され、名誉、感情、信用等を損なう可能性があることは、回復すべき法律上の利益といえますか？

A いえません。

　原審は、被上告人には、本件原処分の記載のある免許証を所持することにより警察官に本件原処分の存した事実を覚知され、名誉、感情、信用等を損なう可能性が常時継続して存在するとし、その排除は法の保護に値する被上告人の利益であると解した。しかしながら、このような可能性の存在が認められるとしても、それは本件原処分がもたらす**事実上の効果にすぎないものであり、これをもって被上告人が本件裁決取消の訴によって回復すべき法律上の利益を有することの根拠とするのは相当でない。**

事案	訴えの利益の有無	理由
建築確認の取消訴訟 ⇒建築工事の完了	✕訴えの利益なし	建築確認には工事を適法化する効力しかなく、工事完了後に取り消しても回復すべき法律上の利益が残らないため
土地改良事業施行の認可 ⇒工事完了により原状回復不可	○訴えの利益あり	認可処分が取り消されれば後続する工事や換地処分に影響が及ぶのは明らかであり、原状回復が不可能であることは事情判決を適用するかどうかで考慮すればよいため
保安林指定の解除 ⇒代替施設の完成	✕訴えの利益なし	代替施設の完成で危険が解消され、保安林の存続の必要性がなくなっているため
公務員に対する懲戒免職処分 ⇒公職選挙への立候補	○訴えの利益あり	免職処分が取り消されても復職はできないものの、受領できなかった給料請求権など回復すべき法律上の利益が残存するため
運転免許停止処分 ⇒１年間の経過	✕訴えの利益なし	１年を経過すれば不利益を受けるおそれがなくなり、免許証に停止処分を受けた記録が残ることは事実上の効果に過ぎないため

☐ 原告適格とは、処分の取消しを求めて出訴することのできる資格を指し、「法律上の利益を有する者」に認められます。

☐ 保安林の指定解除により洪水緩和、渇水予防上直接の影響を被る一定範囲の地域に居住する住民には、保安林の指定解除の取消しを求める原告適格が認められています。

☐ 航空機の騒音によって社会通念上著しい障害を受けることとなる飛行場周辺住民には、航空運送事業免許に対して取消訴訟を起こす原告適格が認められています。

☐ 原子炉の周辺に居住し、原子炉事故等がもたらす災害により生命、身体等に直接的かつ重大な被害を受けることが想定される範囲の住民は、原子炉設置許可処分の無効確認を求める原告適格が認められています。

☐ 訴えの利益とは、処分の取消しによって原告が現実に利益を受けられる可能性が必要であるとする訴訟要件であり、訴えの利益が失われると却下判決が出されます。

☐ 建築物の建築が完了した場合には、建築確認の取消しを求める訴えの利益は消滅します。

☐ 土地改良事業施行の認可処分に対して取消しを求める訴えの利益は、すでに工事が完了し、社会通念上、原状回復が困難になった場合でも消滅しません。

☐ 公務員が懲戒免職処分の取消しを求める訴えの利益は、取消訴訟の係属中に地方議会選挙に立候補し、法律上その職を辞したものとみなされる場合でも、給料請求権など回復すべき権利があるので、消滅しません。

01 公衆浴場法に基づく営業許可の無効確認を求めた既存の公衆浴場営業者には、適正な許可制度の運用によって保護されるべき業者の営業上の利益があるところ、当該利益は公益として保護されるものではあるが、単なる事実上の反射的利益にすぎないため、同法によって保護される法的利益とはいえず、原告適格が認められない。　　　　国家専門職2015

× 既存業者を過当競争から守ることが公衆浴場法の趣旨に含まれるため、原告適格が認められています。

02 文化財保護法に基づき制定された県文化財保護条例による史跡指定解除について、その取消しを求めた遺跡研究者は、文化財の学術研究者の学問研究上の利益の保護について特段の配慮をしている規定が同法及び同条例に存するため、本件訴訟における原告適格が認められる。

　　　　国家専門職2015

× 学術研究者の学問研究上の利益は保護されておらず、原告適格が認められていません。

03 建築基準法に基づく建築確認は、それを受けなければ建築物の建築等の工事をすることができないという法的効果を付与されているにすぎないものであるから、当該工事が完了した場合には、建築確認の取消しを求める訴えの利益は失われる。　　　　国家一般職2021

○

04 土地改良法に基づく土地改良事業施行の認可処分の取消しを求める訴訟の係属中に、当該事業に係る工事及び換地処分が全て完了したため、当該事業施行地域を当該事業施行以前の原状に回復することが、社会的、経済的損失の観点からみて、社会通念上、不可能となった場合には、当該認可処分の取消しを求める訴えの利益は失われる。　　　　国家一般職2021

× 認可処分が取り消されれば工事や換地処分もその影響を受けるため、訴えの利益は失われません。

第4節 取消訴訟の訴訟要件 Ⅲ

START! 本節で学習すること

本節では、前節までに取り扱ったもの以外の訴訟要件について学習します。
前節までの訴訟要件では判例を学習してきましたが、本節では全く判例は登場せず、
条文の内容を押さえていくだけです。

1 出訴期間

行政事件訴訟法14条
① 取消訴訟は、処分又は裁決があつたことを知つた日から6箇月を経過したときは、提起することができない。ただし、正当な理由があるときは、この限りでない。
② 取消訴訟は、処分又は裁決の日から1年を経過したときは、提起することができない。ただし、正当な理由があるときは、この限りでない。

訴訟を提起することができる期間を出訴期間といいます。取消訴訟は、法律関係を早期に安定させるために**出訴期間が短く設定**されています。

出訴期間についての条文を整理すると次のようになります。

板書 取消訴訟の出訴期間

原則：いずれか早く到来する日まで出訴できる 例外

	主観的出訴期間	客観的出訴期間
処分取消訴訟	処分・裁決 があったことを知った日から 6か月	処分・裁決 があった日から 1年
裁決取消訴訟		

正当な理由があれば、期間経過後も出訴できる

01

プラスone 災害、病気、怪我等の事情は「正当な理由」に当たりますが、海外旅行中であったことや多忙であったという事情は「正当な理由」に当たらないとされています。

2　被告適格

被告適格（ひこくてきかく）とは、処分の取消しを求める出訴の相手となる資格、すなわち、**誰を被告として訴えを提起すべきか**、ということです。

これは、処分または裁決をした行政庁が、国または公共団体に所属する場合（原則）と、国または公共団体に所属しない場合（例外）で変わります。

板書　被告適格

	原則：行政庁が国または公共団体に所属する場合		例外：行政庁が国または公共団体に所属しない場合	
処分取消訴訟	処分	｝を行った行政庁が所属する国または公共団体	処分	｝を行った行政庁
裁決取消訴訟	裁決		裁決	

02

ケース1-1

❶国土交通大臣が行った宅建業者の免許取消処分に対して取消訴訟を提起する。
❷新宿税務署長が行った課税処分に対して取消訴訟を提起する。
❸東京都の建築主事が行った建築確認に対して取消訴訟を提起する。
❹東京弁護士会が所属弁護士に行った懲戒処分に対して取消訴訟を提起する。

❶の行政庁である国土交通大臣は国に所属するため、国が被告となります。

❷の行政庁は「新宿税務署長」とありますが、税務署は国税庁、さらには財務省という国に所属する機関であるため、国が被告となります。

❸の行政庁は東京都という公共団体に所属するため、東京都が被告となります。

❹は上記の例外に該当するケースです。行政庁が国にも公共団体にも所属しないケースというのは、行政組織ではないけれど、行政行為を行う権限を法律で認められている組織ということになります。

例えば、弁護士法では、弁護士会に所属する弁護士に対して懲戒処分をする権限を与えていますが、これは弁護士会が行政庁として行政処分を行っているものと考えられます。弁護士会は国にも公共団体にも所属していませんので、懲戒処分を受けた弁護士が取消訴訟を提起する場合、その被告は弁護士会となります。

3 裁判管轄

裁判管轄とは、裁判所間での裁判権の分担、すなわち、**どの裁判所に訴えを提起すべきか**、ということです。

まず、地方裁判所、高等裁判所、家庭裁判所、簡易裁判所のいずれの種類の裁判所に取消訴訟を提起するかという問題があります（事物管轄）。次に、どこに所在する裁判所に取消訴訟を提起するかという問題があります（土地管轄）。

1 いずれの種類の裁判所に取消訴訟を提起するか（事物管轄）

取消訴訟（および行政事件訴訟法のその他の訴え）の第一審となる裁判所は、原則として**地方裁判所**です。

ケース1-2

❶国土交通大臣が、鹿児島市に本店を置く宅建業者Aに対して免許取消処分を行い、Aはこの処分の取消訴訟を提起したい。

❷札幌北税務署長が札幌在住の市民Bに対して課税処分を行い、Bはこの処分の取消訴訟を提起したい。

❶ 原則的管轄裁判所

行政事件訴訟法12条

① 取消訴訟は、被告の普通裁判籍の所在地を管轄する裁判所又は処分若しくは裁決をした行政庁の所在地を管轄する裁判所の管轄に属する。

　原則的には、ⓐ**被告の所在地の裁判所**またはⓑ**処分庁（裁決庁）の所在地の裁判所**に取消訴訟を提起することになります。

03

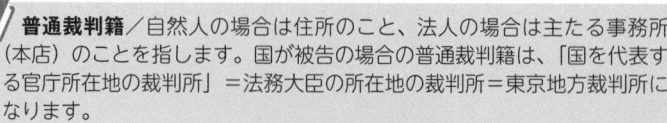

> **語句**　**普通裁判籍**／自然人の場合は住所のこと、法人の場合は主たる事務所（本店）のことを指します。国が被告の場合の普通裁判籍は、「国を代表する官庁所在地の裁判所」＝法務大臣の所在地の裁判所＝東京地方裁判所になります。

　❶のケースでAが取消訴訟を提起する場合の裁判管轄は、ⓐでは東京地方裁判所、ⓑでも国土交通大臣の所在地は東京都なので東京地方裁判所となります。したがって、Aは裁判のために東京まで出向かなくてはなりません。

　一方、❷のケースでBが取消訴訟を提起する場合の裁判管轄は、ⓐでは東京地方裁判所になりますが、ⓑでは、札幌の税務署長が処分庁なので札幌地方裁判所になります。したがって、札幌在住のBは、東京まで裁判のために出てくる必要がなくなります。

❷ 特定管轄裁判所

> **行政事件訴訟法12条**
> ④ 国又は独立行政法人通則法第2条第1項に規定する独立行政法人若しくは別表に掲げる法人を被告とする取消訴訟は、原告の普通裁判籍の所在地を管轄する高等裁判所の所在地を管轄する地方裁判所（次項において「特定管轄裁判所」という。）にも、提起することができる。

　ケース1-2 の❶に登場した鹿児島に本店を置く宅建業者Aが、裁判のために東京まで出向かなければいけないのは負担になります。そのような場合の原告の負担軽減のために認められたのが特定管轄裁判所です。

　国を被告とする取消訴訟は、「原告の普通裁判籍の所在地を管轄する高等裁判所の所在地を管轄する地方裁判所」にも提起することができます。

　表現がわかりにくいので、**ケース1-2** の❶の例で考えてみましょう。

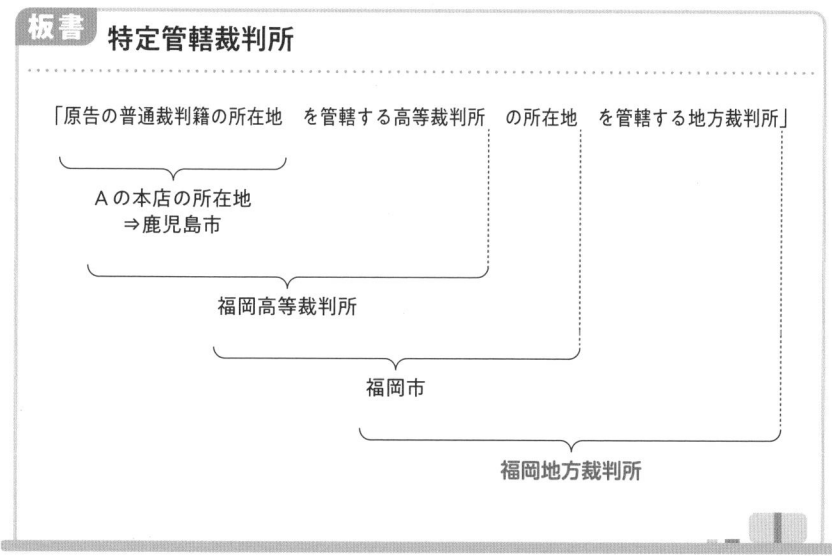

板書　特定管轄裁判所

「原告の普通裁判籍の所在地　を管轄する高等裁判所　の所在地　を管轄する地方裁判所」

Aの本店の所在地
⇒鹿児島市

福岡高等裁判所

福岡市

福岡地方裁判所

　このように、Aは福岡地方裁判所にも取消訴訟を提起することができます。この場合の福岡地方裁判所が特定管轄裁判所に当たります。裁判のために東京に出向くことに比べると原告の負担が軽減されることがわかります。

4 不服申立前置の場合

❶ 原則としての自由選択主義

　行政争訟のもう１つの手段である行政不服申立てには、費用がかからず、簡易・迅速に結果を得られ、行政機関の専門的な見地から判断されるというメリットがある一方、公正・中立さに欠けるというデメリットがあります。一方、取消訴訟は裁判所という行政の外にある権力に救済を求めるため公正・中立で慎重な判断を期待できるメリットがありますが、費用や期間を要するというデメリットがあります。

　このように両制度は一長一短であることから、原則として、取消しを求める私人が❶行政不服申立て、❷取消訴訟の**いずれの手段によるかを自由に決めることができます**。これを**自由選択主義**といいます。

❷ 例外としての不服申立前置主義

　例外的に、**先に行政不服申立て**（審査請求）を行い、そこで得られた結果に納得できない場合に初めて取消訴訟を提起するよう、個別の法律で規定している処分もあります。これを**不服申立前置主義**（審査請求前置主義）といいます。

　不服申立前置の規定があるにもかかわらず、それを経ず取消訴訟を提起しても、**訴訟要件を満たさず却下判決が下されます**。

　ただし、審査請求があった日から**３か月を経過しても裁決がないとき**など、裁決が出るのを待たずに取消訴訟を提起してよい場合もあります。

04▶

第4節 取消訴訟の訴訟要件 Ⅲ

- ☐ 取消訴訟の出訴期間は、正当な理由がある場合を除き、**処分または裁決があったことを知った日から6か月**、または**処分または裁決の日から1年**です。

- ☐ 処分をした行政庁が国または公共団体に所属する場合は、**処分をした行政庁が所属する国または公共団体**が取消訴訟の被告になります。

- ☐ 取消訴訟は、原則的には、**被告の所在地の裁判所**または**処分庁の所在地の裁判所**に提起することになります。

- ☐ 国を被告とする取消訴訟は、原告の普通裁判籍の所在地を管轄する高等裁判所の所在地を管轄する地方裁判所にも提起することが可能であり、これを**特定管轄裁判所**と呼んでいます。

第4節 ○×スピードチェック

01 取消訴訟は、処分又は裁決があったことを知った日から6か月を経過したとしても、正当な理由があれば提起することができるが、処分又は裁決があった日から1年を経過したときは、正当な理由があっても提起することができない。 特別区Ⅰ類2012

✕ 処分または裁決があった日から1年を経過したときでも、正当な理由があれば提起は可能です。

02 処分の取消しの訴えにおいて、処分した行政庁が国又は公共団体に所属する場合でも、当該処分をした行政庁を被告として訴えの提起をしなければならない。 特別区Ⅰ類2010

✕ 処分をした行政庁の所属する「国又は公共団体」を被告として訴えの提起をしなければなりません。

03 国を被告とする取消訴訟は、原告の負担を軽減し訴訟を利用しやすくするため、行政処分を行った行政庁の所在地を管轄する裁判所ではなく、原告の普通裁判籍の所在地を管轄する高等裁判所へ提起することとされている。 特別区Ⅰ類2012

✕ 被告（国）の普通裁判籍の所在地を管轄する裁判所（つまり東京地方裁判所）または処分庁の所在地を管轄する地方裁判所へ提起するのが原則です。

04 行政事件訴訟法は、法律に審査請求に対する裁決を経た後でなければ処分の取消しの訴えを提起することができないと定められている場合であっても、審査請求があった日から6か月を経過しても裁決がないときは、裁決を経ないで、処分の取消しの訴えを提起することができると規定している。 国家専門職2015

✕ 「6か月」ではなく、「3か月」が正しいです。

第5節 取消訴訟の審理手続・判決

本節では、取消訴訟の審理手続と判決について学習します。

前節と同様に判例は全く登場せず、条文を押さえていくことになります。

判決の効力については、理論的に理解が求められる部分があります。特に拘束力については、後に学習する義務付け訴訟の理解にもつながります。

1 審理手続

1 民事訴訟手続の準用

> **行政事件訴訟法7条**
> 行政事件訴訟に関し、この法律に定めがない事項については、民事訴訟の例による。

　行政事件訴訟法では、民事訴訟と同じルールでよいと考えている部分は**民事訴訟法を準用**することとしており、特に個別の規定を置いていません。

　したがって、❶口頭主義、❷職権進行主義、❸処分権主義、❹弁論主義など**民事訴訟における基本原則は、行政事件訴訟（取消訴訟）においても採用**されることになります。

板書 民事訴訟手続の準用

- **❶口頭主義**　：当事者が法廷において口頭で主張を展開していく

- **❷職権進行主義**：裁判を裁判所が主導して進行させていく

- **❸処分権主義**　：訴訟の開始や終了を当事者が決めることができる
  争う対象をどの範囲とするかも当事者が決めることができる

- **❹弁論主義**　：事実の主張と証拠の提出は当事者の責任で行われ、その主張内容に裁判所は拘束される（当事者が主張していないことを裁判の基礎にすることはできない）

> **行政事件訴訟法24条**
> 　裁判所は、必要があると認めるときは、職権で、証拠調べをすることができる。ただし、その証拠調べの結果について、当事者の意見をきかなければならない。

　裁判所は、必要があるときは、**職権で証拠調べをすることができます**。

　弁論主義に照らせば、本来、証拠の提出は当事者の責任においてなされるべきものです。しかし、行政事件は公益性も有していることから、ある程度裁判所も積極的に動く必要性があります。そこで、職権による証拠調べが可能となっています。

　ただし、証拠調べの結果について裁判所の独断を防止するため、**当事者の意見を聴かなければならない**とされています。

> **プラスone** なお、当事者がしていない主張や争っていない事実について裁判所が職権で探知し、裁判の基礎とすることを**職権探知主義**といいますが、これは弁論主義を否定することになるので、行政事件訴訟でも認められていません。**できるのはあくまでも証拠調べをすることのみ**です。
>
> 01

3　訴訟参加

　訴訟参加とは、**原告・被告以外の者を訴訟に参加させること**です。

❶ 第三者の訴訟参加

> **行政事件訴訟法22条**
> ① 　裁判所は、訴訟の結果により権利を害される第三者があるときは、当事者若しくはその第三者の申立てにより又は職権で、決定をもつて、その第三者を訴訟に参加させることができる。
> ② 　裁判所は、前項の決定をするには、あらかじめ、当事者及び第三者の意見をきかなければならない。

　訴訟の結果により権利を害される第三者は、その**権利保護・手続保障**の観点から訴訟参加することができます。

ケース1-3 内閣総理大臣が電力会社に対して原発の設置許可処分を行い、設置予定地の周辺住民が取消訴訟を提起した。

こうしたケースの当事者は、原告が住民、被告が国となりますが、許可処分が取り消されると電力会社は原発の設置ができなくなるという大きな影響を受けます。そのため「訴訟の結果により権利を害される第三者」として訴訟参加をし、取り消されないように動くことができます。

当事者（原告・被告）および当該第三者の申立てがあった場合だけでなく、**裁判所の職権でも訴訟参加させることができます**。

裁判所が訴訟参加の決定をするには、あらかじめ、**当事者および第三者の意見を聴く必要があります**。　　　　　　　　　　　　　　　　　02

❷ 行政庁の訴訟参加

行政事件訴訟法23条
① 裁判所は、処分又は裁決をした行政庁以外の行政庁を訴訟に参加させることが必要であると認めるときは、当事者若しくはその行政庁の申立てにより又は職権で、決定をもつて、その行政庁を訴訟に参加させることができる。
② 裁判所は、前項の決定をするには、あらかじめ、当事者及び当該行政庁の意見をきかなければならない。

関係する行政庁も訴訟に参加させることができます。これは関係行政庁を訴訟に引き込んで**訴訟資料を豊富にし、適正な裁判を実現**するために規定されています。

第三者の訴訟参加と同様、当事者（原告・被告）および当該関係行政庁の申立てがあった場合だけでなく、**裁判所の職権でも訴訟参加させることができます**。

また、裁判所が訴訟参加の決定をするには、あらかじめ、**当事者および当該行政庁の意見を聴く必要があります**。

4 審理の対象・判断の基準時

❶ 審理の対象

処分の**違法性**が審理の対象になります。

> 次章で学習する行政不服申立てと異なり、**不当性は対象になりません。**

❷ 判断の基準時

取消訴訟の係属中に法改正や事実状態・社会状況等の変動があった場合に、どの時点を基準に違法判断をするのか問題となります。

裁判所が判断すべきことは、争われている処分が違法に行われたものかどうかなので、**処分時の法令や事実状態・社会状況を基準に違法性を判断すべき**とされています（処分時基準）。　　　03

5 原告の主張理由の制限

❶ 自己の法律上の利益に関係ない違法の主張制限

行政事件訴訟法10条
① 取消訴訟においては、自己の法律上の利益に関係のない違法を理由として取消しを求めることができない。

自己の法律上の利益に関係ない違法は主張が制限されています。この「自己の法律上の利益に関係ない違法」とはどのようなものを指すのでしょうか？

例えば、第3節で登場した新潟空港訴訟では、航空事業免許の取消訴訟の原告適格を騒音等の被害に着目して空港周辺の住民に認めていました。この訴訟の中で原告は、当該航空事業免許により輸送力が著しく供給過剰になることを違法の理由として主張しましたが、この主張に関しては、「自己の法律上の利益に関係ない違法」であると判断されています。

> 自分自身の権利救済のために訴えを起こしているのだから、**自分に関係する権利侵害や不利益な事実だけを主張してください**、ということです。

❷ 原処分主義

　ある処分に対して行政不服申立て（審査請求）を行い、審査結果としての裁決がなされたものの、この裁決も不服であるとして取消訴訟を提起する場合、❶もともとの処分に対する取消訴訟（処分取消訴訟）を提起するのか、❷裁決に対する取消訴訟（裁決取消訴訟）を提起するのか、については、**原告が自由に選択できます（自由選択主義）**。

　　　　「裁決」は準法律行為的行政行為の「確認」に当たり、これも処分であることから、区別のため❶の「もともとの処分」を**原処分**と呼ぶことがあります。

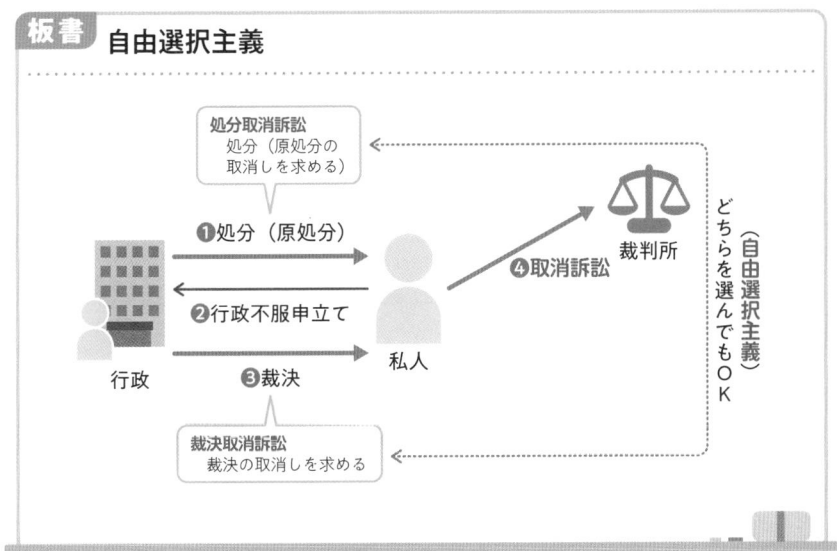

板書　自由選択主義

　しかし、処分取消訴訟、裁決取消訴訟のどちらを選択したかによって、**その訴訟の中でどのような違法性を主張できるかが変わります**。

行政事件訴訟法10条
② 処分の取消しの訴えとその処分についての審査請求を棄却した裁決の取消しの訴えとを提起することができる場合には、裁決の取消しの訴えにおいては、処分の違法を理由として取消しを求めることができない。

　裁決取消訴訟を選択した場合、**原処分の違法を理由として取消しを求めることができません**。つまり、裁決にのみ存在する違法性（例えば、理由をつける

ことが法定されているのに、理由が付記されていない等）しか主張できないということになります。このような考え方を原処分主義と呼びます。

多くの場合、裁決にのみ存在する違法性しか主張できないと問題の解決にはならないので、合理的な原告であれば、通常は原処分の取消しを求めて処分取消訴訟を選択することになるでしょう。

2 執行停止

1 執行停止

❶ 執行不停止の原則

たとえ処分に対する取消訴訟が提起されても、**処分の執行は停止せず、そのまま手続は続行していきます**。これを執行不停止の原則といい、行政活動を停滞させないための原則です。

❷ 執行停止とは

ケース1-4 違法建築物の除却命令を受けたAは、処分を不服として取消訴訟を提起した。

このようなケースで執行不停止の原則を貫くと、その後、行政代執行等によって対象となる建築物が壊されてしまう可能性があり、その後で除却命令に対する取消しを認める判決が出てももう"後の祭り"となってしまいます。

こうした取り返しのつかない事態を避けるために例外的に認められている仮の権利保護の仕組みが、執行停止という制度です。

> **行政事件訴訟法25条**
> ② 処分の取消しの訴えの提起があつた場合において、処分、処分の執行又は手続の続行により生ずる重大な損害を避けるため緊急の必要があるときは、裁判所は、申立てにより、決定をもつて、処分の効力、処分の執行又は手続の続行の全部又は一部の停止（以下「執行停止」という。）をすることができる。（以下略）
> ④ 執行停止は、公共の福祉に重大な影響を及ぼすおそれがあるとき、又は本案について理由がないとみえるときは、することができない。

裁判所は、執行停止の要件を満たした場合、**当事者の申立てに基づき、執行停止をすることができます。**

> **ひとこと** 当事者の申立てが必要であり、裁判所の職権ではできないことに注意しましょう。

執行停止の要件を整理すると次の板書のようになります。

板書 執行停止の要件

❶適法に**本案訴訟が係属**していること　← 執行停止を単独で申し立てることは不可

❷執行により**重大な損害が生じる**こと　← 従来の「回復の困難な損害」から要件が緩和

❸損害を回避する**緊急の必要性がある**こと

❹**執行停止により公共の福祉に重大な影響を及ぼすおそれがない**こと

❺**本案について理由がないとみえる場合でない**こと　← 「理由がない」＝原告が勝つ見込みがないという意味

04

> **行政事件訴訟法25条**
> ⑥　第2項（執行停止）の決定は、口頭弁論を経ないですることができる。ただし、あらかじめ、当事者の意見をきかなければならない。
> ⑦　第2項（執行停止）の申立てに対する決定に対しては、即時抗告をすることができる。
> ⑧　第2項の決定に対する即時抗告は、その決定の執行を停止する効力を有しない。

　裁判所が執行停止の決定をするに際して、**口頭弁論を経る必要はありませんが、あらかじめ当事者の意見を聴く必要があります**。

　裁判所が行った執行停止の決定に対して不満のある者は、即時抗告という形で不服を申し立てることができます。ただし、即時抗告を行っても執行停止の効果を止めることはできません。

　口頭弁論／法廷において裁判官と当事者双方がそろって口頭でやりとりをする正式な手続を指します。
　即時抗告／裁判所が出す決定や裁判長・裁判官が発する命令という形式で行われる判断に対する不服申立てを「抗告」といいます。さらに、不服申立ての期間が、例えば2週間というように短く設定されているものは即時抗告と呼ばれます。

❺ 執行停止の取消し

　執行停止決定が出された後でも、執行停止の理由が消滅したり、その他事情が変更したりした場合には、裁判所は**相手方（国・行政庁側）の申立てにより、執行停止決定を取り消すことができます**。

2 　内閣総理大臣の異議

　内閣総理大臣は、執行停止の申立てがあったときは、裁判所に対し異議を述べることができます。行政権のトップである内閣総理大臣に対し、行政の執行についての最終的な決定を委ねるものです。

　この異議は**執行停止決定の前後を問わず述べることができます**。執行停止の決定前になされた場合、裁判所はもはや執行停止をすることができず、執行停止の決定後になされた場合、裁判所は執行停止の決定を取り消さなければならなくなります。

一方で、内閣総理大臣は、やむを得ない場合でなければ異議を述べてはならず、異議を述べる際には、理由を付す必要があります。

そして、異議を述べたときは、内閣総理大臣は**次の常会において国会に報告しなければなりません**。異議の濫用を防止し、政治的な批判の目にさらすためです。

05

3 判　決

1 訴訟の終了

訴訟は判決によって終了しますが、**訴えの取下げも訴訟の終了原因**となります。処分権主義の表れとして、原告が自ら裁判を止めるという選択を行う余地を認めています。

2 判決の種類

判決により訴訟は終了しますが、この判決には次の4種類が存在します。

❶ 却下判決

訴えが**訴訟要件を欠き不適法な場合に、本案審理に入ることなく訴えを排斥する判決**を却下判決といいます。

❷ 棄却判決

訴えが訴訟要件を満たして**本案審理を行ったものの、原告の請求に理由なしとして訴えを排斥する判決**を棄却判決といいます。

❸ 認容判決

訴えが訴訟要件を満たして**本案審理を行い、原告の請求に理由ありと認め、処分を取り消す判決**を認容判決（取消判決）といいます。

行政事件訴訟法31条

① 取消訴訟については、処分又は裁決が違法ではあるが、これを取り消すことにより公の利益に著しい障害を生ずる場合において、原告の受ける損害の程度、その損害の賠償又は防止の程度及び方法その他一切の事情を考慮したうえ、処分又は裁決を取り消すことが公共の福祉に適合しないと認めるときは、裁判所は、請求を棄却することができる。この場合には、当該判決の主文において、処分又は裁決が違法であることを宣言しなければならない。

② 裁判所は、相当と認めるときは、終局判決前に、判決をもつて、処分又は裁決が違法であることを宣言することができる。

処分等が**違法ではあるが、これを取り消すことで公益に著しい障害を生ずる場合**に、一切の事情を考慮したうえで、処分等を取り消すことが公共の福祉に適合しないと認めるときに**請求を棄却する判決**を事情判決といいます。

本来は認容判決（取消判決）を出すべきであるのに、公共の福祉の観点から、請求を棄却する場合の判決です。

事情判決を下す場合には、**判決の主文で処分が違法であることを宣言しなければなりません**。本来は認容判決を得られるはずだった原告に対して、処分が違法であるとのお墨付きを与え、国家賠償を得やすくするためです。

また、終局判決（最終的な判断）を出す前に、判決をもって、処分または裁決が違法であることを宣言することもできます。

判決主文／判決の結論の部分です。刑事裁判では「被告人を懲役12年に処す」という部分、民事裁判では「AはBに100万円を支払え」という部分です。

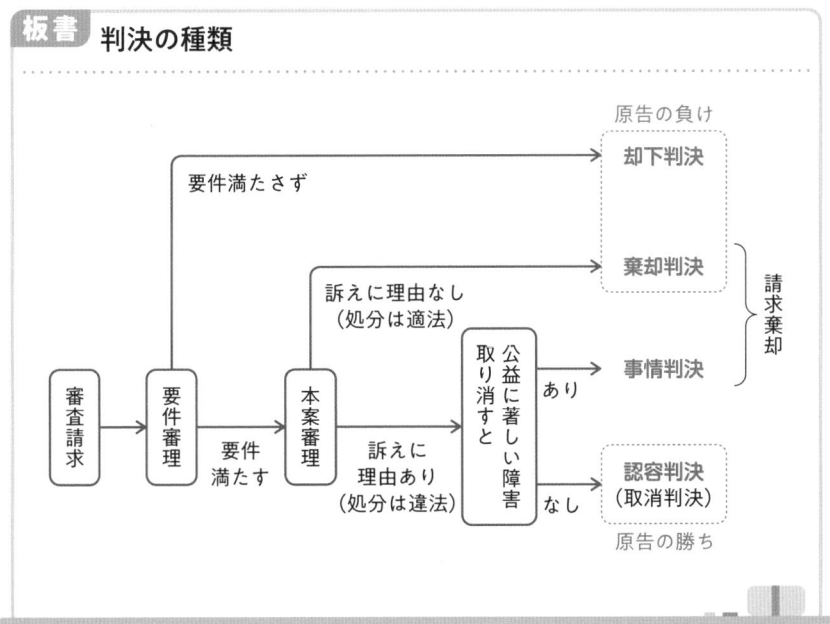

板書　判決の種類

- 原告の負け
- 却下判決
- 要件満たさず
- 棄却判決
- 訴えに理由なし（処分は適法）
- 事情判決
- 請求棄却
- 審査請求 → 要件審理 → 本案審理
- 要件満たす
- 訴えに理由あり（処分は違法）
- 取り消すと公益に著しい障害
- あり
- なし
- 認容判決（取消判決）
- 原告の勝ち

3　判決の効力

　判決には次のように、形成力、拘束力、既判力という3つの効力が認められています。

　このうち既判力は判決の種類にかかわらず判決が確定することで生じ、形成力と拘束力は認容判決（取消判決）のみに認められる効力です。

❶ 形成力

認容判決により、**処分の効力は遡及的に消滅します**。つまり、行政庁による取消しを待つまでもなく、当然に処分の効力を失わせて、**処分の当初からそれがなされなかったのと同じ状態が作り出されます**。このような効力を形成力(けいせいりょく)といいます。

> **行政事件訴訟法32条**
> ① 処分又は裁決を取り消す判決は、第三者に対しても効力を有する。

この形成力は、**訴訟当事者以外の第三者にも及びます**(第三者効(だいさんしゃこう))。

 これは処分に関する法律関係を画一的に処理し、原告の権利救済を確実なものにするためです。

このように認容判決の効力が第三者にも及ぶからこそ、訴訟の結果により権利を害される第三者が訴訟参加できる仕組みが設けられています。

> **プラスone** 自己の責めに帰することができない理由により訴訟に参加することができなかった者のためには、確定した判決に対して、不服の申立てができる**第三者の再審の訴え**も存在しています。

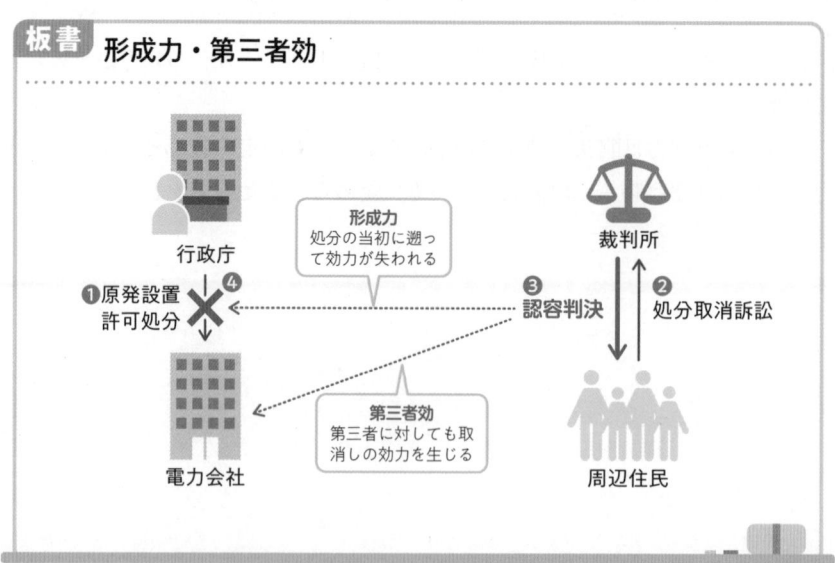

板書 形成力・第三者効

行政庁
❶原発設置許可処分

形成力
処分の当初に遡って効力が失われる

❹

裁判所

❸認容判決

❷処分取消訴訟

第三者効
第三者に対しても取消しの効力を生じる

電力会社

周辺住民

> **行政事件訴訟法33条**
> ① 処分又は裁決を取り消す判決は、その事件について、処分又は裁決をした行政庁その他の関係行政庁を拘束する。
> ② 申請を却下し若しくは棄却した処分又は審査請求を却下し若しくは棄却した裁決が判決により取り消されたときは、その処分又は裁決をした行政庁は、判決の趣旨に従い、改めて申請に対する処分又は審査請求に対する裁決をしなければならない。

認容判決が出されると、その**判決の趣旨に従い行動をしなければならない義務**が行政庁（処分庁および関係行政庁）に生じます。このような効力を拘束力（こうそくりょく）といいます。

> これは行政庁が同一処分を繰り返すことを禁止し、判決に従って行動することで認容判決が出されたことを無意味なものにしないために認められている効力です。

拘束力の具体的な効果は次のとおりです。

板書 拘束力

消極的効果：行政庁が、取り消された行政処分と同一事情のもとで、同一理由により同一内容の処分を行うことを禁止

積極的効果：行政庁が、認容判決の趣旨に従い改めて措置を執る義務を負う

消極的効果はあくまでも同一事情のもとで同一理由に基づいて不許可処分を出すことができない、という拘束をもたらすに過ぎず、**異なる理由に基づき再度不許可処分を行うことまでは禁止されていません。**

> この点に次節で扱う申請型義務付け訴訟の存在意義があります。

また、積極的効果はあくまで処分のやり直しを義務づけるものであり、例えば不許可処分が手続に違法があったこと（理由付記が不十分であったこと）を理由に取り消された場合、手続の違法を是正して処分を行えばよいので、十分な理由を付けて**再度不許可処分を行うことはできます**。

ひとこと　不許可処分に対して認容判決が出された場合、**原告が改めて許可申請をする必要はありません**。行政庁は、許可申請が出された段階に戻って、そこから判決の趣旨に従い、改めて申請に対する許可処分もしくは不許可処分を行うことになります。

❸ 既判力

　判決の確定により、訴訟の当事者および裁判所が、のちの裁判において、同一事項につき、判決の内容と矛盾する主張や判断を行うことが禁止される効力を既判力（きはんりょく）といいます。

ひとこと　紛争の蒸し返しや、矛盾した裁判を防止するために認められている効力です。

　例えば、認容判決が確定すると、当該処分が違法であることが既判力により確定します。その結果、後に提起された国家賠償請求訴訟において、国（行政庁）および裁判所は、当該処分が適法である旨の主張や判断を行うことができません。

　逆に、棄却判決が確定すると、当該処分が違法でないことが既判力により確定します。その結果、後に国家賠償請求訴訟を起こして、再度処分が違法であるとする争いを蒸し返すことはできなくなります。

第5節 取消訴訟の審理手続・判決

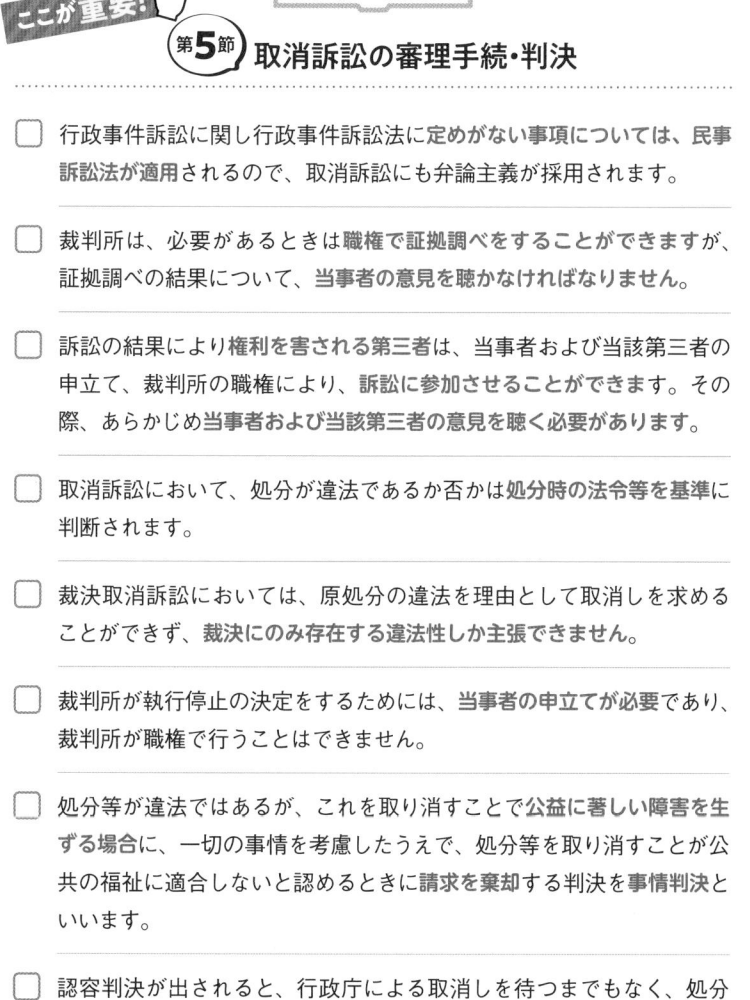

☐ 行政事件訴訟に関し行政事件訴訟法に定めがない事項については、**民事訴訟法が適用される**ので、取消訴訟にも弁論主義が採用されます。

☐ 裁判所は、必要があるときは**職権で証拠調べ**をすることができますが、証拠調べの結果について、**当事者の意見を聴かなければなりません。**

☐ 訴訟の結果により**権利を害される第三者**は、当事者および当該第三者の申立て、裁判所の職権により、**訴訟に参加させる**ことができます。その際、あらかじめ**当事者および当該第三者の意見を聴く**必要があります。

☐ 取消訴訟において、処分が違法であるか否かは**処分時の法令等を基準**に判断されます。

☐ 裁決取消訴訟においては、原処分の違法を理由として取消しを求めることができず、**裁決にのみ存在する違法性しか主張できません。**

☐ 裁判所が執行停止の決定をするためには、**当事者の申立てが必要**であり、裁判所が職権で行うことはできません。

☐ 処分等が違法ではあるが、これを取り消すことで**公益に著しい障害を生ずる場合**に、一切の事情を考慮したうえで、処分等を取り消すことが公共の福祉に適合しないと認めるときに**請求を棄却する判決を事情判決**といいます。

☐ 認容判決が出されると、行政庁による取消しを待つまでもなく、処分の効力は**処分時にさかのぼって消滅**します。

01 裁判所は、取消訴訟の審理において必要があると認めるときは、職権で証拠調べをすることができ、この証拠調べには、当事者が主張しない事実まで裁判所が職権で証拠の収集を行う職権探知が認められている。

特別区Ⅰ類2012

✗ 職権探知までは認められていません。

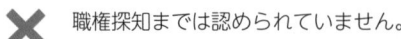

02 取消訴訟の審理において、裁判所は、訴訟の結果により権利を侵害される第三者があるときは、当事者若しくは当該第三者の申立てがあった場合に限り、あらかじめ当事者及び当該第三者の意見を聞いた上で、当該第三者を訴訟に参加させることができる。　　　　国家専門職2015

✗ 裁判所の職権で訴訟参加させることもできます。

03 行政処分の違法性につき、行政処分の行われた後に法律が改正された場合、抗告訴訟においては行政処分の法規に対する適合の有無が判断の対象となるので、裁判所は改正後の法令に基づき当該処分の違法性を判断すべきであるとするのが判例である。　　　　国家専門職2015

✗ 処分時の法令（改正前の法令）に基づき違法性を判断すべきとするのが判例です。

04 執行停止が認められるには、公共の福祉に重大な影響を及ぼすおそれがないとき、又は本案について理由がないとみえないときという積極的要件を満たす必要はあるが、取消訴訟が係属している必要はない。

特別区Ⅰ類2015改題

✗ 取消訴訟が係属している必要もあります。

05 内閣総理大臣は、執行停止の申立てがあった場合だけでなく、執行停止の決定があった後においても、裁判所に対し、異議を述べることができるが、いずれにおいても、理由を付さなければならない。特別区Ⅰ類2015

○

START! 本節で学習すること

本節では、取消訴訟以外の抗告訴訟について学習します。
難しい内容も含みますが、基本的な知識で正解できるものも多く出題されています
ので、あまり深入りはせず、基本問題をきちんと正解することが大切です。
それぞれどのような訴訟なのかを理解したうえで、訴訟についての条文上の定義、
原告適格などの基本事項をしっかり押さえていきましょう。

1 取消訴訟以外の抗告訴訟

1 取消訴訟以外の抗告訴訟

第1節で示したように、取消訴訟（処分取消訴訟、裁決取消訴訟）以外に、
❶無効等確認訴訟、❷不作為の違法確認訴訟、❸義務付け訴訟、❹差止め訴訟
の4つが行政事件訴訟法で明記されています。 01

❸義務付け訴訟、❹差止め訴訟の2つは、2004年の行政事件訴
訟法の改正で追加された訴訟類型です。

2 無名抗告訴訟の可否

行政事件訴訟法に明記されていない訴訟を無名抗告訴訟（むめいこうこくそしょう）といいます。❸❹の
訴えが法改正で追加されるまでは、❸❹の訴えを無名抗告訴訟という形で認め
ていこうという主張がされていました。

法改正で明文化された後は、無名抗告訴訟の必要性は低くなったといわれて
いますが、法改正の後においても、**無名抗告訴訟を認める余地はある**と一般に
解されています。

2 無効等確認訴訟（無効等確認の訴え）

1 無効等確認訴訟とは

❶ 無効等確認訴訟とは

ケース1-5 課税処分を受けたAは、この処分は重大かつ明白な瑕疵があるので無効だと考え放置していた。Aが処分のあったことを知ってから6か月以上が経過した時点で、税務署は課税処分が有効であることを前提に滞納処分をしようとしてきた。

第1編第3章で学習したように、「重大かつ明白な瑕疵」のある課税処分がされた場合、無効であり、公定力は働きません。しかし、無効であることを税務署が認めない場合、課税処分が有効であることを前提に滞納処分がされ、Aの財産が差し押さえられてしまう可能性があります。ところが、取消訴訟を提起しようとしても、すでに不可争力が生じて訴え提起すらできません。このような場合に意味を持つのが無効等確認訴訟（無効等確認の訴え）です。

> **行政事件訴訟法3条**
> ④ この法律において「無効等確認の訴え」とは、処分若しくは裁決の存否又はその効力の有無の確認を求める訴訟をいう。

無効等確認訴訟（無効等確認の訴え）は、「**処分若しくは裁決の存否又はその効力の有無の確認を求める訴訟**」をいいます。

 この条文上の定義は正確に覚えておきましょう。

❷「効力の有無の確認」

条文の後半「効力の有無の確認」という部分が無効の確認を表しています。

つまり、無効等確認訴訟とは、裁判所に対して「この行政行為（処分）は**重大かつ明白な瑕疵があって無効**である」というお墨付きを求める訴えです。

なお、瑕疵が重大かつ明白であることを主張し、それを立証する責任は、**原告の側にある**とされています。

> 例えば、行政庁に裁量が認められる場合であれば、当該処分が裁量権の範囲を超えまたは濫用に該当して違法であり、その違法が重大かつ明白な瑕疵とされることを原告が主張・立証しなければなりません。

❸「存否…の有無確認」

一方、前半の「存否…の有無の確認」の部分は、不存在の確認を表しています。行政行為（処分）の不存在とは、**瑕疵の程度が著しく重大で行政行為が存在していない、と考えざるを得ない場合**を指しています。

> 例えば、内部的な意思決定がされただけで行政行為が外部に対しては全く表示されていないような場合です。不存在を争わなくてはいけない場合というのは想定しづらいので、ほとんど訴訟にはなりませんが、無効だけでなく不存在の確認も含んでいることから無効等確認の訴えと表現されています。

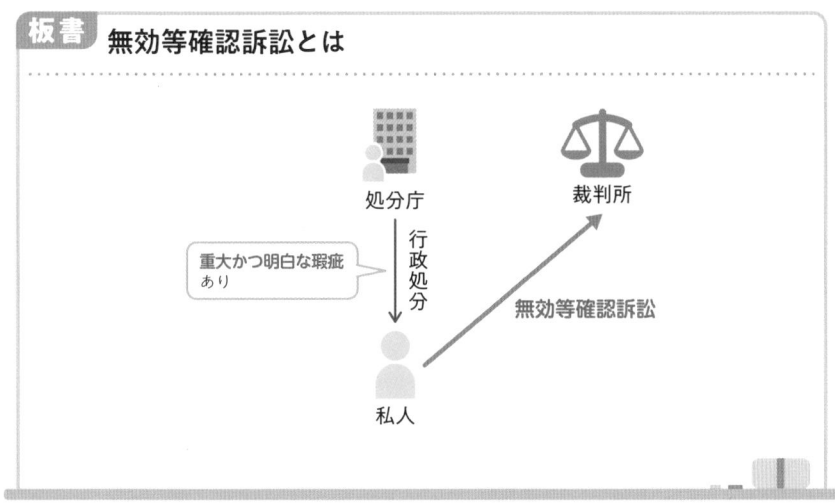

板書　無効等確認訴訟とは

処分庁

裁判所

重大かつ明白な瑕疵あり

行政処分

無効等確認訴訟

私人

> **行政事件訴訟法36条**
>
> 　無効等確認の訴えは、当該処分又は裁決に続く処分により損害を受けるおそれのある者その他当該処分又は裁決の無効等の確認を求めるにつき法律上の利益を有する者で、当該処分若しくは裁決の存否又はその効力の有無を前提とする現在の法律関係に関する訴えによつて目的を達することができないものに限り、提起することができる。

❶ 原告適格

　無効等の確認を求めるにつき「**法律上の利益を有する者**」であることが必要です。

> 　原告適格の有無についての判断は、取消訴訟と同様に判断することができますので、ここで個別に学習する必要はありません。

❷ 補充性

　無効等確認訴訟に特有の訴訟要件が、補充性（ほ じゅうせい）と呼ばれる要件です。

　これは、行政事件訴訟法36条の後半部分が表している訴訟要件です。条文にある、「現在の法律関係に関する訴え」とは、具体的には、民事訴訟や次節で登場する実質的当事者訴訟などを指しますが、**これらの訴えが可能な場合は無効等確認訴訟を提起できません**。他の手段がない場合に、補充的に使える手段である、ということです。

> 　補充性の趣旨は、無駄な無効等確認訴訟を極力排除し、紛争が1回で解決できるようにしようとする点にあります。

　この収用裁決によって甲土地は強制的にAから買い上げられ、起業者Bに所有権が移転されます。しかし、この収用裁決が無効だとすると、AはBを被告として、甲土地の所有権が自分にあることの確認を求める所有権確認訴訟という民事訴訟を提起することが可能です。

　　　　　無効な行政行為には公定力がないので、取消しという判断がされていなくても、無効であることを前提として行動することも許されるからです。この訴訟では、収用裁決という処分の有効・無効が最大の"争点"となることから、**争点訴訟**と呼ばれています。

　この所有権確認訴訟とは、判決（口頭弁論終結）時点において、Aが甲土地の所有者であることを確認するものです。まさに**現在の法律関係を確認する**ものです。このように現在の法律関係に関する訴えが提起可能な場合には、**補充性の要件により無効等確認訴訟を起こすことができません。**

プラスone 　仮に、無効等確認訴訟で、収用裁決（処分）が無効である、という確認を得ても、それはあくまでも処分時、つまり過去において処分が無効であったことを確定するにとどまります。過去の処分について無効の確認がされても、現時点での法律関係が確定しないと紛争が解決しない場合があり得ます。そのため、**現在の法律関係について判断する民事訴訟のほうが紛争解決の実効性が高い**ということになります。

❸ 出訴期間

　第1編第3章で学習したとおり、**無効な行政行為には不可争力が生じません。**無効等確認訴訟では、特に出訴期間の規定を置いていませんので、訴えを提起するのに特に**期間制限はありません**。

　　　　　そのため無効等確認訴訟を"遅れた取消訴訟"と表現する論者もいます。終電に乗り遅れてしまった乗客を救済するための深夜バスのような性質を持っている訴訟です。

3 不作為の違法確認訴訟（不作為の違法確認の訴え）

1 不作為の違法確認訴訟とは

ケース1-7 法律上営業の許可を受ける必要がある場合に、Aがその申請を知事に対してしたが、特に何の判断も下されないないまま1年以上が経過した。

　例えば不許可処分がされたなら取消訴訟を提起して争うことができますが、このケースのように、申請に対して行政庁の側が何の応答もしないと、取消しの対象とする「処分」がありません。このような場合に提起されるのが不作為の違法確認訴訟です。

行政事件訴訟法3条
⑤　この法律において「不作為の違法確認の訴え」とは、行政庁が法令に基づく申請に対し、相当の期間内に何らかの処分又は裁決をすべきであるにかかわらず、これをしないことについての違法の確認を求める訴訟をいう。

　不作為の違法確認訴訟（不作為の違法確認の訴え）は、**行政庁が申請に対して判断（返答）を下さないことが違法であることを裁判所に確認してもらうための訴え**です。

板書　不作為の違法確認訴訟とは

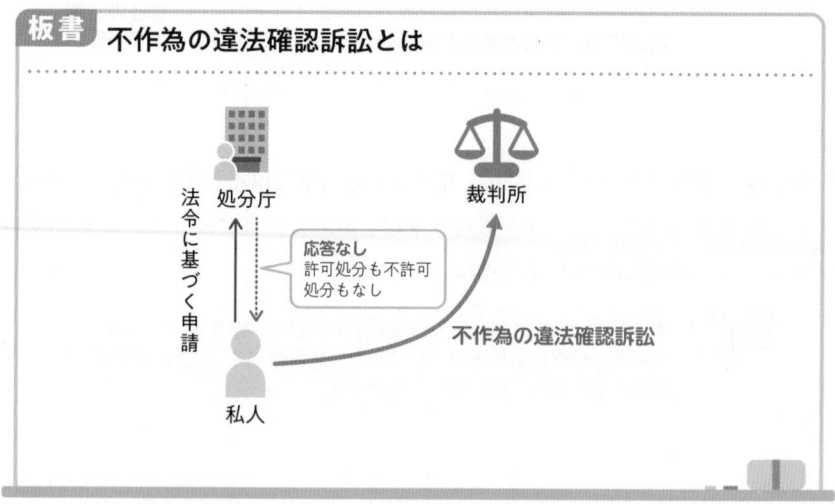

法令に基づく申請

処分庁

応答なし
許可処分も不許可
処分もなし

裁判所

不作為の違法確認訴訟

私人

2　不作為の違法確認訴訟の訴訟要件

❶ 原告適格

不作為の違法確認訴訟は、**申請をした者（申請者）に限り、提起することが認められています**。

> この申請は、条文にあるように「法令に基づく申請」であることが必要であり、**法令を根拠としない申請は含まれません**。

❷ 出訴期間

出訴期間については特に規定されていません。**不作為状態（申請に対する応答がない状態）が継続している間**であれば、いつでも訴えを提起することができます。

3　不作為の違法確認判決の効力

申請に対して処分が出されないことが違法と判断されると、認容判決（不作為の違法を確認する判決）が出されます。この判決には拘束力が生じますので、**行政庁は申請に対する処分をすることが義務づけられる**ことになります。

しかし、拘束力が生じるのは、あくまでも「応答しないこと（不作為）が違法」という点にありますので、**認容処分（許可処分）を出すことも、拒否処分（不許可処分）を出すことも可能**です。

つまり、 ケース1-7 において、Aが不作為の違法確認訴訟を提起して認容判決を勝ち取ったとしても、その後、不許可処分が出されることも十分あります。その場合、不許可処分に対する取消訴訟を提起しなければいけなくなります。

> このように何度も訴訟を起こさずに紛争を1回で解決するために認められたのが、次の義務付け訴訟で学習する**申請型義務付け訴訟（2号義務付け訴訟）**です。

4 義務付け訴訟（義務付けの訴え）

1 義務付け訴訟とは

義務付け訴訟（義務付けの訴え）は、私人が、「…という処分を出しなさい」と行政庁に命じるよう、裁判所に対して求める訴訟である点は共通ですが、2つの類型があります。

> **行政事件訴訟法3条**
> ⑥ この法律において「義務付けの訴え」とは、次に掲げる場合において、行政庁がその処分又は裁決をすべき旨を命ずることを求める訴訟をいう。
> 一　行政庁が一定の処分をすべきであるにかかわらずこれがされないとき（次号に掲げる場合を除く。）。
> 二　行政庁に対し一定の処分又は裁決を求める旨の法令に基づく申請又は審査請求がされた場合において、当該行政庁がその処分又は裁決をすべきであるにかかわらずこれがされないとき。

本条の1号に規定されている訴訟を非申請型義務付け訴訟（1号義務付け訴訟）、2号に規定されている訴訟を申請型義務付け訴訟（2号義務付け訴訟)といいます。

それぞれ次のような訴訟です。

板書 2種類の義務付け訴訟

```
                        ┌ 非申請型義務付け訴訟：他者に対し不利益処分を
                        │ （1号義務付け訴訟）  出すように求める訴え
   義務付け訴訟         ┤
   （義務付けの訴え）    │ 申請型義務付け訴訟 ：自分に対し利益となる処分を
                        └ （2号義務付け訴訟）  出すように求める訴え
```

　行政庁が一定の処分をすべきであるにもかかわらずこれがされない場合に、**処分をすべき旨を命ずることを求める訴訟**を、非申請型義務付け訴訟（1号義務付け訴訟）といいます。

 例えば、行政庁が規制権限の行使を怠り監督責任を果たしていないようなケース（違法な営業をしている業者に営業停止や営業許可取消処分等をすべきなのに、それをしていない場合）に、監督権者に規制権限の発動を求めて出訴するものです。

板書 非申請型義務付け訴訟

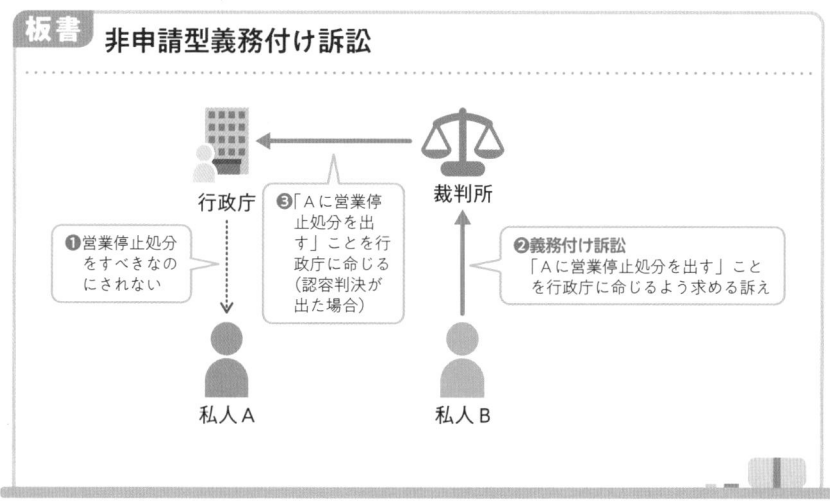

❶営業停止処分をすべきなのにされない

❸「Aに営業停止処分を出す」ことを行政庁に命じる（認容判決が出た場合）

行政庁

裁判所

❷義務付け訴訟
「Aに営業停止処分を出す」ことを行政庁に命じるよう求める訴え

私人A　　　　　私人B

まず、訴訟要件として次の2つの要件が満たされる必要があります。

❶一定の処分（営業停止処分や操業停止命令等）がされないことで**重大な損害を生じるおそれがある**
❷**損害を避けるため他に適当な方法がない**

❶❷の両方とも満たす必要がある

ひとこと

非申請型義務付け訴訟は、裁判所が行政にやるべきことを命じるということで、行政権に対する侵害の要素が強いため、訴訟としてのハードルが高くなっています。

原告適格は、「**法律上の利益を有する者**」に認められます。
出訴期間については、**特に設けられていません。**

3 申請型義務付け訴訟

行政庁に対して一定の処分を求める旨の法令に基づく申請がされた場合において、❶相当の期間内に何らかの処分がない（不作為）場合、もしくは❷申請の拒否処分等が行われた（申請拒否）場合に、（求められた）処分をすべき旨を命ずることを求める訴訟を、申請型義務付け訴訟（2号義務付け訴訟）といいます。

ひとこと

例えば、申請に対して返答しない場合（不作為）や申請に対して拒否処分がされた場合に、紛争を一度の訴訟で解決するために提起されるものです。

申請型義務付け訴訟については、上記のように❶不作為型と❷拒否処分型があります。

❶ 不作為型

　申請に対して応答がない場合、つまり不作為の違法確認訴訟が提起可能な場合に提起される義務付け訴訟です。

　不作為の違法確認訴訟は、行政庁が申請に対して応答しないこと（不作為）について、裁判所が違法と判断するだけの訴訟なので、たとえ認容判決を得たとしても、その後、申請を拒否する処分が出される場合も十分ありました。

　そのため、再度取消訴訟を起こすという二度手間を回避し、一度の訴訟で解決できるように、**義務付け訴訟を不作為の違法確認訴訟とともに提起（併合提起）することができます**（義務付け訴訟単独では提起できません）。

　この義務付け訴訟は、裁判所に対して**「行政庁（不作為庁）に許可処分を出すように命じてください」と求める訴え**です。

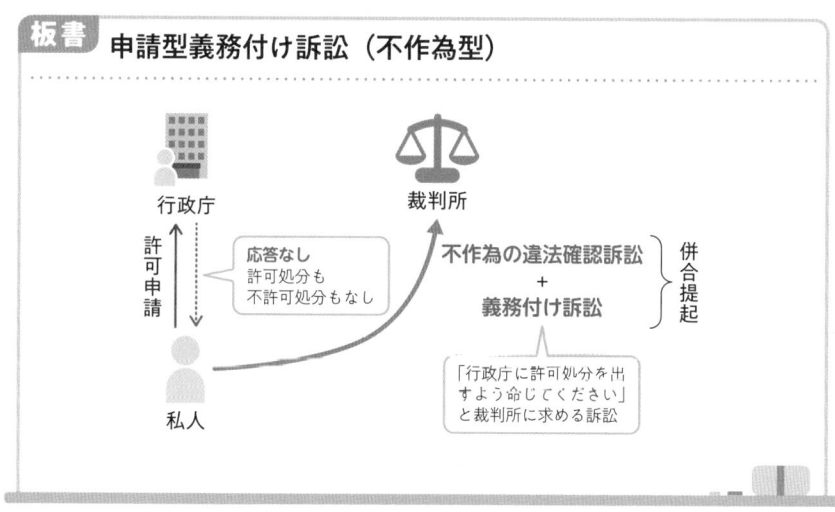

板書　申請型義務付け訴訟（不作為型）

　申請に対して拒否処分が出された場合、つまり取消訴訟もしくは無効等確認訴訟が提起可能な場合に提起される義務付け訴訟です。

　取消訴訟で認容判決が出た場合、不許可処分を違法とする判断に拘束力が生じますので、同一理由・同一事情で再度不許可処分を出すことはできません。しかし、他の理由に基づき不許可処分を再度出すことは封じられていませんから、繰り返し不許可処分が出される場合もあり得ます。

　そのため、再度取消訴訟を起こすという二度手間を回避し、一度の訴訟で解決できるように、**義務付け訴訟を取消訴訟（もしくは無効等確認訴訟）とともに提起（併合提起）することができます**（義務付け訴訟単独では提起できません）。

　この義務付け訴訟も、裁判所に対して「**行政庁（処分庁）に許可処分を出すように命じてください**」と求める訴えです。

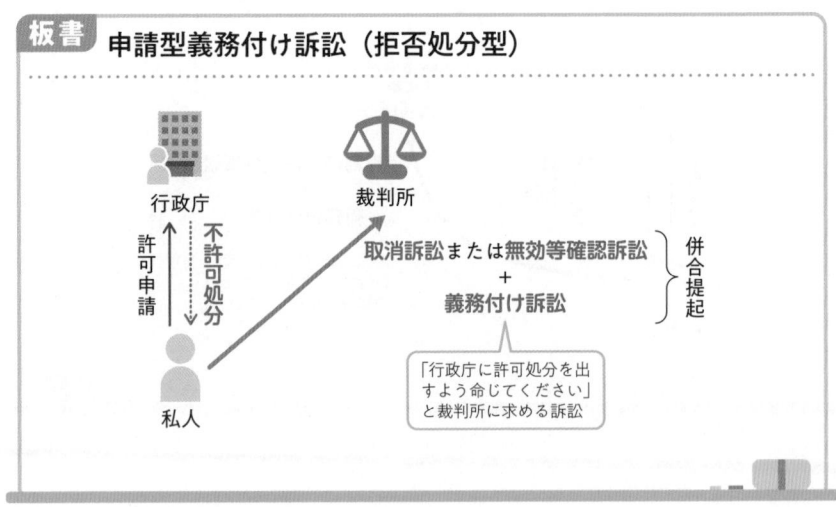

板書　申請型義務付け訴訟（拒否処分型）

不作為型、拒否処分型ともに、申請型義務付け訴訟を提起できるのは、**申請をした者（申請者）に限られます。**

また、義務付け訴訟自体には出訴期間は特に規定されていませんが、必ず併合して提起する必要がありますので、**併合して提起する訴訟の出訴期間が、義務付け訴訟の出訴期間**になります。

したがって、不作為型の場合は、特に出訴期間はないことになります。一方、拒否処分型の場合、併合提起する訴訟が取消訴訟の場合は、取消訴訟の出訴期間内に提起する必要があります（無効等確認訴訟の場合は、特に出訴期間はないことになります）。

申請型義務付け訴訟には、非申請型義務付け訴訟における**重大な損害**などの要件はありません。

03

4　仮の義務付け

義務付け訴訟においても、取消訴訟における執行停止のように、仮の権利保護のための仕組みがあります。それが仮の義務付けです。

例えば、生活保護の受給申請をした者に対して拒否処分がされた場合、取消訴訟と併合して義務付け訴訟を提起しても、最終結論（判決）が出るまでには時間がかかります。生活に困窮しているから生活保護の受給申請をしたわけですから、判決が出るまでのんびりと待っているわけにはいきません。

そこで、判決が出る前に、暫定的な形で、とりあえず生活保護費の支給をするように命じるのが仮の義務付けです。

義務付け訴訟が提起されていることを前提に、**当事者の申立てにより、裁判所の決定で、仮に行政庁がその処分等をすべきことを命じるもの**です。

行政権に対する侵害の度合いがかなり強いものなので、執行停止よりもハードルは高く設定されており、**償うことができない損害を避けるため緊急の必要がある**ことが要件になっています。つまり、なかなか認められません。

5 差止め訴訟（差止めの訴え）

1 差止め訴訟とは

ケース1-8 営業許可の取消処分を予定しているとして聴聞の通知を受けたAは、聴聞の場で許可の取消しをされる事実がない旨を主張したが、行政庁は納得していない様子であった。営業許可の取消処分が出てしまうと、営業ができなくなることで甚大な被害が生じることが想定できた。

　このケースのように、いったん処分が出てしまうと公定力が生じることから、取消訴訟で認容判決を勝ち取る（もしくは執行停止をしてもらう）までは、営業ができなくなる等、処分の相手方にとっては大きな不利益を生じる可能性があります。そこで、処分が出される前に、それを止めてもらうために提起されるのが差止め訴訟です。

行政事件訴訟法3条

⑦　この法律において「差止めの訴え」とは、行政庁が一定の処分又は裁決をすべきでないにかかわらずこれがされようとしている場合において、行政庁がその処分又は裁決をしてはならない旨を命ずることを求める訴訟をいう。

　差止め訴訟（差止めの訴え）とは、私人が、**「処分をしてはならない」と行政庁に命じるよう、裁判所に求める訴訟**です。

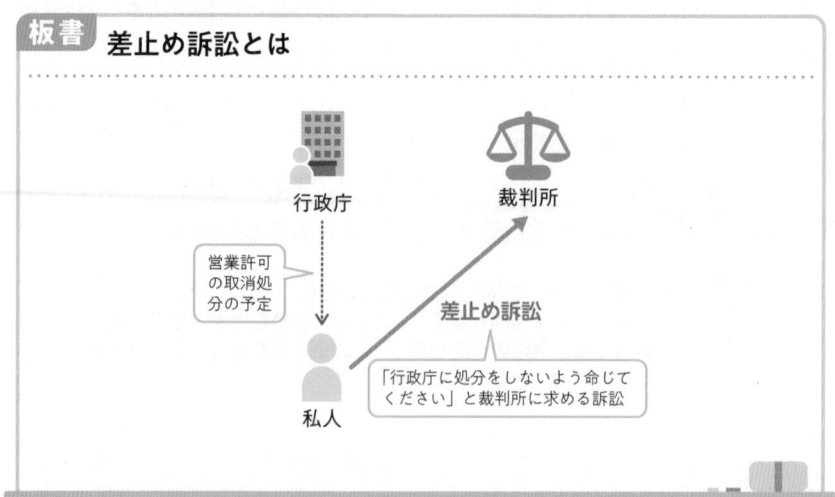

板書　差止め訴訟とは

まず、次の2つの要件が満たされる必要があります。

 **差止めの訴訟の要件**

❶一定の処分（営業許可の取消処分や操業停止命令等）がされることにより、**重大な損害を生じるおそれがある**

❷損害を避けるため**他に適当な方法がない**

❶❷**の両方とも満たす必要がある**

04

> **プラスone** これは申請型義務付け訴訟とほぼ同様の要件です。なお、「重大な損害を生ずるおそれ」があると認められるためには、処分がされることにより生ずるおそれのある損害が、処分がされた後に取消訴訟または無効確認訴訟を提起して執行停止の決定を受けることなどにより容易に救済を受けることができるものではなく、**処分がされる前に差止めを命ずる方法によるのでなければ救済を受けることが困難なもの**であることを要するとされています（判例）。

また、差止めの訴えを提起できる原告適格は、「**法律上の利益を有する者**」に認められています。

3 仮の差止め

差止め訴訟においても、義務付け訴訟における仮の義務付けと同様の仕組みとして、仮の差止めがあります。差止め訴訟を提起しても、差止めを求めている処分が裁判中に出されてしまっては、訴訟が無意味になってしまいます。

そこで、差止め訴訟が提起されていることを前提に、**当事者の申立てにより、裁判所の決定で、仮に行政庁がその処分等をしてはならない旨を命じるもの**です。

 仮の差止めは行政権に対する侵害の度合いがかなり強いものなので、仮の義務付け同様、**償うことができない損害を避けるため緊急の必要がある**ことが要件になっています。

第6節 取消訴訟以外の抗告訴訟

☐ 行政事件訴訟法に明記されていない訴訟を無名抗告訴訟といいますが、この**無名抗告訴訟も許容される**と一般に考えられています。

☐ 無効等確認訴訟は、**処分もしくは裁決の存否またはその効力の有無の確認**を求める訴訟をいいます。

☐ 無効等確認訴訟の原告適格は「**法律上の利益を有する者**」に認められています。

☐ 無効等確認訴訟には、特に**出訴期間による制約はありません。**

☐ 不作為の違法確認訴訟は、**申請をした者に限り**提起することができますが、**出訴期間は特になく**、不作為状態（申請に対する応答がない状態）が継続している間は、いつでも訴えを提起することができます。

☐ 非申請型義務付け訴訟は、一定の処分がされないことにより**重大な損害を生ずるおそれ**があり、かつ、その損害を避けるため**他に適当な方法がないとき**に限り、提起することができます。

☐ 申請型義務付け訴訟は、不作為の違法確認訴訟や取消訴訟等と**併せて提起することが必要**であり、単独で提起はできません。

☐ 差止め訴訟は、一定の処分がされることにより**重大な損害を生ずるおそれ**があり、かつ、その損害を避けるため**他に適当な方法がないとき**に限り、提起することができます。

☐ 義務付け訴訟および差止め訴訟には、仮の権利保護のための手続として、**仮の義務付け、仮の差止め**の仕組みがあります。

01 抗告訴訟は、行政庁の公権力の行使に関する不服の訴訟であり、行政事件訴訟法は、抗告訴訟を処分の取消しの訴え、裁決の取消しの訴え、無効等確認の訴え及び不作為の違法確認の訴えの4つの類型に限定している。　　　　　　　　　　　　　　　　　　　　　　　　　　特別区Ⅰ類2013

✗　他にも義務付け訴訟、差止め訴訟が規定されています。

02 不作為の違法確認の訴えは、行政庁が申請に対する処分又は裁決をしないことについての違法の確認を求める訴訟であり、処分又は裁決の申請をした者に限らず、この処分又は裁決につき法律上の利益を有する者であれば、提起することができる。　　　　　　　　　　特別区Ⅰ類2013

✗　不作為の違法確認訴訟は、申請した者だけが提起できます。

03 法令に基づく申請に対する不作為についての義務付け訴訟は、当該申請に対する処分がされないことにより重大な損害を生ずるおそれがあり、かつ、その損害を避けるために他に適当な方法がないときに限り、提起することができる。　　　　　　　　　　　　　　　　　　国家一般職2014

✗　これらの要件は、非申請型義務付け訴訟にはありますが、申請型義務付け訴訟にはありません。

04 差止めの訴えは、行政庁に対し一定の処分又は裁決をしてはならない旨を命ずることを求める訴訟であり、一定の処分又は裁決がされることにより重大な損害を生ずるおそれがある場合には、その損害を避けるため他に適当な方法があるときでも提起することができる。　　特別区Ⅰ類2013

✗　他に適当な方法があるときは提起することができません。

第7節 当事者訴訟・民衆訴訟・機関訴訟

START! 本節で学習すること

本節では、抗告訴訟以外の行政事件訴訟である当事者訴訟、民衆訴訟、機関訴訟
について学習します。試験対策上、深入りする必要は全くない分野です。

1 主観訴訟と客観訴訟

1 主観訴訟と客観訴訟

　個人の権利利益の保護を目的とする訴訟を主観訴訟といい、行政事件訴訟法
では、抗告訴訟と当事者訴訟がこれに該当します。

　一方、**個人の権利利益とは直接関係がなく、法の正しい運用の確保を目的と
する訴訟**を客観訴訟といい、行政事件訴訟法では、民衆訴訟と機関訴訟がこれ
に該当します。

2 訴えを提起できる者

　主観訴訟の訴えを提起できるのは、**自分の権利の救済を求める必要性がある
者**です。抗告訴訟が「法律上の利益がある者」（申請が前提となっている訴え
は「申請者」）にのみ原告適格を認めていたのは、これを反映しています。

　一方、客観訴訟は法律に特別の定めがある場合に提起可能であり、訴えを提
起できるのは、**訴えを提起できる者として法律に規定されている者**です。

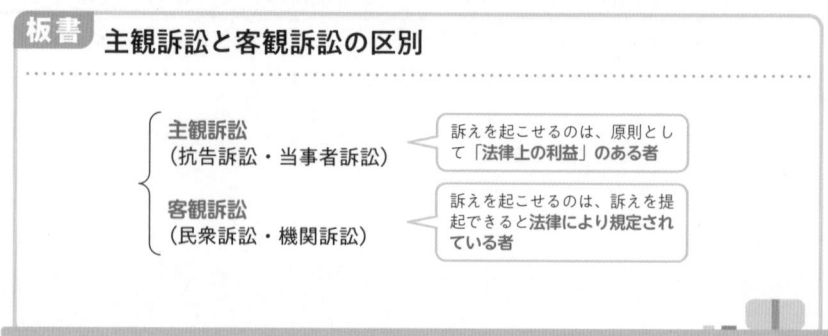

板書 主観訴訟と客観訴訟の区別

```
        ┌ 主観訴訟              訴えを起こせるのは、原則とし
        │ （抗告訴訟・当事者訴訟）  て「法律上の利益」のある者
        ┤
        │ 客観訴訟              訴えを起こせるのは、訴えを提
        └ （民衆訴訟・機関訴訟）   起できると法律により規定され
                                ている者
```

2 当事者訴訟

1 当事者訴訟とは

> **行政事件訴訟法4条**
> この法律において「当事者訴訟」とは、当事者間の法律関係を確認し又は形成する処分又は裁決に関する訴訟で法令の規定によりその法律関係の当事者の一方を被告とするもの及び公法上の法律関係に関する確認の訴えその他の公法上の法律関係に関する訴訟をいう。

当事者訴訟には、性質の異なる2つの訴訟が含まれています。実質的当事者訴訟と形式的当事者訴訟です。

当事者訴訟としての本来的な性質を有しているのは実質的当事者訴訟のほうですので、条文では後半に登場しますが、実質的当事者訴訟から説明します。

2 実質的当事者訴訟

❶ 実質的当事者訴訟とは

行政事件訴訟法4条の後半「公法上の法律関係に関する確認の訴えその他の公法上の法律関係に関する訴訟」と規定されているのが実質的当事者訴訟です。

これは、**私人と国・地方公共団体との間に生じている公法上の法律関係に関する対等な当事者間の訴訟**を指しています。

「対等な当事者間の訴訟」という点で、行政庁が一方的に行った処分等を争う抗告訴訟と異なります。また、「公法上の法律関係」に関する点で、私法上の法律関係を争う民事訴訟と異なります。そこで、当事者訴訟という類型を作って明文で規定したのです。

❷ 実質的当事者訴訟の具体例

　実質的当事者訴訟の具体例としては、**無効な懲戒免職処分を前提とする公務員の地位確認訴訟、公務員の残業代支払い請求、憲法29条３項に基づく損失補償請求**などがあります。

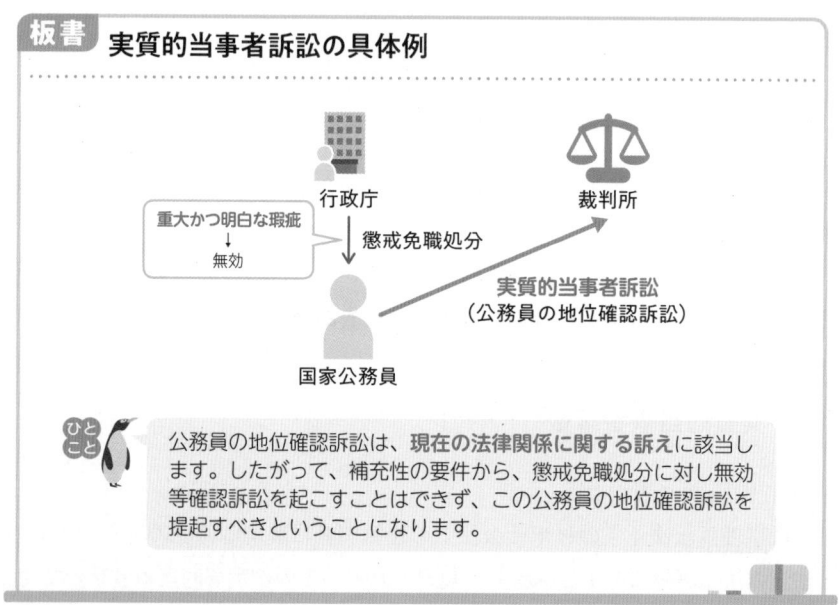

板書　実質的当事者訴訟の具体例

重大かつ明白な瑕疵
↓
無効

行政庁

懲戒免職処分

裁判所

実質的当事者訴訟
（公務員の地位確認訴訟）

国家公務員

> ひとこと
> 公務員の地位確認訴訟は、**現在の法律関係に関する訴え**に該当します。したがって、補充性の要件から、懲戒免職処分に対し無効等確認訴訟を起こすことはできず、この公務員の地位確認訴訟を提起すべきということになります。

3　形式的当事者訴訟

❶ 形式的当事者訴訟とは

　行政事件訴訟法４条の前半「当事者間の法律関係を確認し又は形成する処分又は裁決に関する訴訟で法令の規定によりその法律関係の当事者の一方を被告とするもの」と規定されているのが形式的当事者訴訟です。 01▶

　この訴訟は、条文の定義の中に「処分又は裁決に関する訴訟」とあるように、処分等がなされているケースです。したがって、対等な当事者を想定した当事者訴訟ではなく、抗告訴訟の対象とすべきものを、**法律の規定で、当事者どうしで争わせることにしてしまった訴訟**です。

対等な当事者としての性質が希薄なのに、無理やり当事者訴訟にされてしまった訴訟なので「**形式的**」という言葉が付けられています。とはいえ、試験では条文そのままの表現で定義を問うことがあります。「**法令の規定によりその法律関係の当事者の一方を被告とするもの**」というフレーズが形式的当事者訴訟を指すと覚えておきましょう。

❷ 形式的当事者訴訟の具体例

　こちらも具体例で説明しましょう。電力会社がダム建設のため公共事業の申請を行い、これが認められたとします。事業のためには私人の土地を収用する必要があり、土地収用法に基づき収用裁決が出されると、同時に土地所有者への補償金の額が決定されます。このとき、収用裁決自体には不満がなくても、補償金の額が少なすぎると不満に感じる人もいるでしょう。その場合に備えて、土地収用法では、収用裁決により土地を取得した電力会社を被告として補償金の増額の訴えを起こせることになっています。これが形式的当事者訴訟の例です。

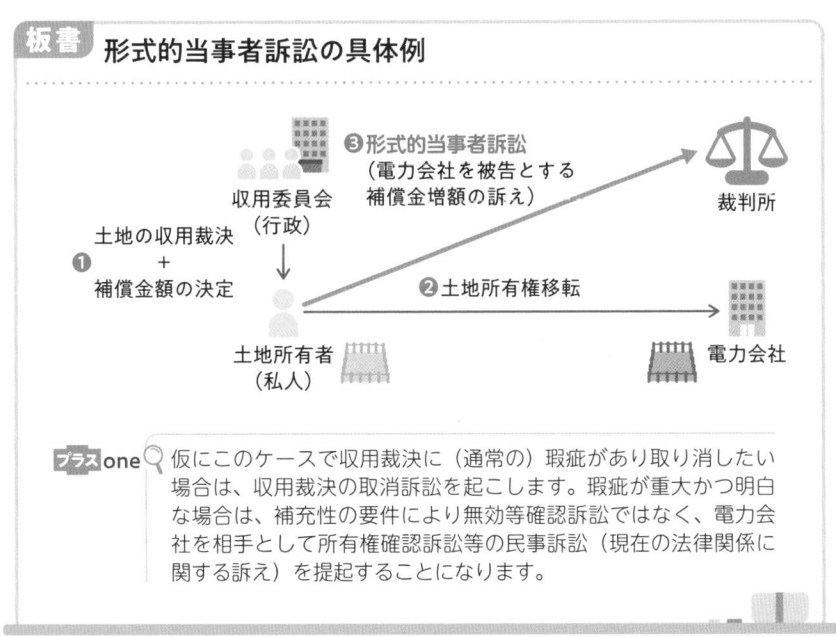

板書　形式的当事者訴訟の具体例

プラスone 仮にこのケースで収用裁決に（通常の）瑕疵があり取り消したい場合は、収用裁決の取消訴訟を起こします。瑕疵が重大かつ明白な場合は、補充性の要件により無効等確認訴訟ではなく、電力会社を相手として所有権確認訴訟等の民事訴訟（現在の法律関係に関する訴え）を提起することになります。

1　民衆訴訟とは

> **行政事件訴訟法5条**
> 　この法律において「民衆訴訟」とは、国又は公共団体の機関の法規に適合しない行為の是正
> を求める訴訟で、選挙人たる資格その他自己の法律上の利益にかかわらない資格で提起するも
> のをいう。

　民衆訴訟とは、「**国又は公共団体の機関の法規に適合しない行為の是正を求める訴訟**」です。

　客観訴訟である民衆訴訟は、法律の規定する場合に、法律に規定している者が提起できる訴訟です。そのため「法律上の利益のある者」である必要がないことを条文でも明らかにしています。それが、行政事件訴訟法5条の後半部分「選挙人たる資格その他自己の法律上の利益にかかわらない資格で提起するもの」という規定に表れています。

02

　民衆訴訟の具体例としては、地方自治法に規定されている**住民訴訟**や公職選挙法に規定されている**選挙の効力に関する訴訟**などがあります。

> 法律上の利益のある者である必要はありませんが、誰でも訴えを起こせるものではなく、**法律に規定されている者が訴えを起こせ**ます。住民訴訟はその地方自治体の住民、選挙の効力に関する訴訟は選挙権を有する者が訴えを起こせる者として規定されています。

2　機関訴訟とは

　機関訴訟とは、「**国又は公共団体の機関相互間における権限の存否又はその行使に関する紛争についての訴訟**」です。　03

　具体例としては、国の大臣等が地方自治体に違法に干渉したとして争われる**国の関与に関する訴訟**や地方自治体の長と議会が**議会の議決に瑕疵があるとして争う訴訟**などがあります。

前者は国の大臣と地方自治体の長（知事や市長）、後者は長と議会、つまり機関どうしが争うことになります。このため「機関訴訟」と呼ばれており、**行政内部での争い**ということになります。

第7節 当事者訴訟・民衆訴訟・機関訴訟

☐ 抗告訴訟と当事者訴訟は**主観訴訟**、民衆訴訟と機関訴訟は**客観訴訟**に該当します。

☐ 客観訴訟は、法律に特別の定めがないと提起できず、訴えを起こせるのは、**訴えを提起できる者として法律に規定されている者**です。

☐ 公法上の法律関係に関する確認の訴えその他の公法上の法律関係に関する訴訟を**実質的当事者訴訟**といいます。

☐ 当事者間の法律関係を確認しまたは形成する処分または裁決に関する訴訟で法令の規定によりその法律関係の当事者の一方を被告とするものを**形式的当事者訴訟**といいます。

☐ 国または公共団体の機関の法規に適合しない行為の是正を求める訴訟を**民衆訴訟**といいます。地方自治法上の住民訴訟は民衆訴訟の例です。

☐ 民衆訴訟は、**選挙人たる資格その他自己の法律上の利益にかかわらない資格**で提起するものです。

☐ 国または公共団体の機関相互間における権限の存否またはその行使に関する紛争についての訴訟を**機関訴訟**といいます。

01　当事者訴訟の2つの類型のうち、当事者間の法律関係を確認し又は形成する処分又は裁決に関する訴訟で法令の規定によりその法律関係の当事者の一方を被告とするものは、実質的当事者訴訟と呼ばれる。

特別区Ⅰ類2013

✕　実質的当事者訴訟ではなく、形式的当事者訴訟と呼ばれています。

02　民衆訴訟は、国又は公共団体の機関の法規に適合しない行為の是正を求める訴訟で、選挙人たる資格その他自己の法律上の利益にかかわらない資格で提起するものであり、法律に定める場合において、法律に定める者に限り、提起することができる。　　　　特別区Ⅰ類2013

◯

03　機関訴訟は、国または公共団体の機関相互間における権限の存否又はその行使に関する紛争についての訴訟であり、法律に特別に定められた場合において法律に定められた者のみが訴えを提起することができる。

国家一般職2009

◯

第**2**章

行政不服申立て

START! 本節で学習すること

第2章では、行政争訟のもう1つの方法である行政不服申立てについて学習します。
本節では、行政不服審査の概要を見ていきましょう。
まず、行政不服申立ての対象と種類を押さえ、次に中心となる審査請求の要件を
学習します。
この分野における学習の中心は行政不服審査法の条文です。条文の規定を理解し、
覚えていくことが大切です。

1 行政不服申立て

1 行政不服申立てと取消訴訟

行政不服審査法1条
① この法律は、行政庁の違法又は不当な処分その他公権力の行使に当たる行為に関し、国民が
簡易迅速かつ公正な手続の下で広く行政庁に対する不服申立てをすることができるための制度
を定めることにより、国民の権利利益の救済を図るとともに、行政の適正な運営を確保するこ
とを目的とする。

❶ 行政不服申立てとは

　第1章の冒頭でも見たとおり、行政不服審査法に基づく行政不服申立ては、
行政事件訴訟法に基づく取消訴訟と並んで、**行政庁が行った処分の取消し（争
訟による取消し）を求めるための仕組み**です。

❷ 行政不服申立てと取消訴訟

　取消訴訟は裁判所に取消しを求めるものでしたが、行政不服申立ては**行政庁
に取消しを求めるもの**です。

　その特徴としては、裁判所による判断に比べて公正性・中立性は劣るものの、
簡易で迅速な判断により国民の権利利益の救済を図れる点があります。

　また、取消訴訟において審査の対象となるのは「違法」だけでしたが、行政
不服申立てでは**「違法」だけでなく「不当」に関しても審査対象**となります。

行政不服申立て		取消訴訟
国民の権利救済 ＋ 行政の適正な運営の確保	目的	国民の権利救済
行政機関	審査機関	裁判所
違法＋不当	審査範囲	違法
簡易かつ迅速	利点	慎重かつ公正
公正・中立性に疑義	欠点	審理長期化による負担

2　行政不服審査法の目的

❶ 行政不服審査法の目的

　行政不服審査法の目的は、**❶国民の権利利益の救済**を図るとともに、**❷行政の適正な運営**を確保することにあります。

> **ひとこと**
>
> 公正性を確保しつつ、この目的を実現するために、2014年（平成26年）に行政不服審査法が改正され、後述する**審理員制度**や**行政不服審査会への諮問手続**の導入がされています。また、同時に利便性を向上させるために、**申立て期間も延長**されました。

❷ 不服申立ての一般法

　また、この法律は、行政庁の処分その他公権力の行使に当たる行為（いわゆる「処分」）に関する**不服申立ての一般法**であり、**他の法律に特別な定め（特別法）がある場合は、その規定が優先適用**されます。

3　行政不服申立ての対象

❶ 処分と不作為

　行政不服審査法の対象となるのは、「処分」と「不作為」です。

　「処分」は、**行政事件訴訟法における「処分」（処分性のある行為）と同義**と考えられています。**条例に基づき地方公共団体でなされる「処分」も含まれます。**

01

　「不作為」は、**法令に基づく申請に対して、相当期間内に何らの処分もしないこと**をいいます。これも行政事件訴訟の1つである不作為の違法確認訴訟における「不作為」と同じ意味です。

❷ 一般概括主義

　行政不服審査法では、**原則として、「処分」と「不作為」に該当するものは行政不服申立ての対象となる**ことにしたうえで、**例外的に対象にならないものを個別に挙げる**形を採っています。

　このような規定の仕方を一般概括主義といいます。

> 概括とは、「おおよそ」とか「だいたい」という意味の言葉です。つまり一般概括主義とは、**一般的には、「処分」、「不作為」に該当すれば、だいたいは行政不服申立ての対象となる**、という意味です。行政立法や行政指導も含めた行政作用全般が対象となるわけではありません。

02

❸ 適用除外（一般概括主義の例外）

　行政不服審査法7条では、行政不服申立ての対象外となるものを個別に列挙しています。

　例えば、国会において議決によってされる処分（国会議員に対する除名処分など）、刑事事件に関する法令に基づいて検察官がする処分（検察官がする起訴や不起訴の処分など）等は、行政不服審査法の規定する**一般概括主義の例外**とされています。

> これらは、**より慎重な手続や特別な手続により行われているもの**、もしくは行われるべきと考えられている手続だからです。

> **行政不服審査法8条**
> 　前条（7条）の規定は、同条の規定により審査請求をすることができない処分又は不作為につき、別に法令で当該処分又は不作為の性質に応じた不服申立ての制度を設けることを妨げない。

　ただし、行政不服審査法の対象とならない処分や不作為について、**別の法令で不服申立制度を設けることは許されています。**

 本条は「妨げない」としているだけであって、不服申立ての制度を設けることを**義務づけているわけではありません。**

2 行政不服申立ての種類

1 行政不服申立ての3つの類型

　行政不服申立ての種類としては、❶審査請求（しん さ せいきゅう）、❷再調査の請求（さいちょう さ）、❸再審査請求（さいしん さ）の3つがあります。

　行政不服審査法は、原則として❶の**審査請求に一元化**されており（審査請求中心主義）、❷❸は、例外として限定的に行えるものとしています。

> **板書** 行政不服申立ての3つの**類型**
>
> ❶審査請求　　　：原則
> ❷再調査の請求：例外 ⎫ 個別の法律での
> ❸再審査請求　：例外 ⎭ 定めが必要

 以前あった**異議申立て**という類型は、国民の視点から審査請求との違いがわかりにくかったことから、2014年（平成26年）改正により審査請求に統合されて廃止され、**現在は存在していません。**

2 審査請求

❶ 審査請求とは

審査請求とは、**行政庁の処分や不作為に不服がある場合に不服を申し立てる手続**です。審査請求をする者を審査請求人と呼び、審査請求先であり審査を行う行政庁を審査庁と呼びます。

❷ 審査庁となる行政庁（審査請求先）

原則として、処分庁（処分を行った行政庁）または不作為庁（不作為のある行政庁）の**最上級行政庁**が審査庁（審査請求先）です。

例えば、市の福祉事務所の行った処分に対して審査請求する場合、福祉事務所の所長の最上級行政庁はその地方自治体の長なので、市長に対して審査請求をすることになります。

板書 審査請求先（原則）

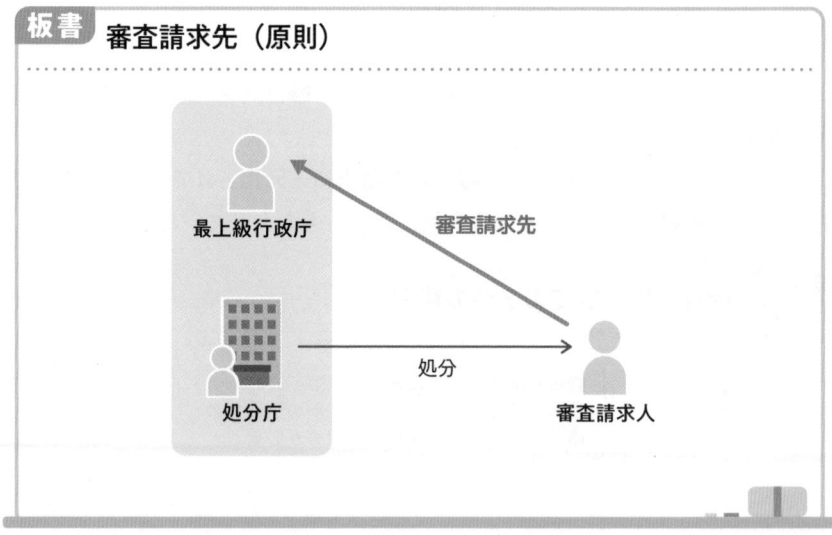

❸ 処分庁・不作為庁自身が審査庁となる場合

例外的に、**❶処分庁・不作為庁に上級行政庁が存在しない場合**、**❷大臣または外局の長が処分庁・不作為庁の場合**は、当該処分庁・不作為庁が審査庁（審査請求先）になります。

例えば、❶地方公共団体の長である都道府県知事や市町村長には、より上級の行政庁が存在しませんので、処分庁である長自身が審査庁です。また、❷主任（担当）の大臣である総務大臣や外局の長である国税庁長官が処分庁の場合も処分庁が審査庁です。

 外局／国税庁や金融庁など府省に設置される機関を指します。

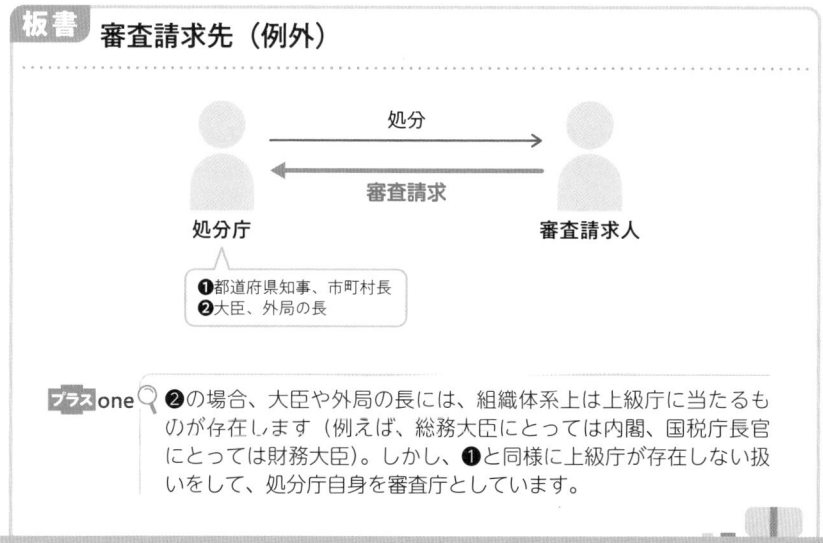

板書 審査請求先（例外）

処分

審査請求

処分庁 　　　　　　　　　審査請求人

❶都道府県知事、市町村長
❷大臣、外局の長

プラスone ❷の場合、大臣や外局の長には、組織体系上は上級庁に当たるものが存在します（例えば、総務大臣にとっては内閣、国税庁長官にとっては財務大臣）。しかし、❶と同様に上級庁が存在しない扱いをして、処分庁自身を審査庁としています。

❹ 法律に特別な規定がある場合

個別法で審査請求先が指定されている場合は、その機関が審査庁（審査請求先）になります。この場合、処分庁の最上級庁でも処分庁でもない、いわゆる第三者的行政庁に対して審査請求を行うことになります。

 例えば、税務署長が行う課税処分に対する審査請求は、**国税不服審判所**と呼ばれる第三者的行政庁に対して行うことになっています。

> **行政不服審査法5条**
> ① 行政庁の処分につき処分庁以外の行政庁に対して審査請求をすることができる場合において、法律に再調査の請求をすることができる旨の定めがあるときは、当該処分に不服がある者は、処分庁に対して再調査の請求をすることができる。ただし、当該処分について第2条の規定により審査請求をしたときは、この限りでない。
> ② 前項本文の規定により再調査の請求をしたときは、当該再調査の請求についての決定を経た後でなければ、審査請求をすることができない。（以下略）

❶ 再調査の請求とは

　再調査の請求とは、処分庁以外の行政庁に対して審査請求ができる場合において、**処分庁に対して再調査（処分の見直し）を求めるもの**です。

 「処分庁以外の行政庁に対して審査請求ができる場合」なので、最上級行政庁や第三者的行政庁に審査請求できる場合を指しています。

　法律に再調査の請求をすることができる旨の定めがある場合にのみ行うことができます。

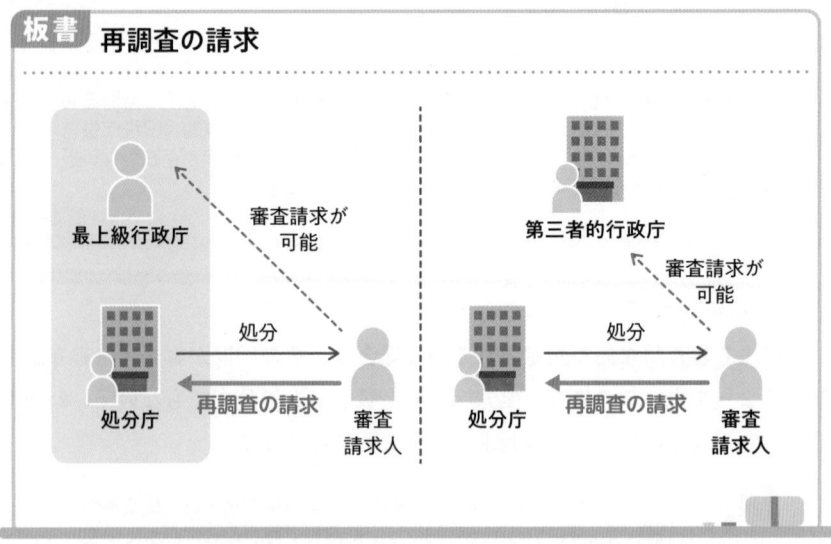

板書　**再調査の請求**

最上級行政庁　　審査請求が可能

処分庁　　処分　　再調査の請求　　審査請求人

第三者的行政庁　　審査請求が可能

処分庁　　処分　　再調査の請求　　審査請求人

例えば、税務署長が行った課税処分に不服がある場合、国税不服審判所に審査請求が可能ですが、個別の法律で税務署長に再調査の請求をすることも可能となっています。

　なお、**不作為に対する行政不服申立てには、再調査の請求の制度はありません**。

❷ 自由選択主義

　再調査の請求が可能な場合に、再調査の請求を行うか否かは、**審査請求をしようとする者が任意に選択することが可能です（自由選択主義）**。したがって、再調査の請求をした後でその結果（決定）に不満がある場合に、審査請求に進むこともできますし、再調査の請求をせずに即座に審査請求をすることもできます。

　しかし、再調査の請求をせずに審査請求をした後で、再調査の請求をすることはできません。

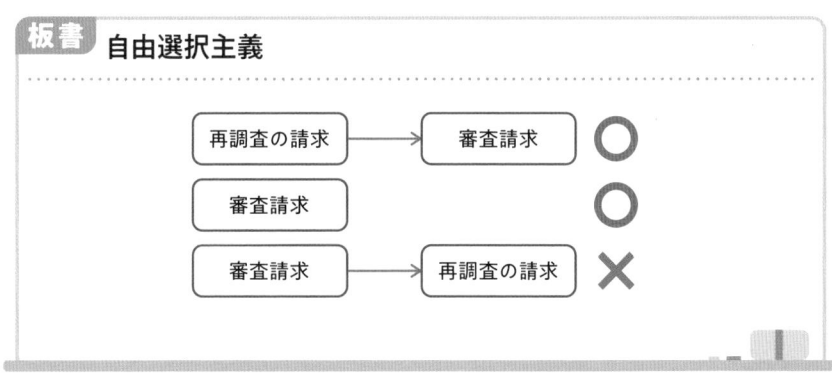

板書　自由選択主義

再調査の請求 → 審査請求		○
審査請求		○
審査請求 → 再調査の請求		✕

　また、いったん再調査の請求をした以上は、その結果（決定）が出るまでは、原則として、審査請求をすることはできません。

> 語句　**決定**／再調査の請求に対する処分庁の判断を指します。

4 再審査請求

再審査請求とは、**審査請求に対する裁決（審査庁の判断）に不服がある者が、再度行う不服申立て**を指します。**法律に再審査請求をすることができる旨の定めがある場合**にのみ行うことができます。

なお、**不作為に対する行政不服申立てには、再審査請求の制度はありません。**

板書 各手続の利用の可否

	処分	不作為
審査請求	○	○
再調査の請求	○ ［処分庁以外の行政庁に審査請求できる場合で、法律に再調査の請求が可能な旨の規定がある場合］	✕
再審査請求	○ ［法律に再審査請求が可能な旨の規定がある場合］	✕

3 審査請求の申立て要件

1 審査請求の請求方式

❶ 書面の提出

> **行政不服審査法19条**
> ① 審査請求は、他の法律（条例に基づく処分については、条例）に口頭ですることができる旨
> の定めがある場合を除き、政令で定めるところにより、審査請求書を提出してしなければなら
> ない。

　審査請求は、他の法律に口頭ですることができる旨の定めがある場合を除き、**書面（審査請求書）を提出してしなければなりません。**

　その提出先は審査庁ですが、**審査請求をすべき行政庁が処分庁と異なる場合**における審査請求は、**処分庁を経由してすることもできます。**

 この規定は審査請求人が**任意に選択**できるものであり、処分庁を
経由して提出しなければならないわけではありません。

❷ 補　正

　審査請求書に、記入ミスや添付書類の漏れ等の形式的な要件に合致しない点があった場合、審査庁は、**相当の期間を定め、その期間内に不備を補正すべきことを命じなければなりません。**

 この補正命令を受けて所定の期間内に補正がされたときは、**当初
から適法な審査請求がされたものと扱われます。**

　補正命令を受けた審査請求人が所定の期間内に不備を補正しないとき、または、補正することができないことが明らかな場合は、審査庁は、**審理手続を経ることなく、却下の裁決（内容面の審査をせず審査請求を退ける裁決）を出す**ことができます。

2 審査請求ができる者

❶ 処分についての審査請求

処分について審査請求ができるのは、**法律上の利益を有する者**です（判例）。

03

 判例は、行政不服審査法の定める不服申立適格が**行政事件訴訟法の取消訴訟で学習した原告適格と全く同じ**と考えています。

❷ 不作為についての審査請求

不作為について審査請求ができるのは、法令に基づき処分について**申請をした者（申請者）に限られます**。

 この点は、行政事件訴訟法の不作為の違法確認訴訟と共通です。

❸ 代理人制度

審査請求は代理人によってすることができます。代理人は、審査請求に関する一切の行為を審査請求人に代わって行うことが可能ですが、**審査請求の取下げについては、特別の委任を受けた場合に限り、することができます**。

3 審査請求が可能な期間

❶ 処分についての審査請求

処分についての審査請求は、**一定の期間内に行わない場合、不可争力が生じ、もはや審査請求ができなくなってしまいます。**

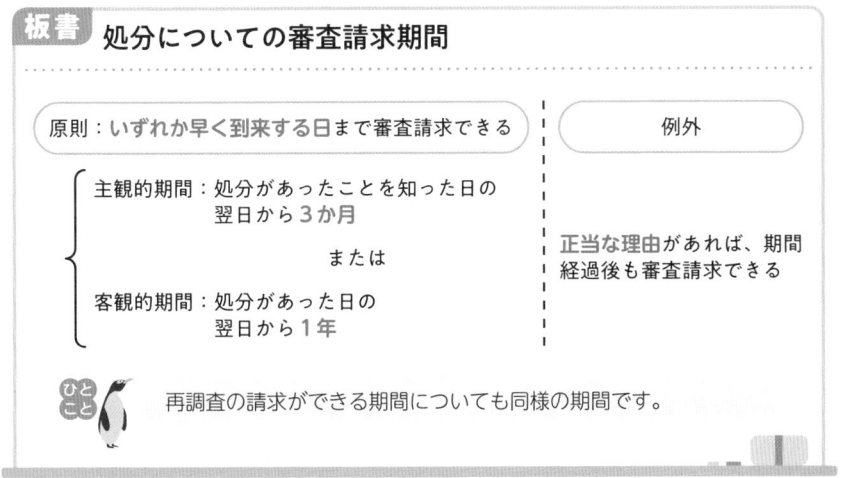

板書 処分についての**審査請求期間**

原則：いずれか早く到来する日まで審査請求できる

例外

主観的期間：処分があったことを知った日の
翌日から**3か月**

または

客観的期間：処分があった日の
翌日から**1年**

正当な理由があれば、期間
経過後も審査請求できる

ひとこと　再調査の請求ができる期間についても同様の期間です。

❷ 不作為についての審査請求

不作為についての審査請求には、**期間の制限がありません**。不作為の状態（申請に対して応答がない状態）が継続している限りは、審査請求が可能です。

04

第1節 行政不服審査の概要

☐ 取消訴訟において審査の対象となるのは「違法」だけでしたが、行政不服申立てでは、「違法」だけでなく「不当」も審査対象となります。

☐ 行政不服審査法の目的は、国民の権利利益の救済を図るとともに、行政の適正な運営を確保することにあります。

☐ 行政不服審査法の対象となるのは、「処分」と「不作為」であり、これらに該当すれば原則的に行政不服申立ての対象となるとする一般概括主義が採用されています。

☐ 行政不服申立ての種類としては、審査請求、再調査の請求、再審査請求の3つがあります。

☐ 審査請求をする審査庁は、原則として、処分庁・不作為庁の最上級行政庁です。

☐ 処分庁・不作為庁に上級行政庁が存在しない場合や大臣または外局の長が処分庁・不作為庁の場合は、当該処分庁・不作為庁が審査庁になります。

☐ 再調査の請求とは、行政庁の処分につき処分庁以外の行政庁に対して審査請求をすることができる場合において、法律に再調査の請求をすることができる旨の定めがあるときに、処分庁に対して不服を申し立てるものです。

☐ 審査請求は、他の法律に口頭ですることができる旨の定めがある場合を除き、書面（審査請求書）を提出してしなければなりません。

☐ 処分に対する審査請求は、正当な理由がある場合を除き、処分があったことを知った日の翌日から起算して3か月以内、または処分があった日の翌日から起算して1年以内にする必要があります。

01 地方公共団体の機関が行う処分のうち、法律に基づく処分については行政不服審査法の規定が適用されるが、根拠規定が条例に置かれている処分については同法の規定が適用されない。　　　　国家一般職2018

✕ 根拠規定が条例に置かれている処分についても、行政不服審査法が適用されます。

02 行政不服審査法は、一般概括主義を採用し、処分、不作為、行政立法、行政指導等の態様を問わず、広く行政作用全般について審査請求を認めている。　　　　国家一般職2018

✕ 一般概括主義を採用していますが、行政立法、行政指導等広く行政作用全般に審査請求を認めているわけではありません。

03 行政不服審査法は、国民の権利利益の救済に加えて、行政の適正な運営の確保も目的としていることから、審査請求をすることができる「行政庁の処分に不服がある者」について、必ずしも審査請求をする法律上の利益を有している必要はない旨を規定している。　　　　国家一般職2018

✕ 特に規定を設けていませんが、審査請求ができるのは法律上の利益を有する者と考えられています。

04 行政庁の不作為に対する不服申立てについては、天災その他申立てをしなかったことについてやむを得ない理由があるときを除いて、申請日の翌日から起算して1年を経過したときはすることができない。

国家専門職2013

✕ 不作為に対する行政不服申立てには特に期間制限はありません。不作為状態が継続している限りはすることができます。

第2節 審査請求の審理・裁決

START! 本節で学習すること

本節では、審査請求が行われた後の具体的な流れについて学習します。
まず審理手続については、近年の改正で追加された事項が重要です。裁決においては、行政事件訴訟法で学習した判決の知識を対応させると効率的に理解できます。
本節も前節同様、条文で規定されていることをきちんと覚えていきましょう。

1 審査請求の審理手続

1 審理手続に関わる者

❶ 審理員

審査請求がされると、審査庁はまず、**審理手続を行う者を指名**する必要があります。この審理手続を行う者を審理員(しんりいん)と呼びます。

審理員は、**審査庁に所属する職員**のうちから指名されます。

> 審査庁の職員から指名されるので、審理員の中立性等は確保されていません。しかし、審査の対象となる処分や不作為に関与した職員は除外される等、一定の公正性を保つ工夫はされています。

ただし、**審査請求を不適法として却下する場合には、審理員を指名する必要がありません。**

01 ▶

❷ 審査請求人・参加人

審査請求人が審理手続に関わるのは当然ですが、**審査請求人以外の者で利害関係を有する者は、審理員の許可を得て審理手続に参加することができます。**このようにして審理手続に関わる人を参加人(さんかにん)といいます。審理員のほうから、利害関係人に参加を求めることも可能です。

❸ 処分庁・不作為庁

処分庁や不作為庁も審査請求の手続に関わる者です。

❶ 書面審理

　審査請求の審理は、**原則として書面により行われます**。

　行政不服申立ては**迅速な判断による国民の権利救済を図る趣旨**の制度であり、取消訴訟のように法廷を開いて口頭でのやり取り（口頭弁論）を行うと迅速さを損なうからです。

　書面審理の前提としては、次のような書面のやり取りがあります。

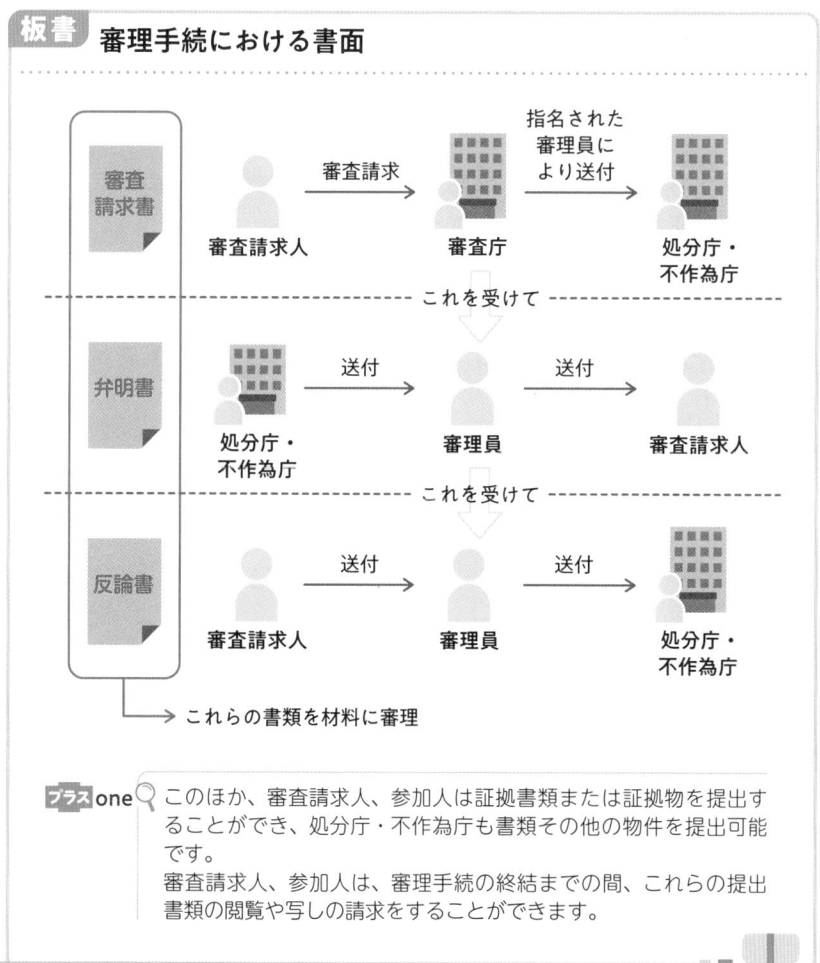

板書　審理手続における書面

このほか、審査請求人、参加人は証拠書類または証拠物を提出することができ、処分庁・不作為庁も書類その他の物件を提出可能です。
審査請求人、参加人は、審理手続の終結までの間、これらの提出書類の閲覧や写しの請求をすることができます。

❷ 口頭陳述（例外）

　書面審理が原則ですが、**審査請求人または参加人からの申立て**があった場合、審理員は、例外的に**口頭で意見を述べる機会を与えなければなりません**。

> **プラスone** この口頭による意見陳述は、審理員が期日、場所を指定し、すべての審理関係人を招集してすることになっています。

　なお、口頭による意見陳述を申し立てた審査請求人（申立人）は、**審理員の許可を得て、処分庁・不作為庁に対して質問を発することができます**。

> 口頭陳述の機会が与えられた場合、その陳述および審理は**非公開**で行われます。

❸ 職権探知主義

　第1節で学習したとおり、行政不服審査法は国民の権利利益の救済だけでなく、**行政の適正な運営確保**をも目的としています。

　これを反映して、審理員は、審査請求人や参加人の申立て、もしくは職権により、書類等の所持人に提出を求めることができます。さらに、**当事者がしていない主張や争っていない事実について職権で探知して審理の基礎とすること**もでき、これを職権探知主義といいます。

> **取消訴訟においては裁判所の職権探知主義が認められていなかった**ことと比較しましょう。行政運営の適正確保のため、審理員には審査請求の当事者の主張のみに拘束されない権限が与えられています。

❹ 標準審理期間

　標準審理期間とは、審査請求がその事務所に到達してから当該審査請求に対する裁決をするまでに**通常要すべき標準的な期間**をいいます。審査庁となるべき行政庁は、この標準審理期間を**定める努力義務**があります。また、標準審理期間を定めた場合、その**公表は法的義務**になります。

> 期間の設定は努力義務、設定した場合の公表は法的義務、という規定は、第1編第6章で学習した、行政手続法の申請に対する処分における標準処理期間と同じですね。

3　審理の終結

　審理員は、必要な審理を終えたと認めたときは、審理手続を終結させます。審理手続が終結したら、審理員は、審査庁がすべき裁決に関する審理員の意見を記した審理員意見書という書面を作成し、事件記録とともに審査庁に提出します。

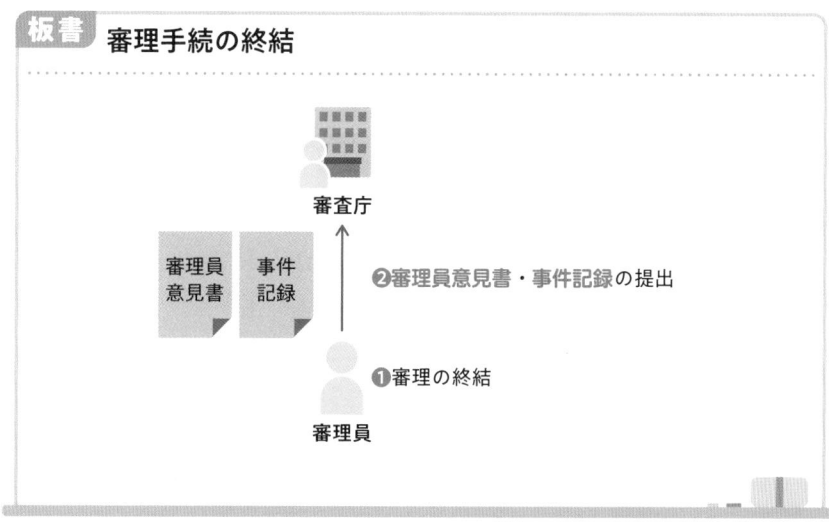

板書　審理手続の終結

審査庁

審理員意見書　事件記録　❷審理員意見書・事件記録の提出

❶審理の終結

審理員

行政不服審査会への諮問

1 原則（諮問義務あり）

　審査請求を審理する手続が終結し、審理員意見書を受け取った審査庁は、原則として、行政不服審査会という第三者機関に諮問する義務を負っています。この行政不服審査会からの答申を受けて、審査庁が最終判断をすることになります。

　有識者などに意見を尋ねることを諮問といい、諮問に対する回答を答申といいます。これは**第三者機関の意見を入れることで公正性を確保する**ために、2014年（平成26年）改正で導入された仕組みです。

　行政不服審査会は、総務省に設置される機関です。その審査会の委員は9人で構成され、**両議院の同意を得て、総務大臣が任命**します。

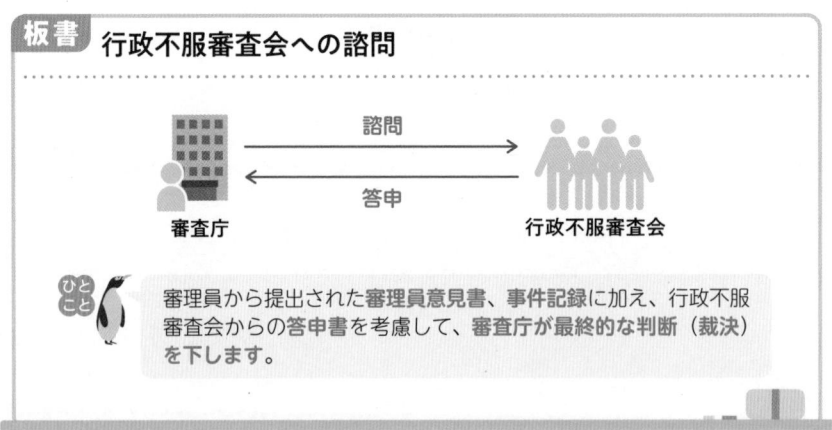

板書 **行政不服審査会への諮問**

諮問 →

← 答申

審査庁　　　　　　　　　　　　行政不服審査会

　審理員から提出された**審理員意見書**、事件記録に加え、行政不服審査会からの答申書を考慮して、**審査庁が最終的な判断（裁決）**を下します。

2 例外（諮問義務なし）

　例外的に行政不服審査会に諮問をしなくてもよい場合が法定されています。
**❶審査請求人から行政不服審査会への諮問を希望しない旨の申出がされている
場合**や、**❷審査請求が不適法であり却下する場合**などです。

❶が除外されているのは、諮問は審査請求人の権利保護のための
手続であり、当人が希望しないのに行う必要がないからです。ま
た、❷が除外されているのは、内容に踏み込まずに却下される場
合に意見を求めても意味がないからです。

3 執行停止

1 執行停止

❶ 執行停止

　行政庁の処分からの救済を得たい場合、審査請求はその手段の１つであるわ
けですが、審査手続中に処分が執行されることで、審査請求人の救済が叶わな
くなることもあり得ます。

　そこで取消訴訟で学習したのと同じように、審査請求においても執行停止の
制度が設けられています。

制度の大枠は行政事件訴訟と変わりありません。ただ、細かい部
分には違いもあります。

❷ 執行不停止の原則と例外としての執行停止

　原則として、審査請求がされても処分の執行は停止せず、そのまま手続は続
行していきます（執行不停止の原則）。

　しかし、例外的に執行が停止される場合があります。

　審査請求における執行停止には、**審査庁が裁量的判断で執行停止できる場合**
（裁量的執行停止）と**審査庁が義務として執行停止しなければならない場合**
（義務的執行停止）とがあります。

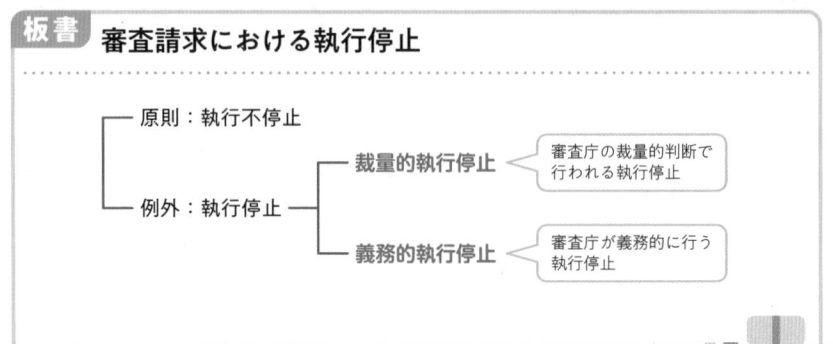

板書 審査請求における執行停止

- 原則：執行不停止
- 例外：執行停止
  - 裁量的執行停止 ── 審査庁の裁量的判断で行われる執行停止
  - 義務的執行停止 ── 審査庁が義務的に行う執行停止

2 裁量的執行停止

行政不服審査法25条

② 処分庁の上級行政庁又は処分庁である審査庁は、必要があると認める場合には、審査請求人の申立てにより又は職権で、処分の効力、処分の執行又は手続の続行の全部又は一部の停止その他の措置（以下「執行停止」という。）をとることができる。

③ 処分庁の上級行政庁又は処分庁のいずれでもない審査庁は、必要があると認める場合には、審査請求人の申立てにより、処分庁の意見を聴取した上、執行停止をすることができる。ただし、処分の効力、処分の執行又は手続の続行の全部又は一部の停止以外の措置をとることはできない。

❶ 処分庁・処分庁の上級庁が審査庁

処分庁が審査庁である場合、その**裁量により執行停止をすることができます**。審査請求人からの申立てがあった場合はもとより、なくても**職権で行うことができます**。

02

処分庁の上級庁が審査庁である場合も同様です。上級庁には処分庁の監督権があるためです。

❷ 第三者的行政庁が審査庁

第三者的行政庁が審査庁である場合（審査庁が処分庁の上級行政庁または処分庁のいずれでもない場合）も、その**裁量により執行停止をすることができます**。この場合は**職権で行うことができず、審査請求人からの申立てによる必要があります**。このほか、以下にまとめるように細かい違いがあります。

板書 裁量的執行停止の比較

		処分庁／処分庁の上級庁	第三者的行政庁
職権による執行停止		○ 可能	✕ 不可
処分庁からの意見聴取		✕ 不要	○ 必要
執行停止の対象	処分の効力	○ 可能	○ 可能
	処分の執行	○ 可能	○ 可能
	手続の続行	○ 可能	○ 可能
	その他の措置	○ 可能	✕ 不可

審査庁が処分庁・処分庁の上級庁である場合は職権で執行停止が可能であり、処分庁からの意見聴取の必要がなく、執行停止として行える内容が幅広いことがわかります。第三者的行政庁に比べ処分の当事者としての性質が強く、**裁量的判断権・監督権を有している**ことに由来すると考えるとよいでしょう。
なお、「その他の措置」とは、営業許可の取消処分を営業停止処分に変更すること等を指しています。

3 義務的執行停止

行政不服審査法25条
④ 前2項の規定による審査請求人の申立てがあった場合において、処分、処分の執行又は手続の続行により生ずる重大な損害を避けるために緊急の必要があると認めるときは、審査庁は、執行停止をしなければならない。ただし、公共の福祉に重大な影響を及ぼすおそれがあるとき、又は本案について理由がないとみえるときは、この限りでない。

こちらは審査庁の性質にかかわらず、**執行停止しなければならない**という規定です。**審査請求人の申立て**があり、**重大な損害を避けるために緊急の必要**があると認めるときは、審査庁は、執行停止をしなければなりません。

 **義務的執行停止の要件**

- ❶執行により**重大な損害が生じること**
- ❷損害を回避する**緊急の必要性**があること
- ❸執行停止により**公共の福祉に重大な影響を及ぼすおそれがないこと**
- ❹本案について**理由がないとみえる場合でないこと**

プラスone 行政不服審査法25条4項は、取消訴訟における執行停止の規定とほぼ同じです。しかし、取消訴訟においては「執行停止を**することができる**」であったのに対し、審査請求における義務的執行停止においては「執行停止を**しなければならない**」である点は大きな違いです。行政庁に対して任意的な規定にしてしまうと執行停止しない可能性が高いからです。

4 執行停止の取消し

審査庁が執行停止した後で、執行停止が公共の福祉に重大な影響を及ぼすことが明らかとなったときその他事情が変更した場合には、審査庁は、その**執行停止を取り消すことができます**。

 なお、取消訴訟の執行停止にあった**内閣総理大臣の異議**に相当する制度は、**審査請求における執行停止制度には存在していません**。

4 審査請求に対する裁決

1 裁決の時期

　審査庁は、行政不服審査会から諮問に対する答申を受けたとき（諮問が不要な場合は審理員意見書が提出されたとき）は、遅滞なく、**裁決をしなければなりません**。

2 裁決の種類

　裁決には4つの種類があります。

板書 裁決の種類

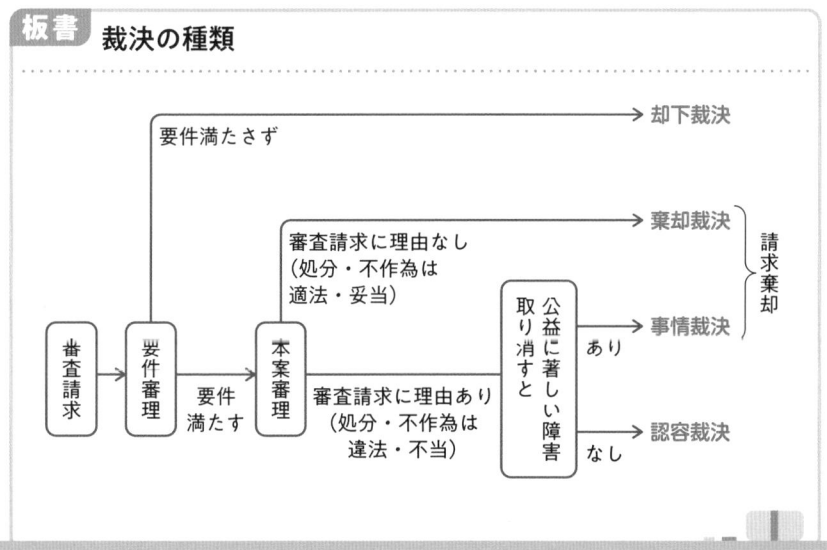

❶ 却下裁決

　処分・不作為についての審査請求が**要件を欠き不適法な場合に**、**本案審理に入ることなく審査請求を排斥する裁決**を却下裁決（きゃっか さいけつ）といいます。　03

❷ 棄却裁決

処分・不作為についての審査請求が要件を満たして**本案審理を行ったものの、審査請求人の請求に理由なし（処分・不作為は適法・妥当）として審査請求を排斥する裁決**を棄却裁決といいます。

03 ▶

❸ 事情裁決

> **行政不服審査法45条**
> ③　審査請求に係る処分が違法又は不当ではあるが、これを取り消し、又は撤廃することにより公の利益に著しい障害を生ずる場合において、審査請求人の受ける損害の程度、その損害の賠償又は防止の程度及び方法その他一切の事情を考慮した上、処分を取り消し、又は撤廃することが公共の福祉に適合しないと認めるときは、審査庁は、裁決で、当該審査請求を棄却することができる。この場合には、審査庁は、裁決の主文で、当該処分が違法又は不当であることを宣言しなければならない。

処分が違法・不当であるが、これを取り消すことで公益に著しい障害を生ずる場合に、一切の事情を考慮したうえで、処分を取り消すことが公共の福祉に適合しないと認めるときに**審査請求を棄却する裁決**を事情裁決といいます。

本来は認容裁決を出すべきであるのに、公共の福祉の観点から、審査請求を棄却する場合の裁決です。

事情裁決を出す場合には、**裁決の主文で処分が違法または不当であることを宣言しなければなりません。**

行政不服審査法45条3項は行政事件訴訟法の事情判決の条文（行政事件訴訟法31条1項）とほぼ同じですが、冒頭の「処分が違法又は不当」の部分の違いには注意しておきましょう。審査請求のほうは、「不当」の場合も含んでいます。

❹ 認容裁決

処分・不作為についての審査請求が要件を満たして**本案審理を行い、審査請求人の請求に理由あり（処分・不作為は違法・不当）と認める裁決**を認容裁決といいます。

3　認容裁決の詳細

❶ 処分に対する審査請求

　処分庁、処分庁の上級庁が**審査庁**である場合、認容裁決において**処分の取消し、変更をする措置を行います**。一方、**第三者的行政庁**が審査庁である場合（審査庁が処分庁の上級行政庁または処分庁のいずれでもない場合）、認容裁決において**処分の取消しができるものの、変更をすることはできません**。

変更とは、懲戒免職処分を停職処分に、営業許可の取消処分を営業停止処分に変えること等を指します。第三者的行政庁の場合に変更ができないのは、処分庁やその上級庁と異なり、**裁量的判断権も監督権も持っていない**からです。取消訴訟において裁判所が出す判決に変更がなかったのも同じ理由です。

　変更する場合、**審査請求人に不利益に変更することはできません**（不利益変更禁止の原則）。

❷ 不作為に対する審査請求

　不作為に対する審査請求については、認容裁決において処分を行う、または処分を行うことを命じる措置を行います。

4 裁決の方法

　裁決は、**理由を記載**し、審査庁が**記名押印**した裁決書と呼ばれる**書面により**
しなければなりません。

5 裁決の効力

　裁決には次のように、形成力、拘束力、不可変更力という３つの効力が認め
られています。

　このうち不可変更力は裁決の種類にかかわらず、裁決が争訟裁断的行政行為
（法的な争いについて判断を下す行為）であることから生じます。

 この効力は、行政行為の４つの効力の１つとして第１編第３章で
学習しています。

　認容裁決に認められるのが形成力と拘束力です。この２つの効力は、取消訴
訟にも登場しており、内容も同じです。

板書　裁決の効力

形成力 ：処分の効力を遡及的に消滅させる効力

拘束力 ：裁決の趣旨に従って行動する義務を行政庁
　　　　　（処分庁および関係行政庁）に生じさせる効力

　　　　　⎱ 認容裁決に
　　　　　のみ生じる

不可変更力：たとえ裁決に瑕疵があっても審査庁が取り
　　　　　消して変更することを禁止される効力

 拘束力により、処分庁が同一事情のもとで同一理由により、同一
内容の処分を行うことが禁止されます。

---

5 教示制度

1 教示制度とは

たとえ制度が存在していても、国民の側がそれを知らなくては利用できません。そこで、**行政不服申立ての仕組みについて行政庁が教える制度**が設けられており、これを教示制度といいます。

行政庁側に教示する義務が発生する場合として、**❶書面で処分をする場合**と**❷教示を求められた場合**の2つがあります。

❶は最初から当然に教示義務がある場合、❷は求められたら教示義務が発生する場合です。

❶ 必要的教示（書面で処分をする場合）

行政庁は、行政不服申立ての対象となる処分を**書面でする場合**、処分の相手方に対して次の事項を**書面で教示する義務を負います**。

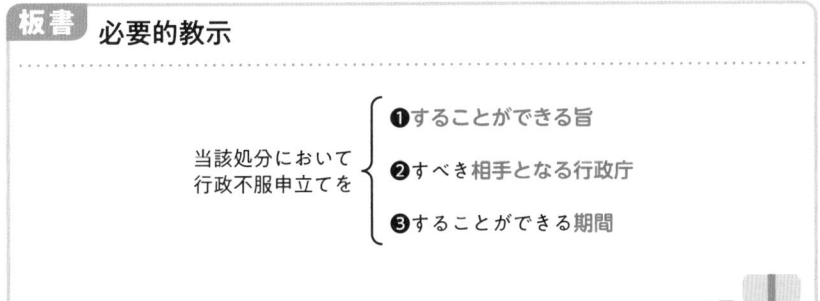

板書　必要的教示

当該処分において
行政不服申立てを
{
❶することができる旨

❷すべき相手となる行政庁

❸することができる期間
}

書面での処分には書面での教示義務が生じる、ということです。**処分を口頭でする場合は、行政庁に教示義務が生じないことに注意しましょう。**

❷ 請求による教示（教示を求められた場合）

　行政庁は、利害関係人から次の事項について**教示を求められたときは、教示する義務を負います**。

板書 **請求による教示**

当該処分について
行政不服申立てを
{
　❶**することができるか否か**

　❷**すべき相手となる行政庁**

　❸**することができる期間**

　この場合、利害関係人が**書面による教示**を求めた場合は、**書面で教示する必要があります**。

　処分が口頭でされたことから教示がなかった場合の処分の相手方も利害関係人に含みますので、請求による教示の対象になります。

2　**教示における救済**

❶ 行政庁が教示義務を怠った場合

　教示すべきにもかかわらず行政庁が教示しなかった場合、処分に不服のある者は、処分庁に不服申立書（審査請求書）を提出すれば、**はじめから適法な行政不服申立てがされたとみなされます**。

　とりあえず**処分庁に出しておけばよい**ということです。例えば処分庁が審査庁でなかったとしても、処分庁から審査庁に不服申立書を送付してくれる仕組みになっています。

❷ 誤った教示がされた場合

　審査庁を誤って教示された場合に、その教示に従って審査請求人が誤った行政庁に審査請求をした場合は、行政庁は速やかに審査請求書を処分庁または審査庁に送付し、審査請求人にその旨を通知することになっており、**当初から適法な審査請求がされたものとみなされます**。

04

第2節 審査請求の審理・裁決

☐ 審査請求がされると、審査庁は審理手続を行う**審理員を審査庁に所属する職員のうちから指名**します。

☐ 審査請求の審理は、**原則として書面**により行われますが、審査請求人からの申立てがあった場合、例外的に**口頭で意見を述べる機会**を与えなければなりません。

☐ 審理手続が終結すると、審理員は、遅滞なく**審理員意見書**を作成し、速やかに、事件記録とともに**審査庁に提出**します。

☐ 審査請求を審理する手続が終結し、審理員意見書を受け取った審査庁は、原則として、**行政不服審査会に諮問する義務**を負っています。

☐ 審査庁は、必要があると認める場合には、**審査請求人の申立てによりまたは職権**で処分の執行停止を行うことができます。

☐ 審査庁が**処分庁の上級庁または処分庁の場合**は、裁決で、**処分の変更**をすることができますが、審査庁が第三者的行政庁の場合は、処分の変更をすることはできません。

☐ 裁決は、**理由を記載**し、**審査庁が記名押印**した書面によりする必要があります。

☐ 行政庁は、行政不服申立てをすることができる処分を**書面でする場合**、処分の相手方に対して、当該処分につき行政不服申立てをすることができる旨、その相手とすべき行政庁、その期間について**書面で教示する義務**を負います。

01 審査請求がされた行政庁は、審査庁に所属する職員のうちから審理手続を行う者である審理員を指名しなければならず、審査請求が不適法であって補正することができないことが明らかで、当該審査請求を却下する場合にも審理員を指名しなければならない。　　　　　特別区Ⅰ類2017

✕ 審査請求を却下する場合には、審理員を指名する必要はありません。

02 処分庁の上級行政庁又は処分庁である審査庁は、必要があると認める場合には、審査請求人の申立てにより執行停止をすることができるが、職権で執行停止をすることはできない。　　　　　　　　　　　特別区Ⅰ類2017

✕ 審査庁が、処分庁の上級行政庁または処分庁である場合は、職権で執行停止することも可能です。

03 審査請求が法定の期間経過後にされたものであるとき、その他不適法であるときは、審査庁は、裁決で、当該審査請求を棄却し、審査請求が理由がないときは、審査庁は、裁決で、当該審査請求を却下する。

特別区Ⅰ類2014

✕ 棄却と却下が逆になっています。

04 審査請求をすることができる処分について、処分庁が誤って審査庁でない行政庁を審査庁として教示し、教示された行政庁に書面で審査請求がされたときは、当該審査請求を受けた行政庁は、処分庁に連絡し、処分庁は、審査請求人に対し、改めて適切な審査庁に審査請求をするよう通知しなければならない。　　　　　　　　　　　　　　国家一般職2013

✕ 審査請求を受けた行政庁は速やかに審査請求書を審査庁に送付し、当初から適法な審査請求がされたものとみなされます。

第**3**章

国家補償

国家賠償法1条責任

START! 本節で学習すること

第3章では、行政救済法のうち金銭的な支払いによる救済である国家補償について扱います。

このうち第1節と第2節では国家賠償法について学習しますが、本節では「1条責任」と呼ばれる、公務員の行為によって損害が生じた場合の国・地方公共団体の責任について学習します。

国家賠償法は6条しかない法律であるため、試験での出題は判例に関するものが中心です。とにかくしっかりと判例を学習していくことが大切です。

1 国家補償と国家賠償法の全体像

1 国家補償の制度

第1章の冒頭でも触れたように、国民の権利の救済を図る仕組み（行政救済法）には、**取消しを求めるための仕組み**（行政争訟）と、**金銭的な支払いを求めるための仕組み**（国家補償）がありました。第1章と第2章で前者について学習してきましたが、第3章では後者の国家補償について学習していきます。

国家補償にも、**❶国家の違法な活動によって生じた損害に対する賠償を求める仕組みである国家賠償**と**❷国家の適法な活動によって生じた損失に対する補償を求める仕組みである損失補償**の2つがあります。

板書　国家補償

国家補償 {
　　国家賠償：違法な行政活動で生じた損害が対象
　　損失補償：適法な行政活動で生じた損失が対象
}

[国民に生じた損害を金銭で補填]

　大日本帝国憲法（明治憲法）のもとでは、国家は責任を問われないという国家無答責の原則により、国の不法行為に対する損害の救済は十分ではありませんでした。

　そこで、日本国憲法では国民の権利救済を図るために、憲法17条において「何人も、公務員の不法行為により、損害を受けたときは、**法律の定めるところにより**、国又は公共団体に、その賠償を求めることができる」と定めて、国家賠償請求権を憲法上の権利として明記しています。それを具体化するために制定されたのが国家賠償法です。

　国家賠償法の規定する国家賠償責任には、「1条責任」と「2条責任」と呼ばれる2つの責任があります。

> 1条責任は**公務員という人から発生した損害**についての責任、2条責任は**公物という物**（不動産含む）**から発生した損害**についての責任です。

板書　**国家賠償制度**

国家賠償責任 {
1条責任：公権力の行使に当たる**公務員**の違法行為によって生じた損害の賠償責任

2条責任：公の営造物の設置管理の瑕疵に基づく損害の賠償責任
}

> なお、国家賠償を求める訴訟は、行政事件訴訟ではなく**民事訴訟として争われます**。また、第1編第3章で学習したとおり、違法な行政行為による損害について国家賠償請求を提起する場合、公定力は生じていないものとして扱われるので、**あらかじめ取消判決や無効確認判決を得ておく必要はなく**、いきなり国家賠償請求訴訟を提起することが可能です。

01

2　1条責任の意義と法的性質

1　1条責任とは

国家賠償法1条
① 国又は公共団体の公権力の行使に当る公務員が、その職務を行うについて、故意又は過失によつて違法に他人に損害を加えたときは、国又は公共団体が、これを賠償する責に任ずる。

国家賠償法1条の責任（1条責任）とは、**公権力の行使に当たる公務員が、その職務を行うについて、故意または過失によって違法に他人に損害を加えた場合に、その公務員が属する国または公共団体が負う賠償責任**です。

例えば、東京都の職員が仕事で移動のために運転をしている際、運転操作を誤って事故を起こしてしまった場合には、被害者に対して、東京都が賠償責任を負うことになります。

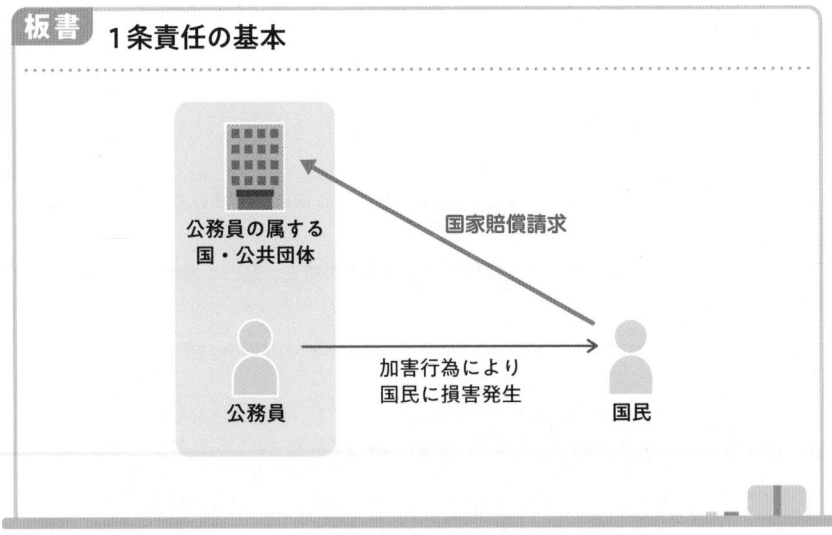

板書　1条責任の基本

公務員の属する
国・公共団体

国家賠償請求

公務員

加害行為により
国民に損害発生

国民

2　1条責任の法的性質（代位責任）

　国家賠償法1条の責任の法的性質については、賠償についての支払能力に問題がない国や地方公共団体が、**加害者である公務員が本来負うべき賠償責任を肩代わりするもの**（代位責任）とする見解が有力です。このような考え方を代位責任説と呼びます。

> 「代位」とは、**その立場に成り代わる**ことを意味する言葉です。本来は加害者である公務員が負うべき責任ですが、仮に加害者である公務員に賠償するだけの資力がない場合、被害者は救済を受けられなくなってしまいます。そこで、国や地方公共団体が賠償責任を肩代わりすることで国民の救済を図ろうとしています。

3　加害者である公務員個人の責任

国家賠償法1条
② 前項の場合において、公務員に故意又は重大な過失があつたときは、国又は公共団体は、その公務員に対して求償権を有する。

　1条責任の法的性質を代位責任と捉えると、国や地方公共団体が加害者である公務員の賠償責任を肩代わりする結果、**加害者である公務員個人は、被害者に対して直接個人責任を負わない**ことになります。

> したがって、国家賠償法が適用される事例において、**加害者である公務員個人を被告として訴えを起こすことはできません。**

　しかし、肩代わりをして賠償をした国や地方公共団体から加害者である公務員に対して支払いを求めることが可能な場合があります。このように、**いったん肩代わりした者が、本来責任を負うべき者に対して支払いを求めること**を求償といいます。

　国や地方公共団体が加害者である公務員に対して求償をすることができるのは、**当該公務員に故意または重大な過失（重過失）があった場合**です。　02

> つまり、加害者である公務員に**重大でない過失（軽過失）しかなかった場合は、求償をすることはできません。**

3 1条責任の要件

1 1条責任の成立要件

1条責任が成立するためには、次の要件を満たす必要があります。

板書 **1条責任の成立要件**

❶「公権力の行使」であること
❷加害者が「公務員」であること
❸「職務を行うについて」発生した損害であること
❹加害公務員に故意または過失があること
❺加害行為が違法であること
❻損害が発生したこと

 このうち、特に試験上重要となるのは❶❷❸の要件です。

要件ごとに争点がありますので、それに関する判例を次から順番に学習していきましょう。

2 「公権力の行使」であること

❶「公権力の行使」の意義

国家賠償法1条1項の「公権力の行使」とは、❶純粋な私経済活動（および医療行為）と❷公物の設置・管理作用を除く、すべての行政活動が含まれます。

 ❶は民法を適用して処理されるので除かれています。❷は国家賠償法の2条責任の対象になることから除かれています。

したがって、行政行為や行政上の強制手段などの権力的活動だけでなく、**行政指導や公立学校での教育活動等の非権力的活動も対象になり得ます**。

また、何らかの行為をしないこと、つまり**不作為**も「公権力の行使」に含まれます。

さらに、**立法作用**（国会・国会議員が行う立法行為等）や**司法作用**（裁判官

が行う行為等）も含まれます。

 行政事件訴訟法にあった「公権力の行使」（行政事件訴訟法3条2項）とは、範囲が大きく異なるので注意しましょう。国家賠償法1条1項の「公権力の行使」は公権力の活動を広く含むものになっており、**「公の職務の遂行」**という程度の意味で使われている言葉です。

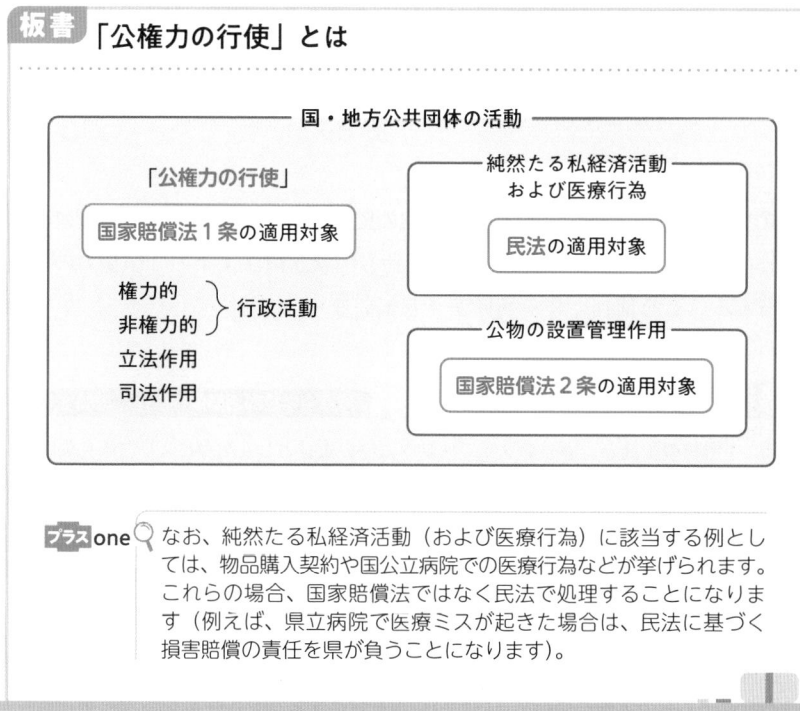

板書 「公権力の行使」とは

```
┌────────── 国・地方公共団体の活動 ──────────┐
│                                              │
│   「公権力の行使」      ┌─ 純然たる私経済活動 ─┐ │
│  ┌────────────┐      │   および医療行為    │ │
│  │国家賠償法1条の適用対象│    │  ┌──────────┐  │ │
│  └────────────┘      │  │ 民法の適用対象 │  │ │
│                      │  └──────────┘  │ │
│   権力的  ┐            └──────────────┘ │
│   非権力的 ├ 行政活動                       │
│   立法作用             ┌─ 公物の設置管理作用 ─┐ │
│   司法作用             │  ┌──────────┐  │ │
│                      │  │国家賠償法2条の適用対象│ │
│                      │  └──────────┘  │ │
│                      └──────────────┘ │
└──────────────────────────────────────┘
```

プラスone 🔍 なお、純然たる私経済活動（および医療行為）に該当する例としては、物品購入契約や国公立病院での医療行為などが挙げられます。これらの場合、国家賠償法ではなく民法で処理することになります（例えば、県立病院で医療ミスが起きた場合は、民法に基づく損害賠償の責任を県が負うことになります）。

❷ 非権力的活動に関する判例

　非権力的活動である行政指導や公立学校における教師の教育活動も国家賠償法１条１項の「公権力の行使」に含まれ１条責任の対象になり得ます。

　行政指導に関する判例としては、第１編第４章で学習した武蔵野市教育施設負担金事件があります。この事件では、地方公共団体が水道の給水契約の締結拒否等の制裁措置を背景として、教育負担金の納付などを行政指導によって事実上強制することは、**違法な公権力の行使に当たる**と判断されています。

> 行政指導が国家賠償法１条１項の「公権力の行使」に該当することが前提になっています。判旨部分は第１編第４章第２節で確認しておきましょう。

　公立学校での部活動における顧問教諭の監督責任が問われたのが次の判例です。公立学校における部活動等の教育活動も国家賠償法１条の「公権力の行使」に該当することを前提とする判断がされています。

⚖ 最高裁にきいてみよう！　　町立中学校部活動傷害事件／1983.2.18

　町立中学校の生徒が、課外のクラブ活動中に他の生徒とした喧嘩により左眼を失明する事故が起きました。このとき、クラブ活動に立ち会っていなかった顧問の教諭に過失があるとして、失明した生徒側が町に対して損害賠償を求めた事件です。

Q 部活動の顧問の教諭は常時部活動に立ち会い監視指導すべき義務を負っていますか？

A 特段の事情がない限り、負っていません。

　課外のクラブ活動であっても、それが学校の教育活動の一環として行われるものである以上、その実施について、顧問の教諭を始め学校側に、生徒を指導監督し事故の発生を未然に防止すべき一般的な注意義務のあることを否定することはできない。しかしながら、課外のクラブ活動が本来生徒の自主性を尊重すべきものであることに鑑みれば、何らかの事故の発生する危険性を具体的に予見することが可能であるような特段の事情のある場合は格別、そうでない限り、顧問の教諭としては、個々の活動に常時立会い、監視指導すべき義務までを負うものではないと解するのが相当である。

> 本件では、結論として、**立ち会っていなかった教諭に過失はなかった**と認定され、**損害賠償が認められていません**。

課外のクラブ活動ではなく、公立学校における**体育の授業中**に教師の注意義務違反により生じた事件についても、**国家賠償の対象となる**とした判例があります。

❸ 立法作用についての判例

　立法作用も国家賠償法1条の「公権力の行使」に含まれます。具体的には、国会議員の立法行為（立法不作為も含む）や国会内での名誉毀損発言なども国家賠償法1条の適用対象になります。

> 語句 **立法不作為**／立法をしないこと、つまり法律を作らないこと、法改正をしないことを指します。

　次の判例では、国会議員の立法行為（立法不作為）が国家賠償法1条の適用対象となることを前提とする判断がされています。

⚖ 最高裁にきいてみよう！　　　在宅投票事件／1985.11.21

　在宅で投票できる仕組みが不正選挙の温床になるという理由により廃止され、その後しばらく同様の制度が制定されませんでした。そのため、投票所に行けない障がいのある有権者が、投票ができずに精神的損害を被ったとして、国を相手として国家賠償請求訴訟を起こした事件です。

Q 国会議員の立法行為はどのような場合に国家賠償法上違法となりますか？

A **立法の内容が憲法の一義的な文言に違反しているにもかかわらず国会があえて当該立法を行うというごとき、容易に想定し難いような例外的な場合に違法となります。**

国会議員は、立法に関しては、原則として、**国民全体に対する関係で政治的責任を負うにとどまり、個別の国民の権利に対応した関係での法的義務を負うものではない**というべきであって、国会議員の立法行為は、立法の内容が憲法の一義的な文言に違反しているにもかかわらず国会があえて当該立法を行うというごとき、容易に想定し難いような例外的な場合でない限り、国家賠償法1条1項の規定の適用上、違法の評価を受けないものといわなければならない。……本件立法行為は国家賠償法1条1項の適用上違法の評価を受けるものではないといわざるを得ない。

> よく出る！フレーズ

 ひとこと 本件では国の賠償責任が成立する場合をかなり限定しており、結論として**損害賠償が認められていません。**

前の判例と異なり、国会議員の立法行為（立法不作為）についての国の賠償責任を認めたのが次の判例です。

　国外に居住する日本国民（在外邦人）について、公職選挙法上の選挙権の行使が制限されていたことから、行使可能となるよう法改正をしない立法不作為に対して、在外邦人が国を相手として国家賠償請求訴訟を起こした事件です。

Q 国会議員の立法行為はどのような場合に国家賠償法上違法となりますか？

A 以下のような場合において、例外的に違法となります。

　国会議員の立法行為又は立法不作為は、その立法の内容又は立法不作為が国民に憲法上保障されている権利を違法に侵害するものであることが明白な場合や、**国民に憲法上保障されている権利行使の機会を確保するために所要の立法措置を執ることが必要不可欠であり、それが明白であるにもかかわらず、国会が正当な理由なく長期にわたってこれを怠る場合**などには、例外的に、国家賠償法1条1項の適用上、違法の評価を受ける。

　本件では、「国民に憲法上保障されている権利行使の機会を確保するために所要の立法措置を執ることが必要不可欠であり、それが明白であるにもかかわらず、国会が正当な理由なく長期にわたってこれを怠る場合」に該当するとして、**国の国家賠償責任が認められています**。立法行為に対する国の賠償責任を認めた画期的判断とされています。

❹ 司法作用についての判例

　司法作用も国家賠償法1条の「公権力の行使」には該当しますので、裁判官が間違った判決を出した場合、国家賠償法1条の適用対象となります。ただし、国の賠償責任が肯定される場合をかなり限定する判断が出されています。

 したがって、たとえ間違った判決が出された場合でも、国の賠償責任が認められることは滅多にないということになります。

⚖ 最高裁にきいてみよう！　　大阪民事判決国家賠償事件／1982.3.12

　Aは民事裁判の被告となり敗訴したものの、控訴しなかったことからその判決が確定しました。その後、その判決は、裁判官が法令の解釈を間違えて出した判決であり、誤った判断であったことが判明しました。そこで、損害を受けたAが、国を相手として国家賠償請求訴訟を起こした事件です。

Q 裁判官がした裁判に瑕疵が存在した場合、国の賠償責任が認められるのはどのような場合ですか？

A **裁判官が違法または不当な目的をもって裁判をしたなど特別の事情がある場合です。**

　裁判官がした争訟の裁判に上訴等の訴訟法上の救済方法によって是正されるべき瑕疵が存在したとしても、これによって当然に国家賠償法1条1項の規定にいう違法な行為があったものとして国の損害賠償責任の問題が生ずるわけのものではなく、右責任が肯定されるためには、当該裁判官が違法又は不当な目的をもって裁判をしたなど、裁判官がその付与された権限の趣旨に明らかに背いてこれを行使したものと認めうるような特別の事情があることを必要とすると解するのが相当である。**よく出る！フレーズ**

 結論として、本件では、国家賠償法上違法とはいえないとする判断がされ、**国の賠償責任は認められていません。**

司法権と類似した性質（準司法的作用）を有するとされている検察官の公訴提起（起訴）についても国家賠償法１条の「公権力の行使」に該当します。

⚖ 最高裁にきいてみよう！

芦別国家賠償事件／1978.10.20

起訴されて裁判で無罪判決を受けた者が、検察官が行った起訴が違法だったとして国家賠償請求訴訟を起こした事件です。

Q 刑事事件において無罪の判決が確定した場合、検察官による公訴提起（起訴）は国家賠償法上違法となりますか？

A **無罪判決が確定したからといってそれだけで検察官の公訴提起（起訴）が違法になるわけではありません。**

よく出る！
フレーズ

刑事事件において無罪の判決が確定したというだけで直ちに起訴前の逮捕・勾留、公訴の提起・追行、起訴後の勾留が違法となるということはない。けだし、逮捕・勾留はその時点において犯罪の嫌疑について相当な理由があり、かつ、必要性が認められるかぎりは適法であり、公訴の提起は、検察官が裁判所に対して犯罪の成否、刑罰権の存否につき審判を求める意思表示にほかならないのであるから、起訴時あるいは公訴追行時における検察官の心証は、その性質上、判決時における裁判官の心証と異なり、**起訴時あるいは公訴追行時における各種の証拠資料を総合勘案して合理的な判断過程により有罪と認められる嫌疑があれば足りるものと解するのが相当であるからである。**

ひとこと

つまり、結果として無罪判決が出たとしても、検察官が起訴時において各種の証拠資料を総合勘案して合理的な判断過程により有罪と認められる嫌疑があると考えて起訴したのであれば、それは**国家賠償法上違法とはならない**ということです。

❻ 医療行為についての判例

　一般的な医療行為については「公権力の行使」に含まれないとするのが判例の傾向です。したがって、国公立病院で**医療ミス**が起きた場合は、病院の運営主体である国または地方公共団体は国家賠償責任ではなく、**民法に基づく損害賠償の責任を負う**ことになります。

　また、**国からの嘱託を受けて保健所勤務の医師が行った定期検診における診断行為**は、通常の医療行為に過ぎず「公権力の行使」に該当しないので、**国家賠償法1条の適用対象ではない**とされています（岡山税務署健康診断事件）。

　一方、拘置所内での拘置所職員である**医官（医師）の診断行為**については、その強制的な性格から「公権力の行使」に当たり、**国家賠償法1条が適用**されています。

3 　加害者が「公務員」であること

❶「公務員」の意義

　加害者が「公務員」であることが国家賠償法1条の成立要件の1つですが、この「公務員」には**国家公務員も地方公務員も含まれます**。また、法律上「公務員」としての正規の身分を有しているか否かは関係なく、**非常勤や臨時職も含まれます**。有償か無償かも問われないので、**ボランティアなどに従事している人も含まれます**。さらに、**公務を委託されて行った民間人も含まれます**。

　つまり、ここでの「公務員」という言葉は厳密な意味を有しておらず、単に**「公務を遂行している人」**という程度の意味の言葉に過ぎません。

❷ 公務の委託を受けた民間人の行為に関する判例

　民間の児童養護施設の職員の行為が国家賠償法1条の適用対象になるかが争われたのが次の事件です。

　この事件では、**民間の児童養護施設が自治体から委託を受けて児童の監護に当たっていた**ことから、その職員の行為は**「公務員」の行為として、国家賠償法1条の適用対象になる**と判断されています。

⚖️ 最 高 裁 にきいてみよう！

積善会児童養護施設事件／2007.1.25

　児童福祉法に基づく措置として、家庭での養育が困難になった児童を社会福祉法人が設置運営する児童養護施設に県が入所させました。その児童が他の児童から暴行を受けて重い障害を負ったことから、被害児童が、県を相手として国家賠償請求訴訟を起こした事件です。

Q 民間の社会福祉法人の設置運営する児童養護施設の職員の行為は、国家賠償法1条の「公務員」の行為に含まれますか？

A **公務を委ねられて行ったのであれば、「公務員」の行為に該当します。**
　（児童福祉法27条1項）3号措置に基づき児童養護施設に入所した児童に対する関係では、**入所後の施設における養育監護は本来都道府県が行うべき事務であり、**このような児童の養育監護に当たる児童養護施設の長は、3号措置に伴い、本来都道府県が有する公的な権限を委譲されてこれを都道府県のために行使するものと解される。
　したがって、都道府県による3号措置に基づき社会福祉法人の設置運営する児童養護施設に入所した児童に対する当該施設の職員等による養育監護行為は、都道府県の公権力の行使に当たる公務員の職務行為と解するのが相当である。

よく出る！
フレーズ

プラスone　この事件では、当該職員が民法の**不法行為責任**（民法709条）、職員の使用者である社会福祉法人が民法の**使用者責任**（民法715条）を負うかについても問題になりましたが、**どちらも否定されています。**このケースにおける職員や社会福祉法人は被害者に対して民法上の責任を負う主体ではなく、県が被害者に対して賠償した後に、県から求償を受ける対象になります。

語句　**民法の使用者責任**／従業員が仕事中に他人（被害者）に損害を与えた場合において、その雇主である使用者（会社側）が被害者に賠償責任を負うという、民法715条で規定された責任のことです。

❸ 加害行為・加害公務員の特定の要否

　複数の公務員が関わるケースにおいては、一連の行為のうち具体的に何が加害行為だったのか、誰が加害した公務員なのか特定できないことがあり得ます。このような場合に国家賠償責任が肯定されるために、加害行為および加害公務員の特定が必要でしょうか。判例は、**一連の行為のいずれもが国もしくは同一の公共団体の公務員の「公権力の行使」（職務上の行為）に該当するのであれば、加害行為（加害公務員）の特定は不要**としています。

 最 高 裁にきいてみよう！　　　　　岡山税務署健康診断事件／1982.4.1

　　税務署職員Ａが税務署から委託を受けた保健所で定期検診を受けたものの、結核の初期症状が出ていたにもかかわらず、その告知が当人になされなかったため、症状が重篤化してしまいました。告知ミスを理由としてＡは国を相手として国家賠償請求訴訟を起こしましたが、その告知ミスの原因が保健所の医師にあるのか、税務署の側にあるのか等加害公務員の特定が困難でした。

Q 国または公共団体に国家賠償責任が認められるためには、加害公務員の特定が必要ですか？

A **加害公務員の特定は必ずしも必要としません。**

　国又は公共団体の公務員による一連の職務上の行為の過程において他人に被害を生ぜしめた場合において、それが具体的にどの公務員のどのような違法行為によるものであるかを特定することができなくても、右の一連の行為のうちのいずれかに行為者の故意又は過失による違法行為があったのでなければ右の被害が生ずることはなかったであろうと認められ、かつ、それがどの行為であるにせよこれによる被害につき行為者の属する国又は公共団体が法律上賠償の責任を負うべき関係が存在するときは、**国又は公共団体は、加害行為不特定の故をもって国家賠償法又は民法上の損害賠償責任を免れることができない**…しかしながら、この法理が肯定されるのは、それらの一連の行為を組成する各行為のいずれもが国又は同一の公共団体の公務員の職務上の行為にあたる場合に限られ、一部にこれに該当しない行為が含まれている場合には、もとより右の法理は妥当しないのである。

 　本件では、一連の行為の一部に公務員の職務上の行為（公権力の行使）に該当しない行為が含まれている可能性があるため、加害公務員の特定が必要とされました。

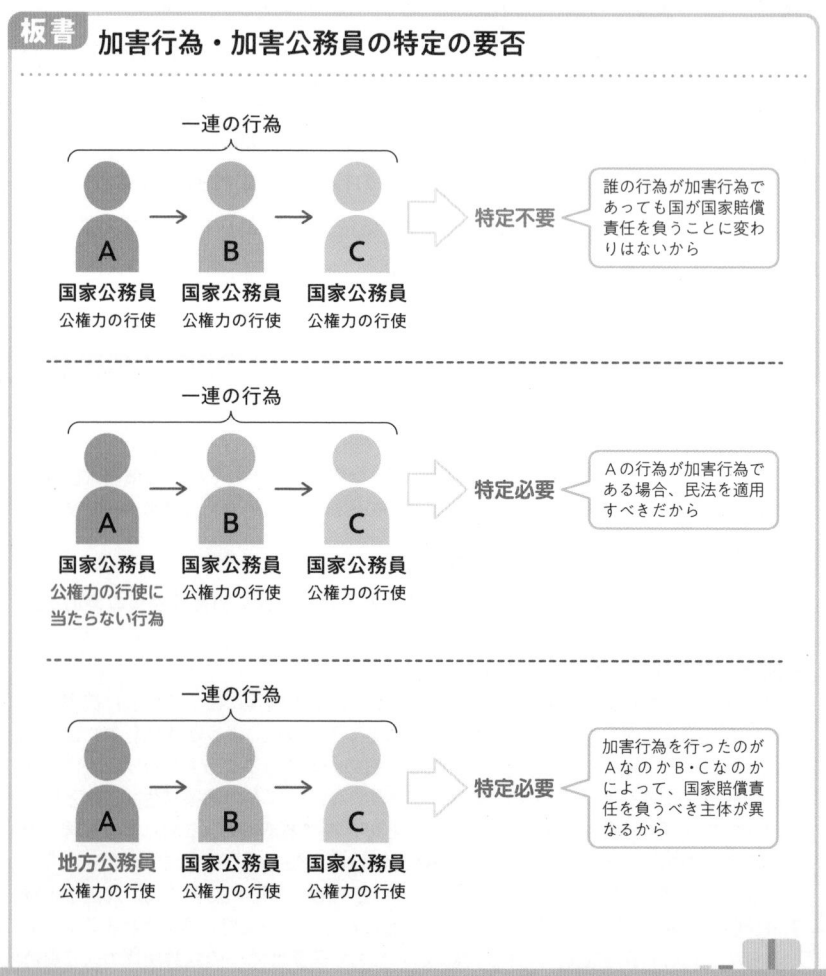

4 「職務を行うについて」発生した損害であること

❶「職務を行うについて」の意義

「職務を行うについて」の意味については、公務員が主観的に権限行使の意思で実際に職務を執行していた場合はもちろん含まれますが、**主観的には自己の利を図る意図で行為をした場合でも、それが客観的に見て職務執行の外形を備えているときには、「職務を行うについて」に含まれます。**

このような考え方を外形説（客観説）と呼びます。

❷ 外形説で判断された具体例

外形説によれば、たとえ公務員が非番の日や休暇中に行った行為であっても、その行為が外形上職務を行っているように見える場合には、国家賠償の対象となり得ます。

次の事件は、この外形説に基づく判断がされた判例です。

⚖ 最 高 裁 にきいてみよう！　　非番警察官強盗殺人事件／1956.11.30

警視庁警察官Aが非番の日に制服制帽を着用のうえ、職務執行を装って通行人Bを呼び止め、現金などを取り上げようとしたが、Bが怪しみ出したことからAはBを射殺しました。Bの遺族は東京都を相手として国家賠償請求訴訟を提起しました。

Q 実際は職務を執行していなかった場合でも国家賠償法1条は適用されますか？
A 客観的に職務執行の外形をそなえる行為をしていれば適用されます。

同条（国家賠償法1条）は公務員が主観的に権限行使の意思をもってする場合にかぎらず自己の利をはかる意図をもってする場合でも、**客観的に職務執行の外形をそなえる行為をして**これによって、他人に損害を加えた場合には、国又は公共団体に損害賠償の責を負わしめて、ひろく国民の権益を擁護することをもって、その立法の趣旨とするものと解すべきである。

5 加害公務員に故意または過失があること

❶ 過失の判定

国または地方公共団体に国家賠償責任が成立するためには、加害公務員に故意または過失があること、つまり、わざとやった、またはうっかりやってしまった行為であることが必要です。

過失の有無は、加害公務員個人の能力を基準とするのではなく、**通常の公務員に職務上要求される標準的な注意義務の違反があったか否かにより**判定されます。

❷ 行政機関による法解釈の誤りが問題となった判例

ある時に正しいとされていた法解釈が、その後解釈の変更によって誤りとされることがあります。行政機関が当時の正しい法解釈に基づき処理し、後にその法解釈が誤りとなったことでそれに基づく処理が違法と判定された場合、当初の法解釈に基づく処理は、過失により行われた行為となるのでしょうか。

判例は、**当時においては正しいとされた法解釈に基づき処理を行った行政機関の担当者等には過失はない**、とする判断をしています。

⚖ 最 高 裁 にきいてみよう！ 　不法滞在外国人国民健康保険事件／2004.1.15

横浜市に居住する外国人Ａは市に対して国民健康保険の被保険者証交付を請求しましたが、この時点でＡの在留許可は失効しており、不法滞在状態となっていました。横浜市は、厚生省（当時）からの「在留資格を持たない外国人は国民健康保険の被保険者資格がない」という通知に基づき、その交付を拒絶しました。これに対してＡが国と横浜市を相手として国家賠償請求訴訟を提起した事件です。

最高裁は判決において、在留資格を持たない外国人にも国民健康保険の被保険者資格を認める余地があるという、厚生省の通知とは異なる見解を示し、横浜市の処分を違法としました。このことで、横浜市が当時の法解釈で行った処理が公務員の過失に当たるかが問題になりました。

Q **ある法解釈に基づき行われた処理が後に誤りとされた場合、当初の法解釈に基づく処理をしたことは、公務員の過失になりますか？**

A **直ちに公務員の過失になるわけではありません。**

ある事項に関する法律解釈につき異なる見解が対立し、実務上の取扱いも分かれていて、そのいずれについても相当の根拠が認められる場合に、公務員がその一方の見解を正当と解しこれに立脚して公務を遂行したときは、後にその執行が違法と判断されたからといって、直ちに上記公務員に過失があったものとすることは相当ではない。

本件処分が当時の厚生省の通知に従って行われ、その通知に相当の根拠が認められていたこと等の事情のもとでは、過失があったということはできないと判断されており、**国家賠償責任は認められていません。**

6　加害行為が違法であること

❶ 国家賠償法上の違法性

　国または地方公共団体に国家賠償責任が成立するためには、加害行為が国家賠償法上違法と判断される必要があります。

　この**国家賠償法上の違法は、取消訴訟における違法と同じではない**と考えられています。例えば、取消訴訟においては、所得税の課税処分が所得税法に照らして間違ったものであれば、所得税法違反（違法）として、認容判決が出されます。しかし、この課税処分を出した税務署長の行為に対して国家賠償を求める訴訟が提起された場合、当然に国家賠償法上も違法となるわけではありません。

　これを示したのが次の判例です。

⚖ 最高裁にきいてみよう！　　　奈良県税務署事件／1993.3.11

税務署員が帳簿書類の提示等を求めたにもかかわらずＡが拒否したため、他の調査に基づき所得額を認定して、支払うべき税金を増額する更正処分を行いました。Ａが取消訴訟を提起した結果、所得金額が過大に認定されていると判断され、更正処分が一部取消しとなりました。そのため、精神的損害等を理由としてＡが国を相手として国家賠償請求訴訟を提起した事件です。

Q 税務署長の更正処分が国家賠償法上違法となるのはどのような場合ですか？

A **職務上通常尽くすべき注意義務を尽くすことなく漫然と更正をしたと認め得るような事情がある場合です。**

税務署長のする所得税の更正は、所得金額を過大に認定していたとしても、そのことから直ちに国家賠償法1条1項にいう違法があったとの評価を受けるものではなく、税務署長が資料を収集し、これに基づき課税要件事実を認定、判断する上において、職務上通常尽くすべき注意義務を尽くすことなく漫然と更正をしたと認め得るような事情がある場合に限り、右の評価を受けるものと解するのが相当である。**よく出る！フレーズ**

ひとこと　この立場を**職務行為基準説**（職務義務違反説）と呼びますが、近時の判例の多くはこの立場に立っているとされています。
本件では、Ａが税務調査に協力しなかったために正しい必要経費額が把握できず、Ａの申告に基づき必要経費を算定したために所得金額が過大認定となったのであることから、**税務署長がその職務上通常尽くすべき注意義務を尽くすことなく漫然と更正をした事情はないとして、国家賠償法上違法ではない**と判断されています。

04

プラスone 職務行為基準説（職務義務違反説）に立つと、結果として、加害公務員の過失の判定は、違法性の認定の中に取り込まれて一緒に判断されることになります。

❷ 規制権限の不行使に関する判例

　不作為（行為をしないこと）も「公権力の行使」に該当しますので、監督官庁などが規制権限を行使しないこと（不作為）についても、国家賠償法1条の適用対象になります。

　しかし、規制権限の行使・不行使については、通常行政裁量が認められていることから、**不行使が国家賠償法上違法となる場合を限定するのが判例の一般的な傾向**です。

　次の判例は、規制権限の不行使が国家賠償法上違法ではないとされた事例です。

⚖ 最高裁にきいてみよう！ 　　　　　宅建業法事件／1984.11.24

　悪質な宅建業者に対して、県知事が宅建業法上の業務停止処分や免許の取消処分をしなかったことから被害を受けたとして、取引業者が県を相手として国家賠償請求訴訟を提起した事件です。

Q 規制権限の不行使が国家賠償法上違法となるのはどのような場合ですか？
A **不行使が著しく不合理と認められる場合です。**
　（業務の停止ないし免許の取消し等の）処分の選択、その権限行使の時期等は、知事等の専門的判断に基づく合理的裁量に委ねられているというべきである。したがって、当該業者の不正な行為により個々の取引関係者が損害を被った場合であっても、具体的事情の下において、知事等に監督処分権限が付与された趣旨・目的に照らし、**その不行使が著しく不合理と認められるときでない限り、右権限の不行使は、当該取引関係者に対する関係で国家賠償法1条1項の適用上違法の評価を受けるものではない。**

> **よく出る！フレーズ**

ひとこと 本件では、結論として、規制権限の不行使は著しく不合理とはいえず、**国家賠償法上違法ではないと判断されています**（賠償責任を否定）。

05

338　第3章　国家補償

同様に、副作用を生じさせる危険性があるクロロキン製剤に対して製造承認取消し等の規制権限を行使しなかった厚生大臣（当時）の行為が問題となった訴訟（クロロキン訴訟）でも、当時、クロロキン製剤の有用性が否定されるまでには至っていなかったため、規制権限の不行使は**著しく合理性を欠くものとはいえない**として、**国家賠償上違法ではない**と判断されています（賠償責任を否定）。

　一方、規制権限の不行使が**著しく合理性を欠く**として、**国家賠償法上違法**と判断されたものには、水俣病による健康被害の防止のために国や県が原因企業（チッソ）に対して規制権限を行使しなかった事件（水俣病関西訴訟）や炭鉱でのじん肺発生を防止するために国が規制権限の行使を怠った事件（筑豊じん肺訴訟）があります。

❸ 警察官の行為の違法性が問題となった判例

　パトカーが交通違反車両を追跡した結果、追跡から逃走を図った違反車両が第三者の車両と衝突したケースでは、パトカーによる追跡が**不必要または不相当な場合**に、**国家賠償法上違法となる**とする判断が出されています。

⚖ 最高裁にきいてみよう！　　　　　パトカー追跡事件／1986.2.27

　交通違反車両をパトカーが追跡中に、違反車両が第三者の車両と衝突しました。第三者が追跡が違法であるとして国家賠償請求訴訟を提起した事件です。

Q パトカーによって追跡された車両が第三者に損害を与えた場合に、被害を受けた第三者との関係で追跡行為が違法となるのはどのような場合ですか？

A 追跡が職務目的を遂行するうえで不必要、または追跡の方法が不相当な場合です。
　交通法規等に違反して車両で逃走する者をパトカーで追跡する職務の執行中に、逃走車両の走行により第三者が損害を被った場合において、右追跡行為が違法であるというためには、右追跡が当該職務目的を遂行する上で不必要であるか、又は逃走車両の逃走の態様及び道路交通状況等から予測される被害発生の具体的危険性の有無及び内容に照らし、追跡の開始・継続若しくは追跡の方法が不相当であることを要する。**よく出る！フレーズ**

7 損害が発生したこと

国または地方公共団体に国家賠償責任が成立するためには、加害行為の相手側に損害が発生している必要があります。この損害には、**財産的損害だけでなく、精神的損害も含まれます**。

「損害が発生した」というには、その前提として保護されるべき権利や法的利益が必要です。権利や法的利益があるのかが争われた事件が次の判例です。

公立図書館職員が独断的な評価や個人的な好みによって図書を廃棄した事案において、**法的保護に値する著作者の人格的利益を侵害するものとして国家賠償法上違法となる**とする判断がされています。

⚖ 最高裁にきいてみよう！　　船橋市図書館事件／2005.7.14

市立図書館職員が独断で図書を廃棄したことにより、人格的利益が侵害されたとして、廃棄された図書の著作者が市を相手として国家賠償請求訴訟を提起した事件です。

Q 公立図書館で閲覧に供されている著作物の著作者が、著作物によってその思想、意見等を公衆に伝達する利益は、法的保護に値する利益ですか？

A 法的保護に値する人格的利益です。

公立図書館の図書館職員が閲覧に供されている図書を著作者の思想や信条を理由とするなど不公正な取扱いによって廃棄することは、当該著作者が著作物によってその思想、意見等を公衆に伝達する利益を不当に損なうものといわなければならない。そして、著作者の思想の自由、表現の自由が憲法により保障された基本的人権であることにもかんがみると、**公立図書館において、その著作物が閲覧に供されている著作者が有する上記利益は、法的保護に値する人格的利益であると解するのが相当**であり、公立図書館の図書館職員である公務員が、図書の廃棄について、基本的な職務上の義務に反し、著作者又は著作物に対する独断的な評価や個人的な好みによって不公正な取扱いをしたときは、当該図書の著作者の上記人格的利益を侵害するものとして**国家賠償法上違法となる**というべきである。

> プラスone🔍　なお、犯人と目される者が不起訴処分となったことに不満を持った被害者が、検察官の不起訴とした処分を違法であるとして国家賠償請求訴訟を提起した事案において、判例は、被害者が公訴の提起によって受ける利益は、**反射的にもたらされる事実上の利益に過ぎず、法律上保護された利益ではない**としています。したがって、被害者は、検察官の不起訴処分の違法を理由として、国家賠償法の規定に基づく損害賠償請求をすることはできません。

第1節 国家賠償法1条責任

- [ ] 国や地方公共団体が国家賠償法1条の責任を負う場合、被害者は、**加害者である公務員個人に対して、直接損害賠償請求をすることはできません。**

- [ ] 国家賠償法1条の責任を負った国・地方公共団体が被害者に賠償をした場合、当該国・地方公共団体は、**故意または重過失のある加害公務員に求償をすることができます。**

- [ ] 国家賠償法1条1項の「公権力の行使」には、行政指導や公立学校での教育活動等の**非権力的活動も含まれます。**

- [ ] 裁判官が間違った判決を出した場合において国の賠償責任が肯定されるのは、裁判官が違法または不当な目的をもって裁判をしたなど**裁判官がその付与された権限の趣旨に明らかに背いてこれを行使したものと認め得るような特別の事情がある場合**です。

- [ ] 国家賠償法1条の「職務を行うについて」には、主観的には自己の利を図る意図で行為をしていた場合であっても、それが**客観的に見て職務執行の外形を備えている場合**であれば含まれます。

- [ ] 判例では、税務署長の更正処分が国家賠償法上違法となるのは、税務署長が**職務上通常尽くすべき注意義務を尽くすことなく漫然と更正をしたと認め得るような事情がある場合**としています。

- [ ] 規制権限の行使・不行使については、一般的に行政裁量が認められるので、その不行使が国家賠償法上違法となるのは、規制権限を与えた法の趣旨、目的に照らし、その**権限不行使が著しく不合理な場合**（合理性を欠く場合）に限定される傾向が一般的です。

01 行政処分が違法であることを理由として国家賠償の請求をするには、あらかじめ処分の取消し又は無効確認の判決を得る必要がある。国家専門職2012

✕ あらかじめ処分の取消しまたは無効確認の判決を得る必要はありません。

02 国家賠償法によって国が責任を負う場合には、被害者が違法行為を行った公務員個人に対して直接損害賠償の請求をすることは認められておらず、また国が当該公務員に対して求償することは、当該公務員に故意又は重過失がある場合においても認められていない。　　　国家専門職2012

✕ 公務員に故意または重過失がある場合には、求償することが認められています。

03 国家賠償法第1条が適用されるのは、公務員が主観的に権限行使の意思をもって行った職務執行につき違法に他人に損害を加えた場合に限られるものであり、客観的に職務執行の外形を備える行為であっても、自己の利を図る意図をもって行った場合は、国又は公共団体は損害賠償の責任を負わない。　　　　　　　　　　　　　　　　　　　国家一般職2016

✕ 客観的に職務執行の外形を備える行為であれば、自己の利を図る意図をもって行った場合でも、国または公共団体は損害賠償の責任を負います。

04 税務署長のする所得税の更正は、所得金額を過大に認定していたとしても、そのことから直ちに国家賠償法第1条第1項にいう違法があったとの評価を受けるものではない。　　　　　　　　　　　国家専門職2012

〇

05 宅地建物取引業法（昭和55年法律第56号による改正前のもの）に基づく知事等による宅地建物取引業者への免許の付与又は更新は、同法所定の免許基準に適合しない場合であっても、当該業者との個々の取引関係者に対する関係において直ちに国家賠償法第1条第1項にいう違法な行為に当たるものではない。　　　　　　　　　　　　　国家一般職2016

〇

国家賠償法2条責任・その他

START! 本節で学習すること

本節では、国家賠償法の「2条責任」および1条と2条以外の規定について学習します。

2条責任においても出題の中心は判例です。前節で学習した1条責任同様、判例をしっかり押さえておきましょう。

1 ▶ 国家賠償法2条の責任

国家賠償法2条
① 道路、河川その他の公の営造物の設置又は管理に瑕疵があつたために他人に損害を生じたときは、国又は公共団体は、これを賠償する責に任ずる。
② 前項の場合において、他に損害の原因について責に任ずべき者があるときは、国又は公共団体は、これに対して求償権を有する。

国家賠償法2条の責任（2条責任）は、道路、河川などの**公の営造物（公物）の設置や管理に瑕疵があったために国民に損害を生じたときに、その公の営造物（公物）を管理する国・地方公共団体が負う賠償責任**です。

板書 2条責任の基本

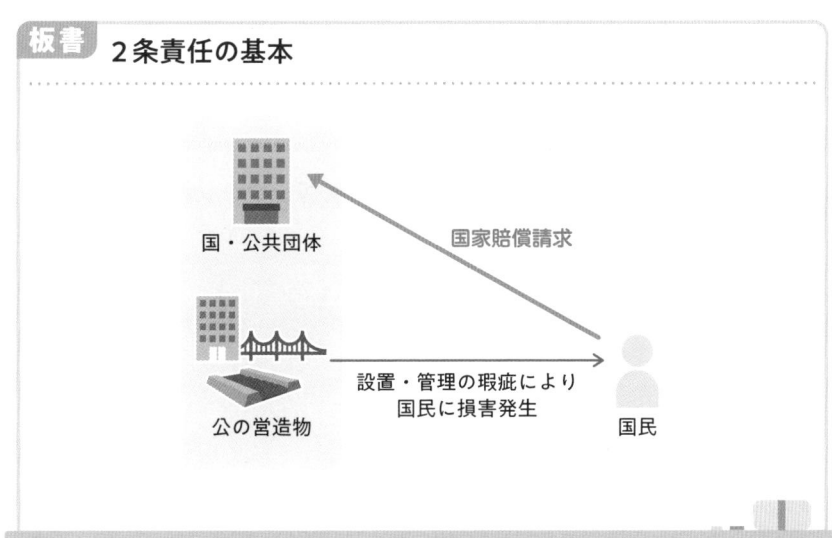

例えば、東京都が管理する橋が老朽化により崩落し怪我人が出た場合、本条に基づき、東京都はその怪我をした被害者に対して損害賠償責任を負うことになります。

なお、**被害者に賠償をした国または公共団体は、損害の原因を生じさせた責任がある者に対して求償権の行使が可能です。**

先ほどの例で、橋が崩落した原因が工事を請け負った建設業者の手抜き工事にあった場合、被害者に賠償をした東京都は、その業者に対して求償ができます。

2 2条責任の要件

1 2条責任の成立要件

2条責任が成立するためには、次の要件を満たす必要があります。

板書 2条責任の成立要件

❶「公の営造物」であること

❷「設置・管理の瑕疵」によって損害が生じたこと

❶❷の要件に関わる争点と関連する判例について、次から順番に学習していきましょう。

2 「公の営造物」であること

　「公の営造物」とは、**国または公共団体によって公の目的に供される有体物、**つまり公物を指します。

　道路、河川、港湾、水道、下水道、官公庁舎、学校の建物等の不動産だけでなく、公用車や警察が所有管理している拳銃等の**動産も含まれます。**

　公物は公の目的のために使われているものを指し、**所有者が誰であるかは特に問わない概念です。**したがって、私人が所有する土地が道路や公園として使用されている場合も公物に該当します（私有公物）。

板書 公物の分類

分類	種類	内容	例
利用目的による分類	公用物	国や公共団体が用いる公物	官公庁舎
	公共用物	国民一般が使用する公物	公園、道路
成立の仕方による分類	自然公物	自然の状態のままで公物として使用されるもの	河川、海浜
	人工公物	加工されることで公物として使用されるもの	道路、港湾
所有権者による分類	国有公物	国が所有している公物	国立公園
	公有公物	地方公共団体が所有している公物	市立図書館
	私有公物	私人が所有している公物	私道

❶「設置・管理」の根拠

　国家賠償法2条の責任は、「設置・管理の瑕疵」によって生じた損害に対して、設置・管理者たる国または地方公共団体が負う責任です。

　この設置・管理者については、必ずしも法律上の管理権ないし所有権、賃借権等の権原（法律上の根拠）を有している者に限られるものではなく、**事実上の管理をしているに過ぎない国・地方公共団体も含まれます**（判例）。　01▶

 事実上であっても管理を始めた以上は責任を持つべきということですね。

❷「瑕疵」とは

　「設置・管理の瑕疵」とは、**公の営造物が通常有すべき安全性を欠いていること**を指します（後述の高知落石事件参照）。

 つまり、**事故等により他者に被害を生じさせるような欠陥がある**ことを指します。

　そして、客観的に安全性に欠けているのであれば、**設置管理者（国・地方公共団体）に過失があったか否かは問われません**。担当の職員等に何ら落ち度がない場合であっても、客観的に瑕疵があったのであれば、国・地方公共団体が責任を負うことになります。このように、**無過失であっても負わなければならない責任**を無過失責任といいます。　02▶

 1条責任が、あくまでも**加害公務員に故意・過失がある場合に生じる責任**（過失責任）であったことと比較して理解しておきましょう。

　無過失責任とはいえ、回避することが不可能なケース、つまり**不可抗力の場合には責任を負わない**とされています（後述の奈良赤色灯事件などに反映されています）。

　そして、瑕疵の有無については、判例上、営造物の構造、用法、場所的環境および利用状況等諸般の事情を総合考慮して、事案に応じて個別具体的に判断されています。以下、ケースごとに順番に判例を見ていきましょう。

❸ 道路に関する判例

　道路で落石により生じた事故において、道路管理者である国および県の2条責任が問題となったのが次の判例です。

　この判例では、予算不足が国・地方公共団体の2条責任を免責する理由になるか否かが問題になりましたが、**予算不足は免責理由にはならない**と判断されています。

⚖ 最高裁 にきいてみよう！　　　　高知落石事件／1970.8.20

　以前から落石があり管理者たる県もそのことを認識していた国道において、落石の直撃を受けた車の運転者が死亡しました。防護柵等を設置しなかったことが事故の原因であるとして、遺族が管理者（国・県）を相手として国家賠償請求訴訟を提起した事件です。

Q 設置または管理の瑕疵とはどのような状態を指しますか？

A **通常有すべき安全性を欠いていることをいいます。**

国家賠償法2条1項の営造物の設置または管理の瑕疵とは、営造物が通常有すべき安全性を欠いていることをいい、これに基づく国および公共団体の賠償責任については、その過失の存在を必要としない。**よく出る！ フレーズ**

Q 防護柵を設置する予算措置を執ることが難しいという事情は、設置管理者を免責する理由になりますか？

A **なりません。**

防護柵を設置するとした場合、その費用の額が相当の多額にのぼり、上告人県としてその予算措置に困却するであろうことは推察できるが、それにより直ちに道路の管理の瑕疵によって生じた損害に対する賠償責任を免れうるものと考えることはできない。

ひとこと　予算不足という事情があったとしても、本件事故は道路管理に瑕疵があったため生じたものと認定され、国および県の2条責任が認められています。

道路管理者が事故を回避するための措置を執ることが時間的に可能であったか否かにより、道路管理の瑕疵の有無についての結論が分かれた事件として、次の2つの判例があります。2つの判例は反対の結論となっているので、対比して理解しておくべき判例です。

　最初に紹介する事件では、道路管理者が事故を回避するための措置を執ることが**時間的に見て不可能であった**ことから、「**道路管理に瑕疵なし**」と**判断**されました。

⚖ 最 高 裁 にきいてみよう！

奈良赤色灯事件／1975.6.26

　道路に工事現場があることを示す赤色灯が設置されていたところ、ある車両がこれを倒してしまいました。後続車両がそこに工事現場があることに気づかず、事故が起きました。事故車両の運転者が、道路管理に瑕疵があったとして道路管理者である県を相手に国家賠償請求訴訟を起こした事件です。

Q 安全な状態を回復することが道路管理者にとって時間的に不可能な場合、道路管理に瑕疵があったことになりますか？

A 道路管理に瑕疵はなかったことになります。

本件事故発生当時、被上告人（県）において設置した工事標識板、バリケード及び赤色灯標柱が道路上に倒れたまま放置されていたのであるから、道路の安全性に欠如があったといわざるをえないが、それは夜間、しかも事故発生の直前に先行した他車によって惹起されたものであり、**時間的に被上告人（県）において遅滞なくこれを原状に復し道路を安全良好な状態に保つことは不可能であったというべく、このような状況のもとにおいては、被上告人（県）の道路管理に瑕疵がなかった**と認めるのが相当である。

よく出る！ フレーズ 03 ▶

> 当判例は、不可抗力（または回避可能性がなかった場合）は免責という考え方が反映された判例とされています。ただし、「不可抗力なので免責される」とは述べておらず、「道路管理に瑕疵がなかった」という結論になっています。試験対策上は、判例の表現どおりに覚えておきましょう。

これとは反対に、事故を回避することは**時間的に可能であったとして「道路管理に瑕疵あり」**と判断されたのが、次の事件です。

⚖️ 最高裁にきいてみよう！　　事故車両87時間放置事件／1975.7.25

国道上に故障したトラックが放置されて87時間が経過した頃、バイクがこの故障車両に激突して運転者が死亡する事故が起きました。被害者の遺族が、道路管理に瑕疵があったとして管理者たる県を相手として国家賠償請求訴訟を起こした事件です。

Q 故障車両が87時間にわたって道路上に放置された場合、道路管理に瑕疵があったといえますか？

A **道路管理に瑕疵があったといえます。**

道路管理者は、道路を常時良好な状態に保つように維持し、修繕し、もって一般交通に支障を及ぼさないように努める義務を負うところ（道路法42条）、前記事実関係に照らすと、…**故障した大型貨物自動車が87時間にわたって放置され、道路の安全性を著しく欠如する状態であったにもかかわらず、**…道路を常時巡視して応急の事態に対処しうる看視体制をとっていなかったために、本件事故が発生するまで右故障車が道路上に長時間放置されていることすら知らず、…道路の安全性を保持するために必要とされる措置を全く講じていなかったことは明らかである…このような状況のもとにおいては、本件事故発生当時、**道路管理に瑕疵があったというのほかなく、してみると、本件道路の管理費用を負担すべき上告人（県）は、**…**損害を賠償する責に任ずべきである。**

プラスone 🔍 判例は、交通の安全を図り違法駐車に対して取締り等を行うのは警察官の役割であるからといって、道路管理者が損害賠償責任を免れることはできないとも述べています。

板書　奈良赤色灯事件と事故車両87時間放置事件との比較

事案	結論	理由
奈良赤色灯事件	瑕疵なし	先行車両が赤色灯を倒した直後の事故であり、管理者が安全な状態を回復するのが時間的に不可能だから
事故車両87時間放置事件	瑕疵あり	事故車両は長時間にわたって道路上に放置されており、管理者が安全な状態を回復することは時間的に可能だったから

　自然公物である河川については、安全性を確保するために莫大な費用を要する治水事業を行う必要があります。このことなどを考慮して判例は、河川管理の瑕疵の判断の際には、道路の場合と異なり、**財政的な制約、つまり予算措置が困難であるという点も免責理由となり得る**ことを認めています。

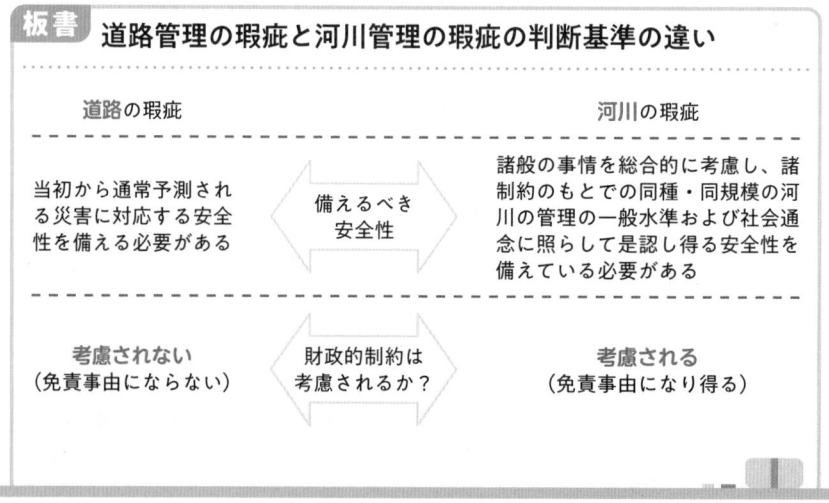

板書　道路管理の瑕疵と河川管理の瑕疵の判断基準の違い

道路の瑕疵		河川の瑕疵
当初から通常予測される災害に対応する安全性を備える必要がある	備えるべき安全性	諸般の事情を総合的に考慮し、諸制約のもとでの同種・同規模の河川の管理の一般水準および社会通念に照らして是認し得る安全性を備えている必要がある
考慮されない（免責事由にならない）	財政的制約は考慮されるか？	考慮される（免責事由になり得る）

　河川管理の瑕疵については、改修工事の済んだ河川であるかどうかで判断が変わりますので、区別して理解しておく必要があります。

　まず、未改修河川では、求められる安全性について過渡的な安全性（かとてき　あんぜんせい）で足りるとしています。

　過渡的な安全性とは、**安全な状態に向かっている途中の段階を意味する表現です。**

大東市を流れる谷田川の氾濫により被害を受けた住民が、河川管理者である国等を相手に国家賠償請求訴訟を起こした事件です。当時谷田川は改修途上であり、未改修部分からの溢水により被害が生じました。

Q 未改修河川または改修の不十分な河川の安全性はどの程度のもので足りますか？

A **過渡的な安全性をもって足ります。**

よく出る！フレーズ 未改修河川又は改修の不十分な河川の安全性としては、右諸制約（財政的、技術的、社会的制約）のもとで一般に施行されてきた治水事業による河川の改修、整備の過程に対応するいわば過渡的な安全性をもって足りるものとせざるをえないのであって、当初から通常予測される災害に対応する安全性を備えたものとして設置され公用開始される道路その他の営造物の管理の場合とは、その管理の瑕疵の有無についての判断の基準もおのずから異なったものとならざるをえないのである。　04

Q 予算措置に困却することは免責理由になり得ないとする道路管理の瑕疵についての判例（高知落石事件）は本事例にも妥当しますか？

A **河川管理についての本事例には当然には妥当しません。**

（前記のような意味で）道路の管理者において災害等の防止施設の設置のための予算措置に困却するからといってそのことにより直ちに道路の管理の瑕疵によって生じた損害の賠償責任を免れうるものと解すべきでないとする当裁判所の判例（高知落石事件）も、河川管理の瑕疵については当然には妥当しない。

Q 河川管理の瑕疵の有無は、どのように判断するべきものでしょうか？

A **諸般の事情を総合的に考慮し、諸制約のもとでの同種・同規模の河川の管理の一般的水準および社会通念に照らして是認し得る安全性を備えていると認められるかどうかを基準として判断すべきです。**

我が国における治水事業の進展等により前示のような河川管理の特質に由来する財政的、技術的及び社会的諸制約が解消した段階においてはともかく、これらの諸制約によっていまだ通常予測される災害に対応する安全性を備えるに至っていない現段階においては、当該河川の管理についての瑕疵の有無は、過去に発生した水害の規模、発生の頻度、発生原因、被害の性質、降雨状況、流域の地形その他の自然的条件、土地の利用状況その他の社会的条件、改修を要する緊急性の有無及びその程度等諸般の事情を総合的に考慮し、前記諸制約のもとでの同種・同規模の河川の管理の一般水準及び社会通念に照らして是認しうる安全性を備えていると認められるかどうかを基準として判断すべきであると解するのが相当である。

一方、改修済み河川の場合は、改修の前提となる工事実施基本計画が策定されるので、**当該計画が想定する流水量のもとで、当時の防災技術等に基づき水害を防止するに足りる安全性**を備えるべきものとされています。

多摩川からの溢水により被害を受けた住民が、河川管理者である国を相手に国家賠償請求訴訟を起こした事件です。被災した箇所は河川法に基づく工事実施計画では改修整備の必要がないとされていましたが、実際には工事実施計画が想定していた洪水水量のもとで越流が起こり、被害が発生しました。

Q 工事実施基本計画に基づき改修整備がされ、もしくは改修整備の必要がないとされた河川における安全性とはどのようなものを指しますか？

A 計画に定める規模の洪水における流水の通常の作用から予測される災害の発生を防止するに足りる安全性をいいます。

工事実施基本計画が策定され、右計画に準拠して改修、整備がされ、あるいは右計画に準拠して新規の改修、整備の必要がないものとされた河川の改修、整備の段階に対応する安全性とは、同計画に定める規模の洪水における流水の通常の作用から予測される災害の発生を防止するに足りる安全性をいうものと解すべきである。…改修、整備がされた河川は、その改修、整備がされた段階において想定された洪水から、当時の防災技術の水準に照らして通常予測し、かつ、回避し得る水害を未然に防止するに足りる安全性を備えるべきものであるというべきであり、水害が発生した場合においても、当該河川の改修、整備がされた段階において想定された規模の洪水から当該水害の発生の危険を通常予測することができなかった場合には、河川管理の瑕疵を問うことができないからである。

よく出る！フレーズ

安全性を判断する際の基準とする時点に注意しましょう。計画策定時もしくは改修整備時が基準となり、**災害発生時が基準となるわけではありません。**

板書 大東水害訴訟と多摩川水害訴訟の比較

事案	改修状況	必要とされる安全性
大東水害訴訟	未改修河川	河川の改修、整備の過程に対応するいわば過渡的な安全性をもって足りる
多摩川水害訴訟	工事実施計画に基づく改修済み河川（もしくは改修不要と判断された河川）	工事実施計画が想定する災害の発生を防止するに足りる安全性をいう

❺ 機能的瑕疵に関する判例

機能的瑕疵（供用関連瑕疵）とは、営造物に物的な欠陥があるわけではなく、**利用法・使用法に問題があることで生じる管理の瑕疵**を指します。例えば、空港管理者である国が深夜・早朝の航空機の離発着を許容していることで、空港の周辺住民に騒音被害が発生しているような場合に認められる瑕疵です。

機能的瑕疵も国家賠償法2条の「設置・管理の瑕疵」に含まれます。したがって、空港の周辺住民に騒音被害が発生しているケースは国家賠償法2条の適用対象になり得ます。

 このように、国家賠償法2条に基づき損害賠償を請求することができる被害者は、営造物の利用者に限られるものではなく、営造物の周辺住民のような**第三者も含む**ことになります。

⚖️ **最高裁にきいてみよう！** 　　　大阪空港訴訟／1981.12.16

国が管理運営する大阪空港（伊丹空港）の周辺住民が、騒音・振動の被害を理由に、国を相手として、国家賠償請求訴訟を起こした事件です。

Q 設置または管理の瑕疵には、利用されることとの関連で危害が生じる危険がある場合、いわゆる機能的瑕疵の場合も含まれますか？

A 含まれます。

国家賠償法2条1項の営造物の設置又は管理の瑕疵とは、営造物が有すべき安全性を欠いている状態をいうのであるが、そこにいう安全性の欠如、すなわち、他人に危害を及ぼす危険性のある状態とは、ひとり当該営造物を構成する物的施設自体に存する物理的、外形的な欠陥ないし不備によって一般的に右のような危害を生ぜしめる危険性がある場合のみならず、その営造物が供用目的に沿って利用されることとの関連において危害を生ぜしめる危険性がある場合をも含み、また、その危害は、営造物の利用者に対してのみならず、利用者以外の第三者に対するそれをも含むものと解すべきである。

よく出る！ フレーズ

 結論としては、空港の離発着に伴う騒音被害は空港管理の設置・管理の瑕疵に含まれ、**管理者たる国は損害賠償責任を負う**と判断されました。

❻ 異常な用法による被害に関する判例

被害者が通常想定される用法とは異なる**異常な用い方をしたために被害が生じた場合については、設置管理者は国家賠償責任を負わない**とする判断がされています。

⚖️ 最高裁にきいてみよう！　　　テニスコート審判台事件 ／ 1993.3.30

町立中学校の校庭が開放されており、父親に連れられて遊びに来ていた幼児が、テニスコートの審判台を後ろ側から降りようとしたため、審判台が倒れ、その下敷きとなって死亡してしまいました。幼児の親が設置管理者たる町を相手として、国家賠償請求訴訟を起こした事件です。

Q 設置管理者の通常予測し得ない、被害者の本来の用法と異なる行為によって被害が生じた場合も、設置管理者が責任を負いますか？

A **負いません。**

（審判台の）**通常有すべき安全性の有無は、この本来の用法に従った使用を前提とした上で、何らかの危険発生の可能性があるか否かによって決せられる。**（被害幼児の行為は）審判台の後部から降りるという極めて異常なもので、本件審判台の本来の用法と異なることはもちろん、設置管理者の通常予測し得ないものであったといわなければならない。そして、このような使用をすれば、本来その安全性に欠けるところのない設備であっても、何らかの危険を生ずることは避け難いところである。幼児が異常な行動に出ることのないようにしつけるのは、保護者の側の義務であり、このような通常予測し得ない異常な行動の結果生じた事故につき、保護者から設置管理者に対して責任を問うというのは、もとより相当でない。

> **プラスone** 同様に、道路のガードレールで遊んでいた子どもが、転落して怪我をした事件においても、設置管理者が通常予測することのできない行動に起因する被害であり、通常の用法に即しない被害者の行動の結果生じた事故であるとして、**設置管理者である市の責任が否定**されています。

3 国家賠償法のその他の規定

1 費用負担者の責任

国家賠償法3条
① 前2条の規定によつて国又は公共団体が損害を賠償する責に任ずる場合において、公務員の選任若しくは監督又は公の営造物の設置若しくは管理に当る者と公務員の俸給、給与その他の費用又は公の営造物の設置若しくは管理の費用を負担する者とが異なるときは、費用を負担する者もまた、その損害を賠償する責に任ずる。
② 前項の場合において、損害を賠償した者は、内部関係でその損害を賠償する責任ある者に対して求償権を有する。

本条は、1条責任の場合と2条責任の場合をまとめた表現になっていて読みにくいので、分けて説明していきます。

❶ 1条責任における費用負担者の責任

1条責任は加害公務員が属する国または公共団体が負う賠償責任でした。このとき、加害公務員の選任監督と俸給・給与の負担が別の行政主体に属する場合、被害者は、加害公務員の選任監督者、加害公務員の俸給、給与等の負担者のどちらに対しても国家賠償請求が可能です。

05▶

ひとこと どちらが国家賠償請求の相手として適切かは、外部にいる一般国民からは容易には知り得ないので、それを被害者側に確定させるのは重い負担となるからです。

例えば、市町村が設置する小中学校の教諭の活動によって生徒等に被害が発生した場合、選任監督者として損害賠償責任を負うのは市町村ですが、その給与の負担者は都道府県なので、都道府県も損害賠償責任を負う主体になります。被害者は、どちらに請求することも可能です。

プラスone 🔍 仮に、選任監督者、給与負担者の一方が被害者に賠償した場合、内部関係で本来責任を負うべきもう一方に対して**求償ができます**。例えば、上記と同様のケースで県が賠償した後、内部関係では市が責任を負うべきと認定され市に対する全額の求償を認めた判例があります。

❷ ２条責任における費用負担者の責任

　２条責任は瑕疵のある公物を管理する国または公共団体が負う賠償責任でした。このとき、瑕疵のある公物の設置管理と費用負担が別の行政主体に属する場合、被害者は、公の営造物の設置管理者と費用負担者の**どちらに対しても国家賠償請求が可能**です。

　また、ここでの「費用負担者」には、設置管理の費用を法律上負担すべき者だけでなく、**補助金を交付した者が含まれる場合もあります**。

板書 補助金を交付した者が費用負担者に含まれる場合

❶設置費用について、法律上の負担義務を負う者と同等もしくはこれに近い**費用負担を行い**

❷**実質的には共同して事業を行っている**と認められる者であって、**危険を効果的に防止できる**

❶❷を満たす者は「**費用負担者**」に含まれ、被害者に対して損害賠償の責任を負う

ひとこと

この要件を満たせば、補助金を出した国も費用負担者として被害者に対して損害賠償責任を負います。

> **国家賠償法4条**
> 国又は公共団体の損害賠償の責任については、前3条の規定によるの外、民法の規定による。

国家賠償法は、立法段階から民法の存在を前提に制定されたので、6つの条文しか規定を置いていません。**国家賠償法に規定がない場合は、民法の規定が適用**されることになります（国家賠償請求訴訟自体、**民事訴訟として争われます**）。

ここで、「民法」には、失火責任法等の民法に付属する法令も含めることができるのかが問題になります。

結論としては、**失火責任法も「民法」に含まれ**、国や地方公共団体が国家賠償責任を負う場合に適用されます。

> 失火責任法（失火ノ責任ニ関スル法律）は、失火による不法行為責任（民法709条）を軽過失の場合は免責するという1条しかない法律です。この法律によって、失火の場合、**加害者は重大な過失のある場合のみ不法行為に基づく損害賠償責任を負う**ことになります。

火災の消火のために出動した消防士が残り火の点検等を怠ったことにより再び出火し建物が全焼してしまった事件において、判例は、失火責任法が適用されることを認め、消防署職員に重大な過失がある場合のみ、国または地方公共団体が国家賠償責任を負うとしています。

3 相互保証主義

外国人が被害者の場合には、当該外国人の国籍国において日本国民が被害を受けたときに、国家賠償制度の対象となっている場合のみ、当該外国人にも国家賠償法が適用されます。このような仕組みを相互保証主義といいます。

> 相互保証主義は1条責任・2条責任のいずれにも適用されます。

第2節 国家賠償法2条責任・その他

☐ 「公の営造物」には、道路、河川、港湾、官公庁舎、学校の建物等の不動産だけでなく、公用車や警察が所有管理している拳銃等の動産も含まれます。

☐ 「設置・管理の瑕疵」の責任を負う設置管理者は、必ずしも法律上の管理権ないし所有権、賃借権等の権原を有している者に限られるものではなく、事実上の管理をしているに過ぎない者も含まれます。

☐ 「設置・管理の瑕疵」とは、公の営造物が通常有すべき安全性を欠いていることをいい、設置管理者に過失があることは不要です。

☐ 道路の設置管理の瑕疵については、予算不足は免責理由にならないと判断されています。

☐ 国道上に故障したトラックが87時間放置された結果生じた事故については、道路管理に瑕疵があったと判断されています。

☐ 未改修河川の安全性としては、財政的、技術的、社会的諸制約のもとで一般に施行されてきた治水事業による河川の改修、整備の過程に対応する、いわば過渡的な安全性で足りるとされています。

☐ 「設置・管理の瑕疵」には、営造物に物的な欠陥があるわけではなく、利用の仕方に問題がある機能的瑕疵（供用関連瑕疵）も含まれ、被害者は、営造物の利用者に限らず、周辺住民のような第三者も含まれます。

☐ 公の営造物の設置管理者と費用負担者が異なる場合、被害者は、公の営造物の設置管理者、費用負担者のどちらに対しても国家賠償請求が可能です。

☐ 外国人が被害者の場合、相互の保証がある場合に限り、外国人にも国家賠償法が適用されます。

○×スピードチェック

01 国家賠償法にいう公の営造物の設置又は管理に該当するには、法律上の管理権又は所有権等の法律上の権原を有することが必要であり、事実上管理している状態はこれに当たらない。　　　　　　特別区Ⅰ類2010

✗ 事実上管理している状態も該当します。

02 営造物の設置又は管理の瑕疵とは、営造物が通常有すべき安全性を欠いていることをいい、これに基づく国又は公共団体の賠償責任については、その過失の存在を必要とする。　　　　　　国家専門職2012

✗ ２条責任は無過失責任であり、過失の存在は不要です。

03 最高裁判所の判例では、奈良赤色灯事件において、国家賠償法の責任は無過失責任であるから、道路の安全性に欠陥があり、時間的に原状に復し道路を安全良好な状態に保つことが不可能であったとしても、道路管理に瑕疵があるものとした。　　　　　　特別区Ⅰ類2010

✗ 道路管理に瑕疵がないものとしています。

04 最高裁判所の判例では、大東水害事件において、未改修河川の管理の瑕疵の有無については、河川管理の特質に由来する財政的、技術的及び社会的諸制約の下でも、過渡的な安全性ではなく、通常予測される災害に対応する安全性を備えていると認められるかどうかを基準として判断すべきであるとした。　　　　　　特別区Ⅰ類2010

✗ 過渡的な安全性で足りるとされています。

05 国家賠償法第１条第１項の規定により国又は公共団体が損害賠償責任を負う場合において、公務員の選任又は監督に当たる者と、公務員の給与その他の費用を負担する者とが異なるときは、当該費用を負担する者もまた被害者に対して損害賠償責任を負う。　　　　　　国家一般職2012

○

START! 本節で学習すること

本節では、損失補償について学習します。

この分野は、憲法29条に定められる財産権と重複する知識が大変多いです。憲法を学習している方はその知識を使って解答することが可能な問題も多数出題されています。

また、土地収用法という個別の法律についての知識を問う問題も一部出題されていますので注意してください。

1 損失補償とは

1 憲法上の根拠

憲法29条
① 財産権は、これを侵してはならない。
② 財産権の内容は、公共の福祉に適合するやうに、法律でこれを定める。
③ 私有財産は、正当な補償の下に、これを公共のために用ひることができる。

損失補償制度の根拠は、**財産権を保障した憲法にあります**。憲法29条3項にある「**私有財産は、正当な補償の下に、これを公共のために用ひることができる**」という規定が損失補償制度の根拠になっています。

2 損失補償の意義

損失補償は、国家の適法な行為により財産的損失を受けた国民に対して、損失を補う金銭的給付等をすることで救済を図る制度です。

つまり、公共的な事業などの適法な行政活動によって特定の人に財産上の損害が生じた場合に、**公平な負担を図る観点から、社会全体としてそれを補填していく仕組み**です。

3 損失補償のための法的根拠

　損失補償のための一般法は存在していません。したがって、**個別の法律によって補償の仕組みが形成されています**。その個別の法律の中で大きな役割を果たしているのが土地収用法です。

> **土地収用法**／道路、鉄道、発電所などの公共的な事業のために強制的手段によりその用地を取得するための手続を定めた法律です。

　ただし、損失補償の根拠となる法令がないと損失補償が受けられないわけではありません。

　損失補償が必要な場合（このあと学習する「特別な犠牲」がある場合）でありながら、法律に補償規定がない場合、**直接憲法29条３項を根拠として、損失補償を求めることが可能**です（河川附近地制限令事件）。　01

> これは、財産権を保障する憲法29条から**損失補償請求権が具体的な権利として国民に与えられている**と考えられるからです。

2 補償の要否

1 補償が必要となる場合（特別犠牲説）

　損失補償制度の根拠となる憲法29条３項の趣旨は、財産権の保障を実効性あるものとすることと、平等原則にあるとされています。

　したがって、損失に対する補償が必要となるのは、**補償をしないと不公平になってしまうような場合**です。そのため、**特定の個人が「特別な犠牲」を強いられた場合に、損失補償が必要である**と考えられています。この考え方を特別犠牲説と呼びます。

　この立場によれば、補償が必要な場合とは、❶**特定人（もしくは特定の集団）を対象**に、❷**当然に受忍すべきと考えられる制約を超えて、財産権の本質を侵すほど強度な制約を加える場合**となります。

板書 補償が必要な場合

❶侵害の対象：特定人（もしくは特定の集団）

❷侵害の程度：当然に受忍すべきと考えられる制約を
　　　　　　　超えて、財産権の本質を侵すほど強度　　➡ 損失補償必要
　　　　　　　な制約を加えている

　❷から、制約を受けたとしても、**当然に受忍すべき限度を超えていない場合は、補償は不要**とされます。

2　個別の法律に基づく補償の要否

個別の法律に基づき補償が必要か否かが争われた事件を見ていきましょう。

❶ 危険物の移設に関する補償の要否

　ガソリンタンクのような危険物の所有者は、消防法の規定によりその物を道路から10m以上離れた位置で管理すべきとされています。この規定に従い地下にガソリンタンクを埋設していたところ、あるとき地下道が新たに建設されたことで消防法違反の状態が生じました。このためガソリンタンクの移設を強いられた者が、その移設の費用について道路法に基づく損失補償を求めた事例では、**損失の補償請求は認められない**と判断されています。

　地下道の建設前からガソリンタンクを設置していたガソリンスタンドの経営者から見ると納得できない判断かとは思いますが、この判断の背景には、**危険物を保持する者は、その危険を防止すべき責任を当然に負っている**とする考えがあります。

⚖️ 最高裁にきいてみよう！　　モービル石油事件／1983.2.18

　Aは国道付近でガソリンスタンドを経営していましたが、国が地下道を設置したために、地下に埋設していたガソリンタンクが地下道の近くに位置し、消防法に違反することから移設をせざるを得なくなりました。地下道の設置が原因であるとして、Aが、移設の費用について、道路法に基づく損失補償を求めた事件です。

Q 地下道の設置によりガソリンタンクの移設の必要が生じた場合、移設の費用について、損失補償を求めることはできますか？

A できません。

　警察法規が一定の危険物の保管場所等につき保安物件との間に一定の離隔距離を保持すべきことなどを内容とする技術上の基準を定めている場合において、道路工事の施行の結果、警察違反の状態を生じ、危険物保有者が右技術上の基準に適合するように工作物の移転等を余儀なくされ、これによって**損失を被ったとしても、それは道路工事の施行によって警察規制に基づく損失がたまたま現実化するに至ったものにすぎず、このような損失は、道路法70条１項の定める補償の対象には属しないもの**のというべきである。

02 ▶

語句　警察法規／公共の安全を保持するための各種取締等の根拠となる規定を指す言葉です。本事例では消防法がそれに該当します。そして、その規定に違反することを本判例では「警察違反」と表現しています。

❷ 文化財的価値についての補償の要否

　収用の対象となった土地に歴史的・文化財的な価値があることから、補償額にその価値を反映させるべきか否かが争われた事例では、**文化財的な価値は土地収用法に基づく補償の対象とはならない**と判断されています。

　最高裁にきいてみよう！　　　　　　　　　福原輪中堤事件／1988.1.21

　歴史的な価値があるとされる輪中堤の所有地を収用された者が、補償金の額に文化財的価値も含めるべきだとして争った事件です。なお、原審である高等裁判所では、経済的価値でない特殊な価値であっても広く客観性を有するものは、土地収用法にいう「通常受ける損失」に含まれ、補償の対象となるとして、堤防の文化財的価値につき48万円の補償を認めていました。

Q 文化財的価値も土地収用法に基づく損失補償の対象になりますか？

A 経済的価値を有しない文化財的価値は対象になりません。

> **土地収用法88条にいう「通常受ける損失」とは、客観的社会的にみて収用に基づき被収用者が当然に受けるであろうと考えられる経済的・財産的な損失をいうと解するのが相当であって、経済的価値でない特殊な価値についてまで補償の対象とする趣旨ではない。**…例えば、貝塚、古戦場、関跡などにみられるような、主としてそれによって国の歴史を理解し往時の生活・文化等を知り得るという意味での歴史的・学術的な価値は、特段の事情のない限り、当該土地の不動産としての経済的・財産的価値を何ら高めるものではなく、その市場価格の形成に影響を与えることはないというべきであって、このような意味での**文化財的価値なるものは、それ自体経済的評価になじまないものとして、右土地収用法上損失補償の対象とはなり得ない。**

03▶

　なお、由緒ある書画、刀剣、工芸品等のように、その美術性・歴史性などのいわゆる文化財的価値が取引価格に反映される物の場合、文化財的価値を反映した市場価格が補償されるべき相当な価格になるとしています。

前掲の判例にあるように、土地収用法は「通常受ける損失」を補償するとしています。収用される土地の権利それ自体が補償の対象に含まれるのは当然ですが、さらに、移転料や営業上の損失（例えば営業が中断されたことで生じる損失等）などの**付随的損失も補償の対象になる**としています。

さらに、土地収用法における補償は、**金銭補償が原則**であり、代替地の提供など**現物による補償は例外的な位置づけ**です。

---

3 「正当な補償」の意味

補償が必要となる場合、憲法29条3項に基づき「正当な補償」をする必要があります。

この「正当な補償」の意味については、**❶合理的に算出された相当な額でよいとする相当補償説（そうとうほしょうせつ）**と**❷財産価値を等しくするような完全な補償をすべきとする完全補償説（かんぜん）**があります。

❶ 相当補償説に立った判断

⚖️ **最高裁にきいてみよう！**　　　　　**自作農創設法事件／1953.12.23**

戦後の農地改革の際に、その根拠法である自作農創設特別措置法に基づき農地を買収された者が、買収対価が低く、憲法29条3項の「正当な補償」ではない、として訴訟を起こした事件です。

Q 憲法29条3項の「正当な補償」とはどのような意味ですか？

A 合理的に算出された相当な額をいいます。

憲法29条3項にいうところの財産権を公共の用に供する場合の正当な補償とは、その当時の経済状態において成立することを考えられる価格に基き、合理的に算出された相当な額をいうのであって、必しも常にかかる価格と完全に一致することを要するものでない。

〔よく出る！フレーズ〕

04

ひとこと　「当時の経済状態において成立することを考えられる価格」とは、予想される市場での売買価格と考えられます。その価格と完全に一致することを要しないということは、**それより多少安くても構わない**、ということになります。これが相当補償説の考え方です。

❷ 完全補償説に立った判断

土地収用法に基づき所有地を収用された者が、補償額が近傍類地の売買価格に比べて低すぎるとして、不足分の支払いを求めて訴えを起こした事件です。

Q 土地収用法における損失の補償はどの程度であるべきですか？

A 完全な補償をすべきです。

土地収用法における損失の補償は、特定の公益上必要な事業のために土地が収用される場合、その収用によって当該土地の所有者等が被る特別な犠牲の回復をはかることを目的とするものであるから、**完全な補償、すなわち、収用の前後を通じて被収用者の財産価値を等しくならしめるような補償をなすべきであり**、金銭をもって補償する場合には、被収用者が近傍において被収用地と同等の代替地等を取得することをうるに足りる金額の補償を要する。

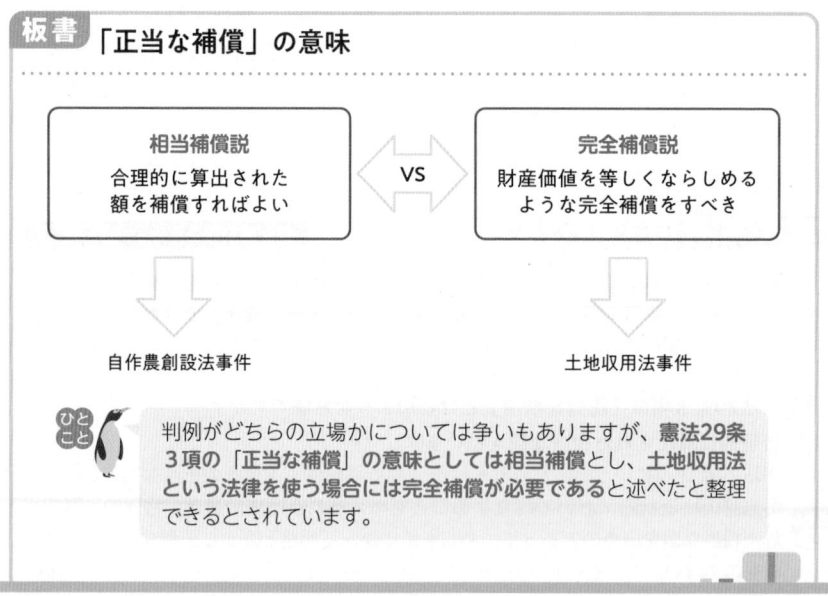

板書 「正当な補償」の意味

相当補償説
合理的に算出された
額を補償すればよい

VS

完全補償説
財産価値を等しくならしめる
ような完全補償をすべき

自作農創設法事件

土地収用法事件

ひとこと　判例がどちらの立場かについては争いもありますが、憲法29条3項の「正当な補償」の意味としては相当補償とし、土地収用法という法律を使う場合には完全補償が必要であると述べたと整理できるとされています。

　なお、補償の時期については、**収用される財産と交換的に同時に行われるべき保障まではない**とするのが判例です。

第3節 損失補償

- [ ] 損失補償が必要な場合とは、特定人を対象に、当然に受忍すべきと考えられる制約を超えて財産権の本質を侵すほど強度な制約を加える場合です。

- [ ] 地下道の建設により消防法違反の状態が生じたため、ガソリンタンクの移設を強いられた場合の移設の費用については、道路法に基づく損失補償は認められないとされています。

- [ ] 土地収用法に基づく損失補償には、経済的価値を有しない歴史的・文化財的な価値は含まれません。

- [ ] 土地収用法における「通常受ける損失」には、移転料や営業上の損失などの付随的損失も含まれます。

- [ ] 憲法29条3項の「正当な補償」とは、当時の経済状態において成立することを考えられる価格に基づき合理的に算出された相当な額をいいます。

- [ ] 土地収用法における損失の補償は、完全な補償、すなわち、収用の前後を通じて被収用者の財産価値を等しくならしめるような補償をなすべきとされています。

第**2**編

第**3**章

国家補償

第**3**節　○×スピードチェック

01 河川附近地制限令の定める制限は、河川管理上支障のある事態の発生を事前に防止する目的の制限であり、何人も受忍すべきものであるから、同制限について同令に損失補償に関する規定がない以上、損失補償を請求することはできないとした。　　　　　　　　　　　　　　特別区Ⅰ類2011

✕ 同令に損失補償に関する規定がなくても損失補償を請求することはできるとしています。

- -

02 道路工事の施行の結果、警察法規違反の状態を生じ、危険物保有者が当該警察法規の定める技術上の基準に適合するように工作物の移転等を余儀なくされ、これによって損失を被った場合、一般的に当然受忍すべきものとされる制限の範囲を超えているため、当該損失は道路法の定める補償の対象となる。　　　　　　　　　　　　　　　　　国家専門職2012

✕ 補償の対象となりません。

- -

03 土地収用法第88条における「通常受ける損失」には、客観的社会的にみて収用に基づき被収用者が当然に受けるであろうと考えられる経済的・財産的な損失のみならず、文化的価値についての損失も原則として含まれる。　　　　　　　　　　　　　　　　　　　　　　　　国家専門職2012

✕ 文化的価値についての損失は原則として含まれません。

- -

04 自作農創設特別措置法の農地買収対価が、憲法にいうところの正当な補償に当たるかどうかは、その当時の経済状態において成立することを考えられる価格に基づき、合理的に算出された相当な額をいうのであって、常にかかる価格と完全に一致することを要するものであるとした。

特別区Ⅰ類2021

✕ 完全に一致することを要するものではないとされています。

- -

第**4**章

行政の組織・情報公開

本節では、行政機関について学習します。
公務員試験での出題の頻度はかなり低い分野です。重要なところをピンポイント
で拾って学習しておけば十分でしょう。

1 行政機関の分類

1 行政主体と行政機関

❶ 行政主体と行政機関

本書の冒頭で見たとおり、**国や地方公共団体など、権利や義務の帰属主体**となる存在を行政主体と呼びました。行政主体は、行政の世界において法人格（権利能力）を持つ存在を表す言葉です。

法人である行政主体は自ら意思決定したり行動することができません。そこで、**行政主体のために実際に活動を行う自然人**を行政機関といいます。

> プラスone 行政機関と聞くと、通常は組織（例えば財務省とか警察庁）を思い浮かべるのではないでしょうか。確かに省や庁などの組織を行政機関と呼ぶこともあり、そのように捉えるのも間違いではありません。これを事務配分的行政機関概念といいます。一方、ここでは、ある活動を行う自然人を行政機関と捉えており、これを作用法的行政機関概念といいます。

❷ 行政庁

この行政機関の代表が、これまでも登場してきた行政庁です。

行政庁は、**行政主体の意思を決定し、外部に表示する権限を有する機関**です。例えば各省の大臣や地方公共団体の首長など、行政主体にとって頭の役割を果たす存在とイメージすればよいでしょう。

原則、**1人がその地位に立つ仕組みである**独任制が採られていますが、例外的に、**複数の者が合議をして意思決定する仕組みである**合議制の行政庁もあります。

合議制の行政庁の例としてはまず内閣が挙げられますが、このほか**行政委員会**と呼ばれる府省の外局も合議制の行政庁です。例えば**公正取引委員会**は独占禁止法を運用するために設置された行政委員会で、委員長と４名の委員の合議で意思決定をする機関です。

01 ▶

2　行政機関の分類

行政機関は、次のように分類することができます。

板書 行政機関の分類

種類	内容	例
行政庁	行政主体の法律上の意思を決定し、外部に表示する権限を有する機関	大臣、都道府県知事、市町村長、税務署長、建築主事
諮問機関	特定の分野の専門家を構成員として、行政庁から諮問を受けて意見を答申する機関	中央教育審議会、法制審議会
参与機関	行政庁の意思を法的に拘束する答申または議決を行う機関	電波監理審議会
監査機関	行政機関の事務や会計の処理を検査し、その適否を監査する機関	会計検査院、地方公共団体の監査委員
執行機関	行政目的を実現するために必要とされる実力行使を行う機関	徴税職員、警察官、消防署員
補助機関	行政庁およびその他の行政機関の職務を補助するために、日常的な事務を遂行する機関	行政庁を補助する職員

諮問機関と参与機関はともに行政庁に意見するという点では同じですが、その意見に法的拘束力があるか否かで区別されます。その意見が行政庁を**法的に拘束するのが参与機関、法的には拘束しないのが諮問機関**です。

2 権限の代行

1 権限の代行とは

　行政庁は法によって意思決定権限と表示権限を与えられています。したがって、その付与された権限を自ら行使するのが原則です。しかし、自らは行使できない場合や他の機関に任せたほうが合理的な場合もあります。その場合に行われるのが権限の代行です。

　権限の代行の方式には、権限の委任、権限の代理、代決・専決があります。さらに、代理は法定代理と授権代理に区別できます。

2 権限の委任

❶ 権限の委任の意義

　権限の委任とは、**法律によって権限を付与された行政庁が、その一部を下級行政機関またはその他の行政機関に移譲すること**をいいます。委任する側を委任者または委任行政庁（行政機関）と表現し、委任を受ける側を受任者または受任行政庁（行政機関）と表現します。民法上の委任とは異なる制度です。

　権限の委任がされると、**委任した行政庁はその権限を失い、委任を受けた行政機関が行政庁となります。**

> なお、委任できるのは、委任した行政庁が持っている権限の一部に限定され、全部を委任することはできません。

❷ 権限の委任の特徴

　委任を受けた行政機関が行政庁（受任行政庁）として、**自己の名と責任でその権限を行使**します。

　このように、**法律が委任行政庁に与えていた権限が、委任によって受任行政庁に移動するため、それを可能とする法律の根拠が必要**になります。

　委任行政庁は権限を失っているので**自ら権限を行使することはできません。**

02 ▶

　また、委任行政庁は、**受任行政庁に対して、指揮監督権を持ちません。**

ただし、**上級機関が下級機関に対して委任をした場合、上級機関としての指揮監督権を行使することは可能**です。

❸ 行政不服申立て・取消訴訟の提起先

委任を受けて受任行政庁が行った権限の行使に対して行政不服申立てや取消訴訟を提起する場合は、**受任行政庁を基準として提起先が決定されます**。

つまり、原則として受任行政庁の最上級行政庁または受任行政庁が行政不服申立ての相手となり、受任行政庁が属する行政主体が取消訴訟の被告となります。

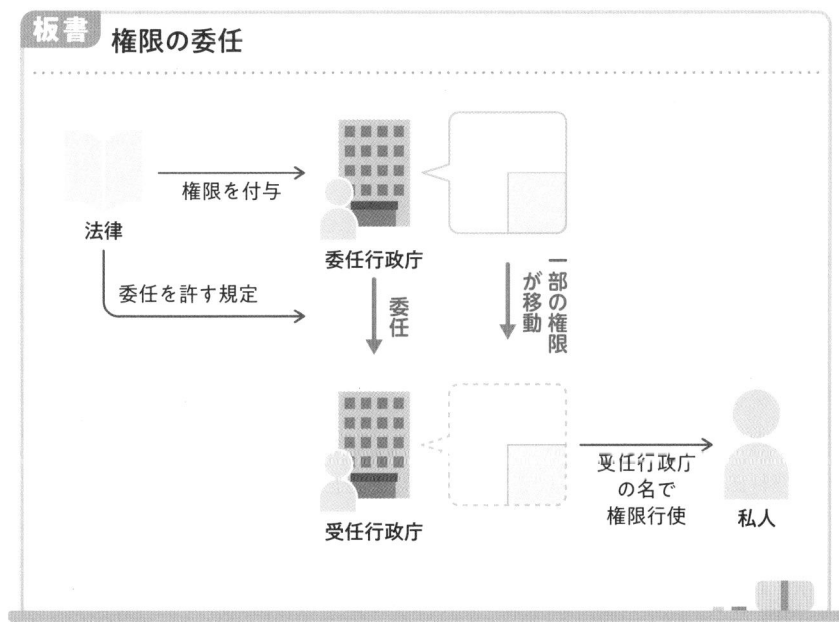

板書　権限の委任

3　権限の代理

権限の代理とは、**行政庁が、その権限の全部または一部について、他の行政機関に代わって行う権限を与えること**をいいます。本来権限を持っていた行政庁を被代理行政庁といい、権限を代理行使する行政庁を代理行政庁といいます。

法定代理と授権代理があり、これは民法上の法定代理と任意代理に対応する

ものです。

　法定代理と授権代理に共通の特徴として、権限の委任と異なり、被代理行政庁はその権限を失わず、なお行政庁としての地位を有します。

❶ 法定代理

　法律が規定する事実の発生によって代理関係が生じる場合を法定代理（ほうていだいり）といいます。

　例えば、地方自治法152条は、地方公共団体の長に事故があった場合には、副知事や副市町村長がその職務を代理すると定めており、これに基づいて生じる代理関係です。このように法の定めに従って行われるものなので、法律の根拠が必要です。また、例えば事故に遭った長が全く動けなくても権限の行使が滞ってはいけませんので、代理の範囲は権限のすべてに及びます。

　代理行政庁は、代理している旨を表示して権限を行使することになります。

▶

❷ 授権代理

　被代理行政庁の授権によって代理関係が生じる場合を授権代理（じゅけん）といいます。

　前述のとおり被代理行政庁も権限を失わず、権限の移動を伴わないことから、法律の根拠は不要とされています。代理の範囲は権限の一部に限られ、この点は権限の委任と同じです。

　代理行政庁は、代理している旨を表示して権限を行使することになります。

4　代決・専決

　行政庁が内部の決まりに基づき補助機関にその事務処理を委ねて行わせるものの、外部に対しては本来の行政庁の名で権限を行使することを代決（だいけつ）もしくは専決（せんけつ）といいます。

　あくまでも内部的に補助機関に任せているだけであり、法的には行政庁自身が行ったものとして、行政庁の名と責任で行われます。

　したがって、法律の根拠は特に必要とされていません。

▶

行政法学的には、代決と専決は同じものとして扱われることが多いですが、実務的には、急を要する案件を代わって処理する場合を代決、事前に内容を指定した案件を代わって処理する場合を専決と呼び分けているといわれています。

板書 権限の代行の種類

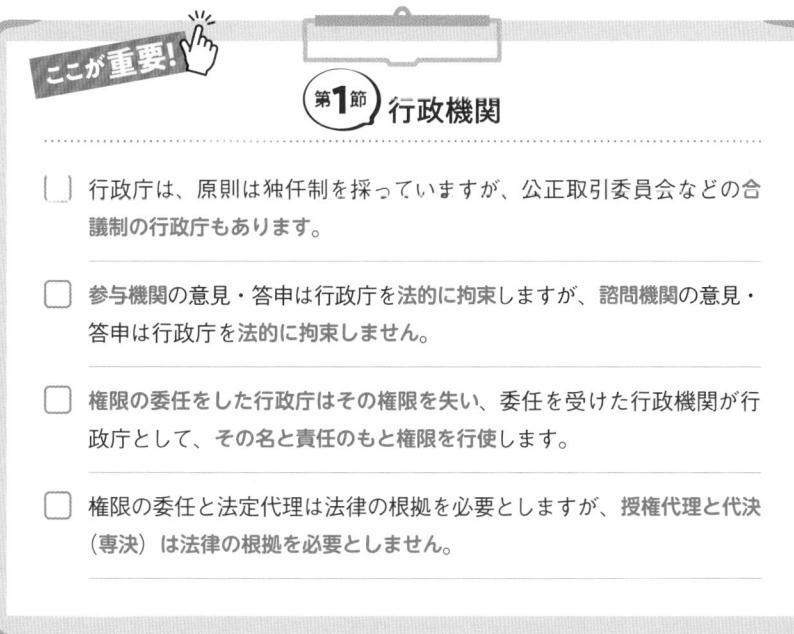

		権限の移動	法律の根拠	権限の範囲
権限の委任		あり	必要	一部
権限の代理	法定代理	なし	必要	全部
	授権代理	なし	不要	一部
代決・専決		なし	不要	一部

ここが重要!

第1節 行政機関

- [ ] 行政庁は、原則は独任制を採っていますが、公正取引委員会などの合議制の行政庁もあります。

- [ ] 参与機関の意見・答申は行政庁を法的に拘束しますが、諮問機関の意見・答申は行政庁を法的に拘束しません。

- [ ] 権限の委任をした行政庁はその権限を失い、委任を受けた行政機関が行政庁として、その名と責任のもと権限を行使します。

- [ ] 権限の委任と法定代理は法律の根拠を必要としますが、授権代理と代決（専決）は法律の根拠を必要としません。

○×スピードチェック

01 行政庁とは、行政主体の意思又は判断を決定し外部に表示する権限を有する機関をいい、各省大臣及び都道府県知事は行政庁に該当するが、公正取引委員会や公害等調整委員会等の行政委員会は行政庁に該当しない。

国家一般職2007

✕ 公正取引委員会や公害等調整委員会等の行政委員会も行政庁に該当します。

・・・

02 行政法上の委任は、民法上における委任と異なり、委任によって権限が委任機関から受任機関へ委譲（移譲）されるものの、なお委任機関は当該権限を喪失せず、引き続き当該権限を行使することができると一般に解されている。

国家一般職2014

✕ 委任機関は当該権限を喪失し、引き続き当該権限を行使することはできないと一般に解されています。

・・・

03 法定代理は、法律によってあらかじめ他の行政機関が本来の行政庁の権限を代行することが定められていることから、法定代理によって権限を行使することになった代理機関は、被代理機関の代理として権限を行使することを明らかにする必要はないと一般に解されている。

国家一般職2014

✕ 代理機関は、被代理機関の代理として権限を行使することを明らかにする必要があると一般に解されています。

・・・

04 補助機関が、法律により権限を与えられた行政機関の名において権限を行使することをいう専決は、法律が定めた処分権限を変更することになるため、法律による明文の根拠が必要であると一般に解されている。

国家一般職2014

✕ 法律が定めた処分権限を変更するわけではないため、法律による明文の根拠は不要と一般に解されています。

・・・

第2節 情報公開

START! **本節で学習すること**

本節では、情報公開について学習します。
出題の頻度はそれほど高くないものの比較的平易なので、基本を押さえることで
正解できる可能性が高い分野です。
ポイントを押さえて効率よく学習していきましょう。

1 情報公開法とは

1 情報公開法の目的

> **情報公開法1条**
> 　この法律は、国民主権の理念にのっとり、行政文書の開示を請求する権利につき定めること
> 等により、行政機関の保有する情報の一層の公開を図り、もって政府の有するその諸活動を国
> 民に説明する責務が全うされるようにするとともに、国民の的確な理解と批判の下にある公正
> で民主的な行政の推進に資することを目的とする。

　情報公開法（行政機関の保有する情報の公開に関する法律）は、1条におい
てその目的を示しています。

　目的としては、国民主権の理念にのっとり、政府の**国民に説明する責務（説
明責任）**が全うされるようにするとともに、**公正で民主的な行政の推進に資す
る**ことが挙げられています。

> おそらく国民の「知る権利」に応えるという趣旨もその中には含
> まれているのだろうと考えられてはいますが、**条文には明記され
> ていない**ので注意しましょう。

2 情報公開法の対象

❶ 対象機関

　情報公開法の対象となる機関は、**国の行政機関**です。

　国の行政機関には、内閣の統轄下に置かれる**府、省**（内閣府、財務省、防衛
省等）およびその外局である**庁、委員会**（国税庁、公正取引委員会等）が含ま

れます。さらに**人事院や会計検査院も含まれます。**

　一方、**立法機関である国会や司法機関である裁判所は、行政機関ではないの**で含まれません。また、**地方公共団体は、国の機関ではないので含まれません。**

> プラスone🔍　なお、地方公共団体に関しては、情報公開法の「趣旨にのっとり、その保有する情報の公開に関し必要な施策を策定し、及びこれを実施するよう努めなければならない」とする**努力義務**が定められています。

❷ 対象となる情報

> **情報公開法2条**
> ②　この法律において「行政文書」とは、行政機関の職員が職務上作成し、又は取得した文書、図画及び電磁的記録（電子的方式、磁気的方式その他人の知覚によっては認識することができない方式で作られた記録をいう。以下同じ。）であって、当該行政機関の職員が組織的に用いるものとして、当該行政機関が保有しているものをいう。（以下略）

　情報公開法による公開の対象となる情報は、「**行政文書**」です。

　ここで「行政文書」とは次のようなものを指します。

板書　「行政文書」の意義

❶行政機関の職員が職務上作成、取得した

❷当該行政機関の職員が組織的に用いる

❸当該行政機関が保有している

❶❷❸すべてを満たす
文書、図画、電磁的記録

---

　❶❷❸の要素を満たす文書であれば、原則として、情報公開法の対象となる「行政文書」となります。**決裁・供覧等の事案処理の手続を経たものに限られるわけではありません。**

> 語句　**決裁**／行政内部における意思決定の過程において、補助機関が立案・作成した文書に対して、行政庁が署名・押印等の形式で最終的な意思決定を行うことをいいます。
> 　**供覧**／受領した文書や作成した文書、資料などを特定の対象者に回付して閲覧させることをいいます。

❷にあるような組織的に用いる文書を組織供用文書といいますが、この条件から、**職員が個人的に用いるためのもの（自分の手帳等に忘れないようにメモをしたもの）は「行政文書」に含まれません。**

「行政文書」と表現されていますが、上にあるとおり**電磁的記録**（デジタルデータ等）**も含まれています。**

2 開示請求と開示義務

1 開示請求権者

> **情報公開法3条**
> 何人も、この法律の定めるところにより、行政機関の長（前条第1項第4号及び第5号の政令で定める機関にあっては、その機関ごとに政令で定める者をいう。以下同じ。）に対し、当該行政機関の保有する行政文書の開示を請求することができる。

　情報公開法では、「何人も」行政機関の長に対して、その保有する行政文書の開示を請求することができる、と規定しています。

　この「何人も」とは、誰でも、という意味であり、**個人・法人の区別なく、日本国籍を有することも、日本国内に居住することも要件とされていません。**

　したがって、国外に居住する外国人であっても開示請求は可能です。　01

2 開示請求の手続

> **情報公開法4条**
> ① 前条の規定による開示の請求（以下「開示請求」という。）は、次に掲げる事項を記載した書面（以下「開示請求書」という。）を行政機関の長に提出してしなければならない。
> 一　開示請求をする者の氏名又は名称及び住所又は居所並びに法人その他の団体にあっては代表者の氏名
> 二　行政文書の名称その他の開示請求に係る行政文書を特定するに足りる事項

　開示請求は、所定の事項を記載した書面（開示請求書）を当該行政文書を保有する行政機関の長に提出して行います。

例えば、総務省が保有すると考えられる行政文書の開示を求める場合は、総務大臣に対して開示請求書を提出します。

> 所定の記載事項は、情報公開法4条1項の1号、2号に列挙されていますが、「**行政文書を特定するに足りる事項**」が記載事項になっている点は覚えておきましょう。これがないと請求を受けた行政機関の側で探すのに困難を来すからです。一方、請求の「**理由**」や「**目的**」の記載は特に求められていません。情報公開法では特に請求の理由や目的は問われていないからです。
>
> 02 ▶

3　開示義務

> **情報公開法5条**
> ①　行政機関の長は、開示請求があったときは、開示請求に係る行政文書に次の各号に掲げる情報（以下「**不開示情報**」という。）のいずれかが記録されている場合を除き、開示請求者に対し、当該行政文書を開示しなければならない。（以下略）

❶ 原　則

　行政機関の長は、開示請求があったときは、開示請求者に対し、**当該行政文書を開示しなければなりません**。

❷ 例　外

　情報公開法5条各号が規定する**不開示情報に該当する場合、開示する必要はありません**。

> **プラスone** 情報公開法5条各号では、特定の個人を識別できる情報（個人識別情報）、法人に関する情報、国や公共の安全または外交に関する情報（防衛・外交等の国際関係に関する情報や犯罪の予防、捜査に関する情報）、審議検討情報（現在審議会で審議中の情報や政府が検討中の施策についての情報等）等が、不開示情報として列挙されています。

❸ 部分開示

　開示請求がされた行政文書の一部に不開示情報が記録されている場合、その不開示情報が記録されている部分を容易に区分して除くことができるときは、行政機関の長は、開示請求者に対し、**当該部分を除いた部分につき開示しなければなりません。**

 例えば、特定の個人が識別できる情報が記録されている場合に、その部分だけを黒塗りにして開示することなどを指します。

❹ 公益上の理由による裁量的開示

　行政機関の長は、開示請求がされた行政文書に不開示情報が記録されている場合でも、**公益上特に必要があると認めるときは、開示請求者に対し、当該行政文書を開示することができます。**　03

❺ 存否応答拒否

> **情報公開法8条**
> 　開示請求に対し、当該開示請求に係る行政文書が存在しているか否かを答えるだけで、不開示情報を開示することとなるときは、行政機関の長は、当該行政文書の存否を明らかにしないで、当該開示請求を拒否することができる。

　開示請求に対し、対象となる行政文書が存在しているか否かを答えるだけで、不開示情報を開示したのと同じ効果を生じさせてしまう場合があります。

　例えば、自分について警察が捜査しているか否かを知りたいと思って情報公開請求をした者に対し、「該当の文書は存在していますが、不開示情報に該当するので開示できません」という理由で不開示決定をすると、捜査対象となっていたことが相手に露見し、不開示情報とした意味がなくなってしまいます。

　このような場合、行政機関の長は、**当該行政文書の存否を明らかにしないで、当該開示請求を拒否することができます。**これを存否応答拒否もしくはグローマー拒否と呼びます。　04

 「仮に存在したとしても、不開示情報に該当するため」として不開示決定ができるということです。後述するように不開示決定は行政手続法における「申請に対する拒否処分」に当たるため、文書が存在しているか否かを明らかにしなくてよいだけで、**理由を示す必要はある**ことに注意しましょう。

3 開示・不開示の決定

1 開示・不開示の決定までの期間

❶ 原 則

開示請求を受けた行政機関の長は、**開示請求があった日から30日以内に、開示もしくは不開示の決定をしなければならない**のが原則です。

❷ 例 外

行政機関の長は、**事務処理上の困難その他正当な理由があるときは**、原則30日とされている期間をさらに**30日以内に限り延長する**ことができます。

❸ 特 例

対象となる行政文書が著しく大量であるため、開示請求があった日から60日以内（原則と例外を合わせた最長日数）に、全部の行政文書について、開示決定（もしくは不開示決定）をすることにより**事務の遂行に著しい支障が生ずるおそれがある場合**には、さらなる延長を可能とする特例の規定があります。

その場合、行政機関の長は、開示請求に係る行政文書のうち、60日以内に開示等の決定ができる部分については、当該期間内に開示決定等をしますが、それが難しい**残りの行政文書については、相当の期間内に開示決定等をすればよい**とされています。

板書 **開示決定等までの期間**

原則	30日以内
例外	30日延長可能
特例	60日以内に決定等が困難な部分は、相当な期間内に決定すればよい

> 原則＋例外で最大60日以内

> 請求文書が大量で事務の遂行に著しい支障が生ずるおそれがある場合

2 開示・不開示の決定

　開示請求を受けた行政機関の長は、開示を請求された行政文書を開示する決定（開示決定）もしくは開示しない決定（不開示決定）のいずれかをすることになります。このうち不開示決定は、行政手続法における**「申請に対する拒否処分」**に該当しますので、**理由の付記が必須**になります。

　また、開示決定・不開示決定は、いずれも行政事件訴訟法および行政不服審査法の「処分」に該当します。したがって、それに不服がある者は、**行政事件訴訟法に基づく取消訴訟および行政不服審査法に基づく行政不服申立て（審査請求）をすることが可能**です。

　情報公開法において、不服申立前置主義は特に採用されていませんので、原則どおり自由選択主義が適用されます。したがって、**行政不服申立てをせずにすぐに取消訴訟を提起することも可能**です。 05

3 開示の実施の方法と手数料

❶ 実施の方法

　開示決定がされると開示が実施されますが、その方法は次のようになります。

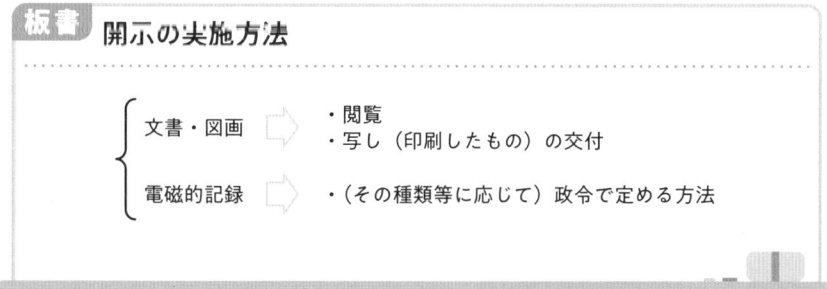

板書 開示の実施方法

　　　文書・図画 ⇨ ・閲覧
　　　　　　　　　 ・写し（印刷したもの）の交付

　　　電磁的記録 ⇨ ・（その種類等に応じて）政令で定める方法

❷ 手数料

　開示請求をする際には、開示請求者は開示請求に係る手数料（開示請求手数料）を納付する必要があります。さらに、開示決定を受け、実際に開示が実施される場合には、開示の実施に係る手数料（開示実施手数料）を納付する必要があります。つまり**請求と開示のそれぞれにおいて手数料がかかります**。

　これらの手数料の額は、実費の範囲内において、政令で定められます。

4 開示決定に対する不服申立て

1 不服申立制度

　開示決定・不開示決定および不作為に対する不服申立て（審査請求）は、基本的には、行政不服審査法の規定に基づいて行われます。しかし、一部、情報公開法により特則的なルールが定められています。それが**情報公開・個人情報保護審査会への諮問**の仕組みです。

2 情報公開・個人情報保護審査会への諮問

❶ 原則（諮問義務あり）

　開示決定および不開示決定に対する審査請求（もしくは不作為についての審査請求）があった場合には、審査庁は、原則として、**情報公開・個人情報保護審査会に諮問をしなければなりません。**

　諮問がされた旨は**審査請求人に通知されます。**

> 行政機関は情報を隠したがるものなので、情報公開・個人情報保護審査会という第三者の視点を導入することによって、国民の権利保護を図ろうとしています。ただし、次に示すように例外があります。

❷ 例外（諮問義務なし）

　例外的に情報公開・個人情報保護審査会に諮問をしなくてもよい場合が法定されています。**❶審査請求が不適法であり、却下する場合**や、**❷裁決で、審査請求の全部を認容し、当該審査請求に係る行政文書の全部を開示することとする場合**です。

　　❶が除外されているのは、請求に形式上の不備等があって却下されるので、審査会が内容をチェックする必要性がないからです。また、❷が除外されているのは、開示請求者の要望をすべて満たす結論となる予定であり、審査会の役割である国民の権利保護がすでに図られたと考えられるからです。

❸ 情報公開・個人情報保護審査会の組織

　審査会は**総務省**に置かれ、委員15名で組織されます。

　審査会の委員は、**両議院の同意を得て、内閣総理大臣により任命**されます。

❹ 情報公開・個人情報保護審査会の審理

　審査会は、必要があると認めるときは、調査を行うことが可能です。

　具体的には、請求された文書の提示を審査庁（諮問庁）に求め、実際に見分することができます。この場合、**審査請求人に文書の内容を知らせないで審査会の委員のみが見聞することが可能**となっています。このような手続をインカメラ審理といいます。

　　「カメラ」はラテン語で裁判官の執務室を指し、「インカメラ審理」とは、法廷ではなく裁判官の執務室での審理から、やがて密室審理を表す言葉として使用されるようになりました。

　また、開示請求された文書の提示を審査庁（諮問庁）に求める際、その文書を**分類整理した書面を付して提出させることができます**。このように整理された資料をヴォーン・インデックスといいます。

　　大量の文書を何の整理もなく持って来られても審査会の委員は困ってしまいます。そこで、分類整理し、きちんと索引（インデックス）を付けて提出するように求められることにしたのです。

❺ 情報公開・個人情報保護審査会の答申の効力

　諮問を受けた情報公開・個人情報保護審査会は、自らの意見を述べた答申を審査庁（諮問庁）に出します。

　この答申の効力については、特に規定はありません。審査会が諮問機関として設置されていることから、その**答申に法的拘束力はない**とされています。

 ただし、これまでのところ、行政機関の長はこの答申を尊重する運用がなされているといわれています。

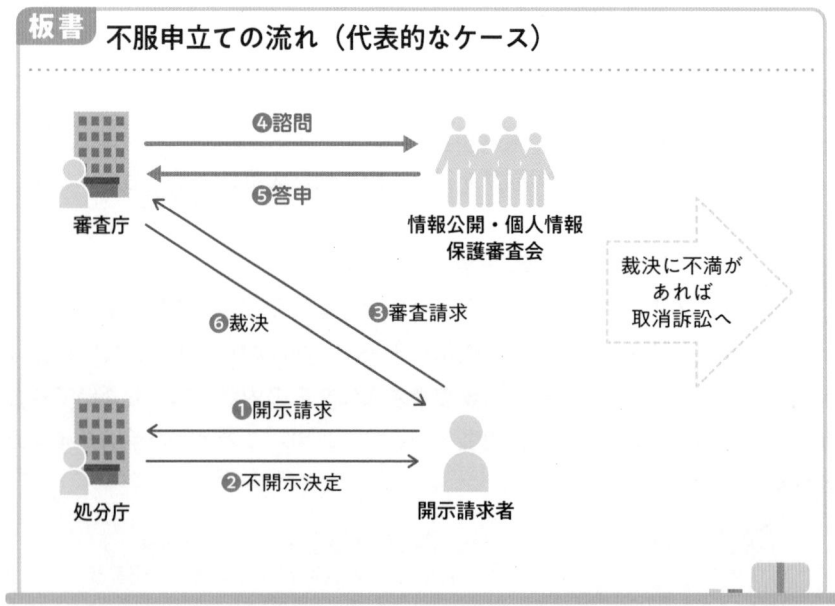

板書 **不服申立ての流れ（代表的なケース）**

❹諮問

❺答申

審査庁

情報公開・個人情報
保護審査会

裁決に不満が
あれば
取消訴訟へ

❻裁決

❸審査請求

❶開示請求

❷不開示決定

処分庁

開示請求者

第2節 情報公開法

☐ 情報公開法の対象となる機関は、国の行政機関です。**立法機関である国会や司法機関である裁判所は含まれません。また、地方公共団体も含まれません。**

☐ 情報公開法による公開の対象となる情報は行政文書です。行政文書とは、**行政機関の職員が職務上作成・取得した文書**、図画および電磁的記録であって、当該行政機関の職員が**組織的に用いるものとして、当該行政機関が保有しているもの**をいいます。

☐ 何人も行政機関の長に対して、その保有する行政文書の開示を請求することができます。国籍や居住は要件となっていないので、**国外に居住する外国人であっても開示請求は可能です。**

☐ 行政機関の長は、開示請求があったときは、不開示情報に該当しない限り、開示請求者に対し、当該行政文書を**開示しなければなりません。**

☐ 開示請求がされた行政文書に不開示情報が記録されている場合でも、**公益上特に必要があると認めるときは、開示請求者に対し、当該行政文書を開示することができます。**

☐ 開示請求に対して、当該行政文書が**存在しているか否かを答えるだけで、**不開示情報を開示することとなるときは、行政機関の長は、当該行政文書の存否を明らかにしないで、当該開示請求を拒否することができます。

☐ 開示決定等に対する審査請求があった場合、審査庁は、原則として、**情報公開・個人情報保護審査会に諮問をしなければなりません。**

01 我が国に居住する外国人は、行政機関の長に対し、当該行政機関の保有する行政文書の開示を請求することができる。他方、外国に居住する外国人は、我が国の行政機関の保有する行政文書の開示を請求することができない。　　　　　　　　　　　　　　　　　　　　国家一般職2014

✖ 外国に居住する外国人も請求することができます。

02 行政機関の保有する行政文書の開示請求をする場合、開示請求書には、当該行政文書を特定する事項のほか、請求の理由や目的を記載する必要がある。　　　　　　　　　　　　　　　　　　　　　　　国家一般職2017

✖ 請求の理由や目的を記載する必要はありません。

03 行政機関の長は、開示請求に係る行政文書に不開示情報が記録されている場合であっても、公益上特に必要があると認めるときは、開示請求者に対し、当該行政文書を開示することができる。　　　　　　国家一般職2014

◯

04 行政機関の長は、開示請求がなされた場合で請求対象文書の全部を開示しないときは、請求者に対して不開示理由を通知するため、当該文書の存否を必ず明らかにする必要がある。　　　　　　　　　　国家一般職2017

✖ 当該文書の存否を明らかにせずに不開示決定をすることも可能です（存否応答拒否またはグローマー拒否）。

05 行政機関の長が行った開示決定や不開示決定に対して不服がある場合は、裁判所に対して開示決定等の取消訴訟を提起する前に、行政不服審査法に基づく不服申立てをする必要がある。　　　　　　　　　国家一般職2017

✖ 不服申立前置主義は採られていないので、取消訴訟を提起する前に行政不服申立てをする必要はありません。

索引

■ 英数 ■

1号義務付け訴訟 ······ 269
1条責任 ······ 322
2号義務付け訴訟 ······ 270
2条責任 ······ 343

■ あ行 ■

意見公募手続 ······ 193
一般概括主義 ······ 290
委任命令 ······ 15, 32
違法行為の転換 ······ 74
違法性の承継 ······ 75
インカメラ審理 ······ 385
ヴォーン・インデックス
······ 385
訴えの利益 ······ 229

■ か行 ■

外形説 ······ 335
解除条件 ······ 90, 92
確定期限 ······ 92
確認 ······ 58
瑕疵の治癒 ······ 72
過渡的な安全性 ······ 350

下命 ······ 53
仮の義務付け ······ 273
仮の差止め ······ 275
過料 ······ 157, 167
科料 ······ 166
監査機関 ······ 371
慣習法 ······ 16
間接強制 ······ 157
完全補償説 ······ 365, 366
機関訴訟 ······ 283
棄却裁決 ······ 312
棄却判決 ······ 253
期限 ······ 90, 92
規制規範 ······ 24
規制行政 ······ 5
規制的行政指導 ······ 127
羈束行為 ······ 101
羈束裁量行為 ······ 101
規則（成文法源） ······ 15
規則（法規命令） ······ 31
機能的瑕疵 ······ 353
既判力 ······ 258
義務付け訴訟 ······ 268
義務付けの訴え ······ 268

義務的執行停止 ··· 307, 309
却下裁決 ······ 311
却下判決 ······ 203, 253
客観説 ······ 335
客観訴訟 ······ 278
求償 ······ 323
給付行政 ······ 5
狭義の訴えの利益 ······ 229
教示制度 ······ 315
行政 ······ 2
行政委員会 ······ 371
行政機関 ······ 370
行政規則 ······ 29, 42
行政救済法 ······ 4, 198
行政計画 ······ 116
行政刑罰 ······ 166
行政契約 ······ 140
行政行為 ······ 8, 50
行政行為の瑕疵 ······ 66
行政裁量 ······ 98
行政作用法 ······ 3
行政指導 ······ 126
行政指導指針 ······ 135
行政主体 ······ 7, 370

行政上の強制執行 …… 149
行政上の強制手段 …… 148
行政争訟 ………… 198, 320
行政組織法 ………… 4
行政代執行 ……… 149, 151
行政代執行法 ……… 151
行政庁 …… 7, 50, 370, 371
強制徴収 ……… 149, 155
行政手続法 …… 126, 172
行政罰 …………… 165
行政不服審査会 …… 306
行政不服申立て
………… 5, 198, 288
行政法 ……………… 2
行政法の法源 ……… 12
行政法理論 ………… 3
行政立法 ………… 28
供用関連瑕疵 …… 353
許可 …………… 53
拒否処分型 ……… 272
緊急勅令 ………… 31
禁錮 …………… 166
禁止 …………… 53
金銭給付義務 …… 150
グローマー拒否 …… 381
形式的確定力 …… 62

形式的当事者訴訟 …… 280
形成的行為 ………… 54
形成力 ……… 256, 314
権限の委任 ……… 372
権限の代行 ……… 372
権限の代理 ……… 373
原告適格 ………… 220
原処分主義 ……… 250
憲法 …………… 14
権力的行政 ………… 6
権力留保説 …… 22, 23
効果裁量 ………… 100
合議制 ………… 370
公共用物 ………… 345
抗告訴訟 ………… 202
公証 …………… 58
控除説 ……………… 2
拘束的計画 …… 116, 117
拘束力 ……… 257, 314
公聴会 ………… 179
公定力 ………… 60
口頭主義 ………… 245
公物 …………… 345
公法上の契約 …… 141
公有公物 ………… 345
公用物 ………… 345

拘留 …………… 166
告示 …………… 46
国有公物 ………… 345
国家賠償 …… 5, 200, 320
国家賠償法 ……… 321
国家補償 …… 198, 320
根拠規範 ………… 24

■ さ行 ■

裁決取消訴訟 ……… 202
再審査請求 ……… 296
再調査の請求 …… 294
裁判管轄 ………… 239
裁量行為 ………… 101
裁量的執行停止 … 307, 308
差止め訴訟 ……… 274
差止めの訴え …… 274
参加人 ………… 302
参与機関 ………… 371
始期 …………… 90
事件記録 ………… 305
事実行為 …………… 6
事情裁決 ………… 312
事情判決 ………… 253
自然公物 ………… 345
執行機関 ………… 371

執行停止（行政事件訴訟）
……………… 250

執行停止（審査請求） ˙
……………… 307

執行罰 ………… 149, 157

執行不停止の原則
……………… 250, 307

執行命令 ………… 15, 32

実質的当事者訴訟 …… 279

自動執行条約 ………… 14

私法上の契約 ……… 141

諮問機関 ………… 371

社会留保説 ………… 22

終期 ………………… 90

私有公物 ………… 345

自由裁量行為 ……… 101

自由選択主義
……………… 242, 249, 295

重要事項留保説 …… 22

授益の行政 ………… 5

主観訴訟 ………… 278

授権規範 ………… 24

授権代理 ………… 374

主宰者 ………… 187

出訴期間 ………… 237

受理 ………………… 58

準法律行為的行政行為
……………… 58

条件 ………… 90, 92

情報公開・個人情報保護
審査会 ………… 384

情報公開法 ……… 377

条約 ………………… 14

将来効 ………… 83

条理法 ………… 17

省令 ………………… 31

条例 ………………… 15

助成的行政指導 …… 127

職権進行主義 …… 245

職権探知主義 …… 304

職権による取消し …… 80

処分 ………… 9, 50, 205

処分基準 ………… 183

処分権主義 …… 245

処分性 ………… 205

処分取消訴訟 …… 202

自力執行力 ………… 63

侵害的行政 ………… 5

侵害留保説 …… 22, 23

信義誠実の原則 …… 17

信義則 ………… 17

人工公物 ………… 345

審査基準 ………… 175

審査請求 ………… 5, 292

審査請求書 ……… 303

審査請求人 ……… 292

審査庁 ………… 292

申請 ………… 175

申請型義務付け訴訟 … 270

申請に対する処分 …… 175

審理員 ………… 302

審理員意見書 …… 305

成文法源 ………… 12, 13

成文法中心主義 …… 12

政令 ………………… 31

専決 ………… 374

全部留保説 …… 22, 23

相互保証主義 …… 357

争訟による取消し …… 199

争点訴訟 ………… 265

相当補償説 ……… 365

遡及効 ………… 81

即時強制 ………… 160

即時執行 ………… 160

組織規範 ………… 24

訴訟参加 ………… 246

訴訟要件 ………… 203

損失補償 … 5, 200, 320, 360

存否応答拒否 ……… 381

■た行■

代位責任 ……………… 323

代位責任説 …………… 323

代決 …………………… 374

第三者効 ……………… 256

代執行 ………………… 151

代替的作為義務 ……… 150

代理 …………………… 54

秩序罰 ………………… 166

懲役 …………………… 166

調整的行政指導 ……… 127

聴聞調書 ……………… 187

聴聞手続 ……………… 184

直接強制 ………… 149, 156

通知 …………………… 58

停止条件 ………… 90, 92

撤回 …………………… 83

撤回権の留保 …… 90, 93

当事者訴訟 …………… 279

統制規範 ……………… 24

特定管轄裁判所 ……… 241

独任制 ………………… 370

特別犠牲説 …………… 362

独立命令 ………… 15, 31

特許 …………………… 54

届出 …………………… 192

取消し ………………… 80

取消制度の排他性 …… 60

取消訴訟 ……… 5, 198, 202

取消訴訟の排他的管轄

…………………… 60

取消判決 ……………… 253

努力義務 ……………… 10

■な行■

内閣総理大臣の異議 … 252

内閣府令 ……………… 31

二重処罰の禁止 ……… 168

認可 …………………… 54

認容裁決 ……………… 312

認容判決 ……………… 253

■は行■

罰金 …………………… 166

剥権 …………………… 54

判例 …………………… 16

判例法 ………………… 16

反論書 ………………… 303

非権力的行政 ………… 6

非拘束的計画 …… 116, 117

被告適格 ……………… 238

非申請型義務付け訴訟

…………………… 269

非代替的作為義務 …… 150

標準処理期間 ………… 176

標準審理期間 ………… 304

平等原則 ……………… 17

比例原則 ……………… 17

不確定期限 …………… 92

不可争力 ……………… 62

不可変更力 ……… 63, 314

附款 …………………… 89

不作為型 ……………… 271

不作為義務 …………… 150

不作為の違法確認訴訟

…………………… 266

不作為の違法確認の訴え

…………………… 266

負担 …………………… 90, 93

不服申立前置主義 …… 242

不文法源 ………… 12, 15

不利益処分 …………… 182

不利益変更禁止の原則

…………………… 313

便宜裁量行為 ………… 101

弁明書 ………………… 303

弁明の機会の付与 …… 184

弁論主義 ················ 245

法規裁量行為 ········· 101

法規命令 ················· 28

報告書 ················· 187

法定代理 ·············· 374

法的義務 ················ 10

法的行為 ·················· 6

法の一般原則 ·········· 17

法律 ···················· 14

法律行為的行政行為 ··· 53

法律効果の一部除外
················· 90, 93

法律による行政の原理
····················· 20

法律の法規創造力の原則
····················· 21

法律の優位の原則 ······· 21

法律の留保の原則 ········ 21

補充性 ················· 264

補助機関 ·············· 371

補正 ·············· 177, 297

没収 ·················· 166

本案審理 ·············· 203

■ ま行 ■

民衆訴訟 ·············· 282

無過失責任 ············ 346

無効等確認訴訟 ········ 262

無効等確認の訴え ······ 262

無名抗告訴訟 ·········· 261

命令 ···················· 15

命令的行為 ············· 53

免除 ···················· 53

■ や行 ■

要件裁量 ·············· 100

要件審理 ·············· 203

■ ら行 ■

両罰規定 ·············· 168

判例索引

■ 英数 ■

14歳未満接見不許可事件
.... 37

■ あ行 ■

芦別国家賠償事件 330

尼崎市農地買収事件 72

伊方原発訴訟 109

伊場遺跡訴訟 227

茨城県農業共済組合事件
.... 155

医薬品ネット販売の権利
確認等請求事件 38

運転免許停止処分事件
.... 233

エホバの証人剣道拒否
事件 111

大阪空港訴訟 353

大阪民事判決国家賠償
事件 329

岡山税務署健康診断事件
.... 331, 333

小田急高架化訴訟
.... 105, 225

■ か行 ■

河川附近地制限令事件
.... 361

菊田医師事件 85

宜野座村工場誘致事件
.... 123

教科書検定訴訟 35, 110

京都府公衆浴場事件 ... 227

近鉄特急訴訟 227

下松市土地収用事件 ... 103

クロロキン訴訟 339

高知落石事件 347

交通反則金納付通告事件
.... 215

神戸税関事件 106

国分寺市パチンコ店営業
許可事件 226

国有財産払下げ事件 ... 208

個室付浴場事件 107

個人タクシー事件 108

御所町2項道路指定事件
.... 211

■ さ行 ■

サーベル登録拒否事件
.... 39

在外邦人選挙権制限事件
.... 328

在宅投票事件 327

サテライト大阪事件 ... 226

山林所得課税事件 70

事故車両87時間放置事件
.... 349

自作農創設法事件 365

児童扶養手当施行令事件
.... 38

品川マンション事件 ... 131

志免町給水拒否事件 ... 142

酒税法帳簿記載違反事件
.... 36

譲渡所得課税無効事件
.... 71

積善会児童養護施設事件
.... 332

仙台市建築確認事件 ... 230

■ た行 ■

大東水害訴訟 351

高根町別荘地事件 ········ 210

宅建業法事件 ············· 338

たぬきの森マンション事件
················· 77

多摩川水害訴訟 ········· 352

筑豊じん肺訴訟 ········· 339

町立中学校部活動傷害
事件 ················ 326

通行認定留保事件 ···· 112

築地市場事件 ·········· 86

テニスコート審判台事件
················· 354

伝習館高校事件 ········· 46

東京都ごみ焼却場設置
事件 ················ 208

土地区画整理組合設立
認可事件 ············ 212

土地収用法事件 　366

■ な行 ■

長沼ナイキ基地訴訟
················· 222, 232

名古屋郵便局員懲戒免職
事件 ················ 233

奈良県税務署事件 ···· 337

奈良赤色灯事件 ········· 348

成田新幹線訴訟 ········· 216

新潟空港訴訟 ········ 221, 223

■ は行 ■

パチンコ球遊器事件 ···· 45

パトカー追跡事件 ······ 339

浜松市土地区画整理事業
計画事件 ········ 120, 212

非番警察官強盗殺人事件
················· 335

病院開設中止勧告事件
················· 213

広島県農地買収計画事件
················· 74

福原輪中堤事件 ········· 364

福間町公害防止協定事件
················· 144

船橋市図書館事件 ······ 340

不法滞在外国人国民健康
保険事件 ············ 336

法人税増額更正事件 ···· 73

墓地埋葬通達事件 ······ 215

■ ま行 ■

マクリーン事件 ········· 104

水俣病関西訴訟 ········· 339

武蔵野市教育施設負担金
事件 ············ 130, 326

武蔵野市長給水拒否事件
················· 129

モービル石油事件 ······ 363

盛岡用途地域指定事件
················· 121, 212

もんじゅ訴訟 ············ 224

■ や行 ■

八鹿町土地改良事業事件
················· 231

横浜市保育所廃止条例
事件 ················ 210

横浜税関事件 ············· 214

■ ら行 ■

冷凍スモークマグロ事件
················· 214

労災就学援護費不支給
事件 ················ 209